日中対照
基本経営
用語辞典

董 光哲【著】

学文社

はしがき

「世界の工場」から「世界の市場」に転換しつつある現代の中国は、アメリカ発の金融危機による世界経済の低迷が続くなかでも世界経済の牽引力として著しい経済発展を遂げ、世界的に最も注目を集めている国である。

中国は、日本にとって最大の貿易相手国である。『2008年中国貿易外経統計年鑑』によれば、2007年末まで中国進出の日本企業は2万3035社で、大手製造業だけではなく、数多くの中小企業も中国進出を果たしており、中国と日本の経済相互依存関係はますます深まっている。経済分野において、日中協力が圧倒的な勢いで進む中で、企業間の交流、経済交流が重要性を増しており、中国語が果たす役割は次第に重要となっている。特に、経営・経済領域に関する関連専門用語の日中対照用語の学習が不可欠なものとなり、これらの専門用語を学習することは日中の企業間交流、経済交流をスムーズに進めるための前提条件でもある。

こうした観点に立って、本辞典は、経営学（一部の経済用語、貿易用語も含む）の基本的用語を中心にまとめ、その説明をわかりやすく、簡潔に行うように努めた。さらに経営学の一部理論も取り上げ、基本的な説明を行い、専門的な学習にも役立つように配慮している。

なお、本辞典は、次の諸点を特徴としている。

第1に、本辞典では、日本語の経営用語以外に、日本で一般的に使われている英語による略語専門用語も取り上げている。日本語の見出しは五十音順に、英語による略語専門用語はA・B・C・D…の順に配列し、本辞典の使用上の利便さの向上を図っている。

第2に、全ての見出しに中国語の表音文字であるピンインを表

記し，より正確な中国語の学習に役立つように配慮している。

　第3に，見出しには，基本的に対応する英語専門用語を掲載することにしている。

　第4に，見出しの説明には，できる限り関連する中国の事情も記述するようにして，用語に関連する中国の事情をより充分に理解できるようにしている。

　本辞典は，このような特徴をもつものであり，中国語及び中国に関心をもつ人々，経営学を専門とする中国留学生，中国企業との関連業務に従事している方々，など日中企業間交流，経済交流に携わる多くの方々に役立つことを祈念したい。

　本辞典の出版に際し，桜美林大学金山　権教授からは企画・編集において，多大なご指導・ご協力をいただいた。また，明治学院大学大平浩二教授からは貴重なアドバイスとご意見をいただいた。二人の先生には心より感謝を申し上げる次第である。小生所属先である江戸川大学社会学部大江田清志教授，茅野廣行教授，安田英土教授からは日頃からの教育面，研究面でご教示・指導をいただき，この場を借りて，感謝の意を表したい。また，専門用語の編集・解説に際し，浙江師範大学外国語学部韓永哲専任教員及び東北師範大学外国語学部徐雄彬専任教員の両名の献身的なご協力を受けた。

　最後になるが，厳しい出版事情にも関わらず，快く本辞典を出版してくださった学文社の田中千津子社長をはじめ編集スタッフに厚くお礼を申し上げたい。

2010年2月吉日

董　光哲

ア行

アウトソーシング   外包
outsourcing   wài bāo

out＝外部，source＝資源の意味。企業が自社の業務を，専門知識をもっている外部企業に委託すること。アウトソーシングによりコストの削減，業務の迅速化，コア・コンピタンスへの経営資源の集中などが可能になる。デメリットとして，自社の情報流失の危険性，技術・ノウハウの蓄積の難しさ，外部企業に対する不確実性などが挙げられる。

アウトソーシングサービス   外包服务
outsourcing service   wài bāo fú wù

➡アウトソーシング

赤字   亏损
deficit   kuī sǔn

支出が収入より超過すること。欠損。⇔黒字

アジア太平洋経済協力会議   亚太经济合作组织
Asia-Pacific Economic Cooperation Conference : APEC
yà tài jīng jì hé zuò zǔ zhī

アジア・太平洋の経済協力を強める目的で，1989年に発足されたアジア太平洋地域の経済会議。同地域共通の経済利益実現と持続的発展を目指す。第1回APECは，1989年にオーストラリアで開催された。2008年現在まで21の国・地域が参加している。

アフターサービス   售后服务
after sales service   shòu hòu fú wù

企業が商品を販売した後に，その商品に対し保証や修理，補修，メンテナンスなどのサービスを行うこと。良好なアフターサービスは顧客満足を高め，それが最終的に売り上げにつながる。

天下り   机关领导指派
   jī guān lǐng dǎo zhǐ pài

中央政府の官僚が退職した後に，関連の深い民間企業や特殊法人の高い地位の職を得ることをいう。

粗利益   毛利
gross profit   máo lì

売上総利益とも呼ぶ。売上高から売上原価を引いた差額。企業が提供

する製品やサービスの大まかな収益力を示す。

アンチ・ダンピング   反倾销
anti dumping   fǎn qīng xiāo

ある商品が海外から不当に安い価格で輸入されることによって，輸入国側の競合する産業が被害を受けた場合，輸入国が同産業を被害から保護するために輸入規制や関税の引き上げなどを行うこと。

安定株主   稳定股东
strong stockholder   wěn dìng gǔ dōng

企業の業績，株価の目先の動きや経済状況に左右されず，長期に株を保有し続ける株主をいう。一般的に安定株主とは，その企業のメインバンク(金融機関)や取引先企業などの法人株主を指す。

意思決定   决策
decision making   jué cè

ある目標を達成するために，いくつかの代替案・手段の中から最適と思われる1つを選択する行為のこと。

意思決定機関   决策机构
decision making body   jué cè jī gòu

意志決定を行う機関である。会社法によれば，株主総会が株式会社における最高の意思決定機関で，取締役や監査役の選任と解任及び定款の変更，会社の解散・合併の重要事項などを決定する。しかし実際には，株主総会は取締役会からの提案事項を承認する場にすぎない。株式会社において，意志決定機関は取締役会で，企業経営に関する全般的な意思決定は取締役会で行う。

意思決定権   决策权
decision making authority   jué cè quán

意志決定を行う権限を指す。企業の国際経営活動において，意志決定行動は戦略的意思決定，管理的意思決定，業務的意思決定の3つのレベルに分けられる。戦略的意思決定は基本的に本社(あるいは親会社)で行い，管理的意思決定は本社と子会社の経営陣の協議で行い，業務的意思決定は子会社で行われる。

意思決定メカニズム   决策机制
decision making mechanism   jué cè jī zhì

企業の経営活動において，選択を行うメカニズムである。意志決定メカニズムには，意志決定主体の確立，意志決定権の区分，意志決定組織，意志決定方法が含まれる。

意匠特許   外观设计专利
patent for design   wài guān shè jì zhuān lì

意匠特許とは，意匠に関する特許である。意匠とは，物品(例えば美術，

工芸, 工業品など) の形状, 模様または色彩などのデザインを指す。

委託加工　　　　　　　　　　　　　　　　　　　　委托加工
processing on commission　　　　　　　　　　　wěi tuō jiā gōng

　加工を委託することで, 原料は委託者が提供する。

委託加工材料　　　　　　　　　　　　　　　　　委托加工材料
consigned processiong material　　　　　　　wěi tuō jiā gōng cái liào

　➡委託加工, 委託加工工場

委託加工貿易　　　　　　　　　　　　　　　　　来料加工贸易
processing deal trade ; improvement trade　　lái liào jiā gōng mào yì

　委託加工貿易には, 順委託加工貿易と逆委託加工貿易がある。海外の委託者が国内の受託者に原材料, 加工品, 部品などを提供し, 国内の受託者が加工して, 加工製品を輸出する貿易方式を順委託加工貿易という。逆に, 国内の委託者が海外の受託者に原材料, 加工品, 部品などを提供し, 加工された加工製品を輸入する貿易方式を逆委託加工貿易という。受託者は委託者から加工賃を受け取る。

委託代理販売商品　　　　　　　　　　　　　　　委托代销商品
consignment-out　　　　　　　　　　　　　　　　wěi tuō dài xiāo shāng pǐn

　商品の販売方法の1つで, 企業 (委託者) が受託者に販売を委託した商品のこと。委託者と受託者は協定を結び, 協議で代理商品の種類, 価格, 代理販売手数料などを確定する。

委託販売　　　　　　　　　　　　　　　　　　　　包销
sale on consignment　　　　　　　　　　　　　　bāo xiāo

　生産者 (委託者) が商品の所有権を留保したまま, 販売業者 (受託者) に商品の販売を委託する方法。委託者は受託者に一定の手数料を支払う。

委託販売先　　　　　　　　　　　　　　　　　　　托售单位
　　　　　　　　　　　　　　　　　　　　　　　　　　tuō shòu dān wèi

　➡委託販売

委託販売清算書　　　　　　　　　　　　　　　　代销清单
　　　　　　　　　　　　　　　　　　　　　　　　　　dài xiāo qīng dān

　➡委託販売, 委託販売手数料

委託販売手数料　　　　　　　　　　　　　　　　代销手续费
consignment commission charge　　　　　　　dài xiāo shǒu xù fèi

　生産者 (委託者) が商品の所有権を留保したまま, 販売業者 (受託者) に商品の販売を委託する際に, 委託者が受託者に支払う手数料のこと。

一時帰休 — 下岗
temporary release from work — xià gǎng

経営状態の悪化などによる操業短縮で雇用調整を行う際に、従業員を一時的に休業させること。日本の場合は平均賃金の60％以上の休業手当が支払われる。

一次製品 — 初级制品
primary products — chū jí zhì pǐn

原料を加工して最初に作られた完成度が低い製品。例えば、蚕のまゆから作られた絹糸や、木から作られた板材など。

一手販売 — 包销
exclusive sale — bāo xiāo

製造業者が特定の商品の一定期間内の販売権を特定地域の販売業者に独占的に与えること。製造業者が同商品を同地域の他の販売業者に供給しないことを条件にする。また、販売業者が他社同種類の商品を販売しないことを前提とする場合もある。

一覧払為替手形 — 即期汇票
at sight bill ; draft — jí qī huì piào

参着払為替手形。手形の所持人が、支払人が委託した銀行または支払人に手形を提示することで支払いを受ける手形。

一括償却 — 一次摊销
— yī cì tān xiāo

減価償却資産の償却方法の1つで、減価償却資産の全部または一部を一括して償却すること。

一般会計原則 — 通用会计准则
general account principles — tōng yòng kuài jì zhǔn zé

一般原則は、企業が準拠すべき会計原則の1つで、会計全般にわたる基本となるべきものである。以下の7つの原則から構成される。①真実性の原則、②正規の簿記の原則、③資本取引・損益取引区分の原則、④明瞭性の原則、⑤継続性の原則、⑥保守主義の原則、⑦単一性の原則。

一般株 — 普通股
common stock — pǔ tōng gǔ

株式の基本形態の一種で、企業の経営管理、利潤及び財産の分配において、普通の権利を享受する株を指す。発行量が最も多い株式である。中国の上海証券取引所と深圳証券取引所で取引される株はすべて一般株である。

移転価格 — 转移价格
transfer price — zhuǎn yí jià gé

親会社と子会社（海外子会社を含む）など関連企業間の取引に適用される価格を指す。

異文化経営 — 跨文化管理
cross-cultural management — kuà wén huà guǎn lǐ

異なる文化における経営的対応を異文化経営と呼ぶ。多国籍企業は多くの異なる文化の所有者から構成され，多様な文化的環境に囲まれている。異文化にどのように対応し，どのような異文化経営を行うかは多国籍企業にとって重要な課題である。

イメージキャラクター — 形象大使
image character — xíng xiàng dà shǐ

企業や商品のイメージアップの宣伝，または販売促進キャンペーンで登場し，活躍する人や物を指す。企業側はイメージキャラクターの活躍によって売上高のアップをめざす。近年では企業だけではなく，観光地，地方自治体，官庁，国などでも起用している。

医療保険 — 医疗保险
insurance of medical care — yī liáo bǎo xiǎn

病気やけがの治療のために生じた費用に対して補償する保険。中国では，2007年末現在，都市部の基本医療保険の加入者数は1億7,983万人，農村部の新型合作医療保険の加入者数は7億3,000万人に達している。

インフォーマル組織 — 非正式组织
informal organization — fēi zhèng shì zǔ zhī

非公式組織のことを指すが，組織の中で自然発生的に生まれる人間関係で，相互の共通理解，暗黙の価値の共有などに支えられた関係をもつ組織である。反対はフォーマル組織である。

インフラストラクチュア — 基础设施
infrastructure — jī chǔ shè shī

一般的に経済関連の社会基盤となるものを指し，鉄道・道路・港湾施設・空港施設・電気・上下水道などが含まれる。

インフレーション — 通货膨胀
inflation — tōng huò péng zhàng

略でインフレと呼ぶ。インフレには2つの意味があって，経済を構成する財・サービスの価格が継続的に上昇していく意味と，貨幣価値が低下する意味がある。インフレによって，企業の売上高が上昇し，従業員の賃金も上昇する傾向がある。また，消費者は貯蓄よりも消費に走る。その結果，銀行預金が減少し，金融機関は資金不足の事態が発

生する。インフレの発生原因によって、ディマンドプル・インフレとコストプッシュ・インフレなどに分類される。

ウィン・ウィン 双赢
win-win shuāng yíng

企業間の取引，またはビジネスの交渉などにおいて，関係者同士が対立したり，一方が損したりすることなく，お互いが満足し，有利になるようなこと。

ウェアハウス・ストア 仓储式商场
warehouse store cāng chǔ shì shāng chǎng

低価格を指向した倉庫型の量販店。1980年代にアメリカで台頭したもので，店づくりのコストを下げることができる。

ウォーターフロント 岸线
waterfront àn xiàn

海・川・湖沼に接する水辺，水際あるいは臨水空間のこと。

請負 承包
service contract chéng bāo

一般的に，中国では「経営管理請負」の略で使われる。企業側と請負側の間で「経営請負」契約を結び，企業側は経営権の全部または一部を一定期間請負側に移譲し，請負側が経営リスクの負担，及び企業収益の獲得を図ること。

請負工事 承包工程
contract work chéng bāo gōng chéng

委託された工事請負側が定められた条件で完成する工事のこと。請負工事には，設計・施工・取付・機械設備の提供・原材料供給・技術提供・教育訓練などの工事全過程で必要な設備，技術，ノウハウが含まれる。

請負メーカー 承包厂家
service contract maker chéng bāo chǎng jiā

依頼者と請負契約を結び，生産工程の一部または全部を請負い，作業の結果に対して一定の報酬を受け取る業者を指す。完成したものに欠陥がある場合，請負メーカーはその責任を負わなければならない。

受取手形 应收票据
notes receivable yīng shōu piào jù

製品・商品の販売やサービスの提供など通常の営業取引から発生する手形債権のこと。

売上原価
cost of goods sold

销售成本
xiāo shòu chéng běn

売上高に対応する商品・製品の仕入れ原価または製造原価。製造業の場合, 算式は, 売上原価＝期首製品棚卸高＋当期製品製造原価－期末製品棚卸高。販売業の場合, 算式は, 売上原価＝期首商品棚卸高＋当期商品仕入高－期末商品棚卸高。

売上高
sales volume

销售额／营业额
xiāo shòu é/yíng yè é

企業が製品や商品の販売, あるいはサービスの提供など, 主たる営業活動によって得た収益のこと。

売上高利益率
ratio of profit to net sales

销售额利润率
xiāo shòu é lì rùn lǜ

企業の収益性分析に用いられる指標の1つで, 売上高に対する利益の割合。算式は, 売上高利益率＝利益÷売上高。比率が高いほど収益性が高い。利益は売上総利益, 営業利益, 経常利益に分けられるが, それによって売上総利益率, 営業利益率, 経常利益率が算定できる。

売上割戻し
sales rebate

销货折让／销售回扣
xiāo huò zhé ràng/xiāo shòu huí kòu

取引先との契約に基づいて, 一定の売上高, 一定の売上数を達成した場合, 割戻す金銭のこと。リベート, キックバックとも呼ばれる。

売掛金
accounts receivable

应收账款
yīng shōu zhàng kuǎn

製品・商品などの売上代金の未収金, またはサービスの提供などの営業取引上の未収金を指す。営業取引以外の取引から生じた未収金は売掛金と区別される。

売掛金回転率
accounts receivable turnover

应收账款周转率
yīng shōu zhàng kuǎn zhōu zhuǎn lǜ

売掛金回転率とは, 売掛金の回転速度の比率で, 一定期間内に売掛金が現金に転換する平均回数である。

売手市場
seller's market

卖方市场
mài fāng shì chǎng

売り手が買い手より有利な立場にある市場。その背景には需要量が供給量を上回ることが挙げられる。

運転資金
operating funds

周转资金／流动资金
zhōu zhuǎn zī jīn/liú dòng zī jīn

商品の仕入れ, 経費の支払い, 従業員の給与など, 企業が経営活動を行うために経常的に必要とする短期的な資金のこと。運転資金は経常

運転資金，増加運転資金，季節資金などに分類できる。

運転資本
working capital
运用资本
yùn yòng zī běn

企業の経営活動を円滑に運転していくために必要な資金。広義では，流動資産合計のことを総運転資本といい，狭義では，流動資産合計から流動負債を差し引いた額で，正味運転資本という。

営業外支出
nonbusiness expenditure
营业外支出
yíng yè wài zhī chū

企業の日常的な経営活動と直接関係のない支出を指す。

営業外収益
non-operating revenue
营业外收益
yíng yè wài shōu yì

企業の本業以外の活動から生じる経常的な収益。営業外収益として，受取利息，受取配当金，受取割引料，有価証券売却益などがある。

営業外費用
non-operating expense
营业外费用
yíng yè wài fèi yòng

企業の本業以外の活動から生じる経常的な費用。営業外費用として，支払利息，支払割引料，貸倒引当金繰入額，有価証券評価損，新株発行費償却などがある。

営業収入
operating revenue
营业收入
yíng yè shōu rù

企業の本業の活動から生じる資金の流入。営業収入の例としては，商品・製品の販売，サービスの提供，売掛金の回収などが挙げられる。

営業損益
operating profit and loss
营业损益
yíng yè sǔn yì

損益計算書上の1つの項目で，企業の本業または主要な営業活動によって発生する損益のこと。算式は，営業損益＝売上高－売上原価－販売費・一般管理費。

営業費用
operating expense
营业费用
yíng yè fèi yòng

企業の本業または主要な営業活動から生ずる費用。売上原価と販売費・一般管理費を合計したもの。

営業利益
operating profit
营业利润
yíng yè lì rùn

企業の本業または主たる営業活動から生み出す収益を示し，本業の経営効率性を表す。事業や地域別の収益の比較に使える。算式は，営業利益＝売上総利益（売上高－売上原価）－販売費・一般管理費

エクイティ・ファイナンス
equity financing

股权融资
gǔ quán róng zī

株式会社の直接金融の1つの形態で,新株発行,転換社債型新株予約権付社債など新株予約権付社債の発行を伴う資金調達のこと。目的はエクイティ(株主資本)の増加で,低コストで自己資本の充実が可能である。

エージェンシー・コスト
agency cost

代理成本
dài lǐ chéng běn

ジェンセン(Jensen, M.C.)とメックリング(Meckling, W.H.)が提唱した契約関係を研究対象にしたエージェンシー理論で,資金提供者(株主)と経営者(エージェント)の関係において発生する費用をエージェンシー・コストと呼ぶ。エージェンシー・コストには,ストラクチャリング・コスト(structuring cost),ボンディング・コスト(bonding cost),モニタリング・コスト(monitoring cost),残余損失(residual loss)などがある。

エージェンシー理論
agency models

委托代理理论
wěi tuō dài lǐ lǐ lùn

コーポレート・ガバナンス論などの分析に用いられる研究アプローチの1つで,依頼者(プリンシパル)と代理人(エージェント)の代理契約関係を考察する理論である。依頼者は,代理契約の遂行に当たって代理人の努力を最大限引き出そうとする。一方,情報の非対称性やインセンティブ問題などで,代理人は自身の利益を最大化しようとする。従って利害の対立が生じる。株式会社において,株主は依頼者であり,経営者が代理人である。エージェンシー関係の典型は所有と経営の分離である。

エスクロー・バーター貿易
escrow barter trade

记账贸易
jì zhàng mào yì

貿易の一種類で,輸入者が輸出者に代金を支払わず,本国の為替銀行に代金を預金し,立場が変わって,輸入者が相手に輸出を行う場合,その預金を取崩して決算する貿易。

エンゲル係数
Engel's coefficient

恩格尔系数
ēn gé ěr xì shù

ドイツの社会統計学者エルンスト・エンゲル(Ernst Engel)が提唱した法則で,家計の支出に占める飲食費の比率。一般的に係数が高いほど生活水準が低いとされる。総務省統計局の『家計調査年報』によれば,2007年度の日本の総世帯のエンゲル係数は22.9%。中国国家統計局が発表した公報によれば,2007年の中国の農村住民の家庭のエンゲル係数は43.1%,都市住民家庭のエンゲル係数は36.3%である。

エンジニア
engineer

工程師
gōng chéng shī

技術者，または技師のこと。

円高
yen scale down ; yen overvaluation

日元升值
rì yuán shēng zhí

外国為替市場で円の相場が上がることで，円の対外価値の上昇を意味する。円高は輸入者にとって有利で，輸出者にとっては不利である。急激な円高は景気に悪影響を与える恐れもある。

円・ドルのスワップ
yen and dollar exchange swap

日元和美元的调期
rì yuán hé měi yuán de tiáo qī

円とドルの通貨間で金利・元本を交換する取引。

エンドユーザー
end user

最终用户
zuì zhōng yòng hù

末端の消費者。最終的に商品を使う使用者。エンドユーザーは顧客と異なる概念である。顧客は必ずしも最終的に商品を使う使用者とは限らない。

円安
yen depreciation in exchange rate ; yen depreciation against foreign currency

日元贬值
rì yuán biǎn zhí

外国為替市場で円の相場が下がることで，円の対外価値の低下を意味する。円安は輸出者にとって有利で，輸入者にとっては不利である。

欧州中央銀行
European Central Bank : ECB

欧洲央行
ōu zhōu yāng háng

EUの中央銀行で，EUの統一的な金融政策を決定する。EU域内の物価安定の維持を図ることが主な役割である。ECBは総裁，副総裁，本部理事4名で役員会を構成している。また，ECBには，「ECB理事会」「政策委員会」「一般委員会」の3つの機関がある。1998年6月に発足され，本部はドイツのフランクフルトにある。

大株主
large shareholder

大股东
dà gǔ dōng

株式会社において，持株比率の高い株主のことを指す。大株主に関する厳格な規定がなく，営業報告書には上位7名（以上）が記載される。一般的に，日本の株式会社の大株主は金融機関，事業法人，その持株会社が占める場合が多い。

大手企業
major company

大企业
dà qǐ yè

資本金，または従業員の規模が大きい企業を指す。業界によって大手企業の定義が異なる。

大部屋制 大办公室制
dà bàn gōng shì zhì

日本企業の典型的な仕事のやり方で，上司は個室を設けず，部下と同じ部屋で業務を行うやり方。平等主義とスムーズなコミュニケーションが図られる。

オーダー 订货
order dìng huò

注文のこと。

オープン型ファンド 开放式基金
open-end fund kāi fàng shì jī jīn

分配金と売買差益を目的とする証券投資信託で，途中に資金追加と時間制限をせず自由に売買可能なのが特徴である。

オプション 期权
option qī quán

金融商品，金，石油などを，あらかじめ定められた日または期間内に定められた価格で売買する権利のこと。買う権利をコール（call），売る権利をプット（put）という。

オペック（石油輸出国機構） 欧佩克
Organization of Petroleum Exporting Countries：OPEC ōu pèi kè

石油輸出国機構のことで，1960年に石油の生産・価格調整などを目的として世界の主要石油産油国，石油輸出国により創設された国際機構。2008年現在，アルジェリア，イラン，イラク，クウェート，リビア，ナイジェリア，カタール，サウジアラビア，アラブ首長国連邦，ベネズエラ，アンゴラ，エクアドルの12カ国が加盟。本部はオーストリアのウィーンにある。

オペレーティング・リース 经营租赁
operating lease jīng yíng zū lìn

ファイナンス・リース以外の短期間のリースで，貸手側が借手側に設備の使用権を提供する以外に，借手側に設備の補修，保険，メンテナンスとその他専門技術サービスを提供するリース方式である。途中で契約の解約が認められるのも特徴である。

親会社 母公司
parent company mǔ gōng sī

他会社の一定比率の株式を所有し，その会社の経営活動をコントロールする会社のことを親会社と呼ぶ。

卸売業　　　　　　　　　　　　　　　　　　　　　　批发业
wholesale business ; wholesaling institutions　　　　　pī fā yè

　　流通過程の一環で，製造商または輸入商から製品・商品を大量に買い入れ，それを小売業者に売り渡す業種，または事業体。

卸売市場　　　　　　　　　　　　　　　　　　　　　批发市场
wholesale market　　　　　　　　　　　　　　　　　　pī fā shì chǎng

　　卸売を行う市場。中央卸売市場と地方卸売市場がある。

終値（おわりね）　　　　　　　　　　　　　　　　　收盘价
closing price　　　　　　　　　　　　　　　　　　　shōu pán jià

　　株式市場の取引時間内で最後についた値段のこと。1日や1週間で取引された最後の値段を指す。

大部屋制　　　　　　　　　　　　　　　　　　　　　　　大办公室制
　　　　　　　　　　　　　　　　　　　　　　　　　　　　dà bàn gōng shì zhì

　　日本企業の典型的な仕事のやり方で，上司は個室を設けず，部下と同
　　じ部屋で業務を行うやり方。平等主義とスムーズなコミュニケーショ
　　ンが図られる。

オーダー　　　　　　　　　　　　　　　　　　　　　　　　　订货
order　　　　　　　　　　　　　　　　　　　　　　　　　　dìng huò

　　注文のこと。

オープン型ファンド　　　　　　　　　　　　　　　　　　开放式基金
open-end fund　　　　　　　　　　　　　　　　　　　　kāi fàng shì jī jīn

　　分配金と売買差益を目的とする証券投資信託で，途中に資金追加と時
　　間制限をせず自由に売買可能なのが特徴である。

オプション　　　　　　　　　　　　　　　　　　　　　　　　期权
option　　　　　　　　　　　　　　　　　　　　　　　　　　qī quán

　　金融商品，金，石油などを，あらかじめ定められた日または期間内に
　　定められた価格で売買する権利のこと。買う権利をコール (call)，売
　　る権利をプット (put) という。

オペック（石油輸出国機構）　　　　　　　　　　　　　　　欧佩克
Organization of Petroleum Exporting Countries : OPEC　　　ōu pèi kè

　　石油輸出国機構のことで，1960 年に石油の生産・価格調整などを目
　　的として世界の主要石油産油国，石油輸出国により創設された国際機
　　構。2008 年現在，アルジェリア，イラン，イラク，クウェート，リ
　　ビア，ナイジェリア，カタール，サウジアラビア，アラブ首長国連邦，
　　ベネズエラ，アンゴラ，エクアドルの 12 カ国が加盟。本部はオース
　　トリアのウィーンにある。

オペレーティング・リース　　　　　　　　　　　　　　　经营租赁
operating lease　　　　　　　　　　　　　　　　　　　jīng yíng zū lìn

　　ファイナンス・リース以外の短期間のリースで，貸手側が借手側に設
　　備の使用権を提供する以外に，借手側に設備の補修，保険，メンテナ
　　ンスとその他専門技術サービスを提供するリース方式である。途中で
　　契約の解約が認められるのも特徴である。

親会社　　　　　　　　　　　　　　　　　　　　　　　　　母公司
parent company　　　　　　　　　　　　　　　　　　　　mǔ gōng sī

　　他会社の一定比率の株式を所有し，その会社の経営活動をコントロー
　　ルする会社のことを親会社と呼ぶ。

卸売業   批发业
wholesale business ; wholesaling institutions   pī fā yè

    流通過程の一環で，製造商または輸入商から製品・商品を大量に買い入れ，それを小売業者に売り渡す業種，または事業体。

卸売市場   批发市场
wholesale market   pī fā shì chǎng

    卸売を行う市場。中央卸売市場と地方卸売市場がある。

終値（おわりね）   收盘价
closing price   shōu pán jià

    株式市場の取引時間内で最後についた値段のこと。1日や1週間で取引された最後の値段を指す。

カ行

外貨
foreign currency

外汇
wài huì

国際取引の決済に使われる自国以外の通貨（米ドル，ユーロ，英ポンドなど）を指す。国際取引ではドルを使って決済することが多いことから外貨は通常ドルを指す場合が多い。

海外勤務手当
overseas allowance

驻外津贴
zhù wài jīn tiē

海外赴任の社員に支給される諸手当。金額は赴任地の生活環境や企業の規定などによって異なるが，大きく生活関連手当，ハードシップ手当，海外役職手当，円建て支給などに分類できる。

海外シンジケート・ローン
syndicate loan

国外银团贷款
guó wài yín tuán dài kuǎn

国際協調融資団（世界各国の銀行からなる）が各国政府や機関に対して行う中長期融資のこと。貸し手側にとってリスク分散することができる一方，借り手側にとっては巨額の資金を効率に調達できる。

買掛金
accounts payable

应付账款
yīng fù zhàng kuǎn

買い掛けの商品の代金，仕入れ代金の帳簿上での未払い額。原材料，商品，サービスを購入するとき発生する債務である。

外貨取引
exchange transaction

外汇交易
wài huì jiāo yì

ユーロとドル，円とドルなど異なる通貨を交換することや外貨を売買する行為を指す。通常，ある国の通貨を他国の通貨の対価として受け渡しすることである。

外貨負債
foreign liabilities

外币负债
wài bì fù zhài

外貨建てで表示される債務，外国政府からの借款や国際金融機関からの借款などが含まれる。原則として，払い込まれた通貨と同じ通貨で返済される。2007年中国の対外債務は3,700億ドルであった。

外貨預金
foreign currency deposit

外汇储蓄
wài huì chǔ xù

外国為替を銀行などの金融機関に預けた外貨建ての預金。中国の外貨準備高は，2009年6月までに2兆1,000億ドルに達すると同時にアメ

リカの最大の債権国となっている。

会計監査　　　　　　　　　　　　　　　　　　　　审计
audit　　　　　　　　　　　　　　　　　　　　shěn jì

企業の会計記録，会計処理，会計報告書，会計行為，会計組織などの全部または一部を監査機関が一定の手続きを経て，その適否を検討し結果を報告する行為。監査を行う機関によって内部監査と外部監査に分けられる。

会計コンサルタント業務　　　　　　　　　　　　会計咨询业务
　　　　　　　　　　　　　　　　　　　　kuài jì zī xún yè wù

企業などの会計について相談，診断，助言，指導を行う業務。従前，アメリカでは監査業務とコンサルタント業務を1つの会社に委託していたが，2002年エンロンなどの会社の不祥事で，コンサルタント業務と監査業務の同一会社からの提供を厳しく制限している。

会計士　　　　　　　　　　　　　　　　　　　　会计师
accountant　　　　　　　　　　　　　　　　　kuài jì shī

公認会計士と会計士補の総称。他人の求めに応じ報酬を得て，財務諸表監査の制度の担い手として主に財務書類の調製，財務に関する調査，証明，監査などをする者である。

会計士事務所　　　　　　　　　　　　　　　　　会计师事务所
accountant's office　　　　　　　　　　　kuài jì shī shì wù suǒ

会計士業務を行う場所。会計事務所の業務は通常監査業務，税務サービス，企業のリスク管理，企業管理に関するコンサルタント，融資コンサルタント，財務コンサルタントなどが含まれている。

会計制度　　　　　　　　　　　　　　　　　　　会计制度
accounting system　　　　　　　　　　　　　kuài jì zhì dù

会計業務の処理のルールや方法。会計制度は会計基準と比べ，よりミクロ的である。各国の歴史，文化，経済発展の違いから会計制度も一様ではない。

会計帳簿　　　　　　　　　　　　　　　　　　　会计帐簿
books of account　　　　　　　　　　　　　kuài jì zhàng bù

会社，官庁，組合などの経済主体の経済活動を主に貨幣金額によってとらえ，その主体が所有，管理する財産の変動を記録するものである。一定期間の主体の経済活動の詳しい状況を把握することができる。

会計年度　　　　　　　　　　　　　　　　　　　会计年度
fiscal year　　　　　　　　　　　　　　　　kuài jì nián dù

収益費用など経営活動を一定期間（通常は1年）ごとに区分整理し財務関係を明らかにするために設けられた制度。日本の制度は4月1日から翌年3月31日までとする。中国の場合は1月1日から同年の12

月31日までとする。

会計報告書
financial report

会计报告
kuài jì bào gào

一定期間内での会社の業務状況と財務状態を報告する書類。会計報告書は報告する時間によって年度報告書，半期報告書，四半期報告書，月報告書などに分類される。

外国籍従業員
foreign employees

外籍职工
wài jí zhí gōng

中国に進出している外資企業に勤める外国籍の管理者や従業員。2005年末まで約9万人の外国人が中国で働いていた。管理者や技術者が大部分を占めている。

外国投資企業
foreign affiliate

外商投资企业
wài shāng tóu zī qǐ yè

中国では「三資」企業ともいわれ，中国の関連法律に沿って設立された企業法人である。中国国内の企業と共同で設立した中外合資企業，中外合作企業，外国企業が全額出資で設立した外国独資企業など3つの形態に分類される。『中国貿易外経統計年鑑』(2007年版)によれば，2007年末外国投資企業の登録企業数（累計）は28万6,200社に達している。

外資側当事者配当金
foreign dividends

外方股利
wài fāng gǔ lì

外国の資本が入っている企業が外国の出資者に対し出資金の使用報酬として払う金銭などのことである。中国では会計上利益処分項目で中国資本に対する配当金と外資側に対する配当金をそれぞれ記載し，中国側と外資の配当の分配を表さなければならない。

外資政策
foreign investment policy

外资政策
wài zī zhèng cè

経済発展あるいは経済の活性化を図るための外国の資本に関する政策。中国は国の経済発展の段階によって，また国の産業政策に合わせた外資政策をとっている。1995年に『指導外商投資方向暫行規定』と『外商投資産業指導目録』を頒布し，産業項目を奨励，許可，制限，禁止の4種類に分類した。

外資導入
introduction of foreign capital

引进外资
yǐn jìn wài zī

・外国の資本を自国内に受け入れること。1978年中国は改革開放政策を実施し，積極的に外国資本を受け入れ，技術，資金，進んだ管理手法を獲得し，経済を発展させた。外資が中国の経済発展に大きく貢献したともいえる。

会社規程／会社定款
companies ordinance

公司章程

gōng sī zhāng chéng

会社の組織及び活動を定めた基本規則。会社定款の記載事項には絶対的記載事項，相対的記載事項，任意的記載事項が含まれている。絶対的記載事項は法律によって定められており，この事項が記載されてない場合，定款は法律効力を発揮できない。会社定款は会社の目的，財産状況，権利及び義務を定め，会社の対外活動の基本法律依拠にもなる。

会社払込資金
funds from head office

公司拨入资金

gōng sī bō rù zī jīn

株主から実際に払い込んだ資本。通常，返す必要がなく長期にわたって使用できる資本。資本金と広義の払込剰余金で構成されている。拠出資本ともいわれる。

海賊版
pirated edition

盗版

dào bǎn

外国の著作権者の許可を得ないで著作物を複製及び販売したもの。同一国内の著作権者の同意なしで無断複製，販売したものいう。

買手市場
buyer's market

买方市场

mǎi fāng shì chǎng

商品の供給が需要を上回り，価格及びその他の取引条件が買い手に有利になる状況。消費者は商品を選びやすくなる。一方，企業側は消費者のニーズにあわせ生産を行う。競争の激化によって価格が低下傾向になる。

買取銀行
negotiation bank

议付银行

yì fù yín háng

受益者（輸出者）が信用状に基づいて振り出した手形を船積書類と共に買い取る銀行。通常買取銀行は受益者（輸出者）所在地の銀行である。また買取銀行は信用状の規定によって決まる。

開放経済
open economy

开放经济

kāi fàng jīng jì

自由に外国との貿易，金融取引ができ，一国の経済活動が外国の経済活動と密接な関係をもつ経済体制。

カウンター・オファー
counter-offer

还价／还盘

huán jià/huán pán

買い手が売り申込みに対して条件修正を申し込んでオファーした条件のうち，変更または追加条項が入った形で承諾した場合をカウンター・オファーと呼ぶ。カウンター・オファーに対し，申込者からさらにカウンター・オファーが出され，お互いにカウンター・オファーを出し

かししぶり

合って複雑な過程を経て契約を成立させることもある。

係長 / 股长／系长
subsection chief　　　　　　　　　　　　　　gǔ zhǎng/xì zhǎng

係員の長で，会社などの役職の1つとしてロアー・マネジメントを行う者。具体的に第一線の現場で一般従業員を直接指揮，指導する現場管理者。普通は課長の下にある役職。

各種棚卸資産全年度平均残高 / 各项存货全年平均余额
　　　　　　　　　　　　　　　　　gè xiàng cún huò quán nián píng jūn yú é

1年の月間平均棚卸資産(商品，製品，半製品，原材料，仕掛品など)の平均値を表すもの。その算式は，各種棚卸資産全年度平均残高＝1月から12月までの各月初と月末の在庫品の和÷24。

格付専門機構 / 评级机构
rating agency　　　　　　　　　　　　　　　　píng jí jī gòu

法律に沿って設立された経済，法律，財務などの専門家によって構成され，証券発行者及び各証券を評価，順位づける業務を取り扱う組織。国際で有名な格付け機関としてはアメリカのスタンダード・アンド・プアーズ社とムーディーズ社などがある。

加工賃 / 工缴费
processing fees　　　　　　　　　　　　　　　gōng jiǎo fèi

他人の動産(原材料など)に加工を加えて新たな物(商品)を作る代わりに受け取る報酬。企業がコスト削減するために，主に人件費が安い国の企業に生産工程の一部を委託する場合が多い。

加工貿易 / 加工贸易
improvement trade　　　　　　　　　　　　　　jiā gōng mào yì

企業が原材料，部品，半製品，包装材料などの全部または一部を輸入し，自国内で加工または組立し，製品もしくは半製品を輸出する貿易形態。加工貿易は来料加工と進料加工の2種類がある。2008年の中国の加工貿易額は1兆535億ドルに達している。

飾り物の社外重役 / 花瓶董事
dummy director　　　　　　　　　　　　　　　huā píng dǒng shì

社外重役でありながら会社の経営活動に対し，監視監督機能を果たせないこという。その原因はさまざまであるが社外重役の多くが経営者(社長)によって選任されることと企業に関する情報が著しく少ないことが主な原因と考えられる。

貸し渋り / 惜贷
unwillingness to make loans　　　　　　　　　　　　xī dài

公的金利と関係なく，金融環境の外因性変化などによって銀行が融資条件を急激に厳格化し資金の貸し出しに慎重になること。中国の場合，

中国社会における信用記録の不備によって起こることが多い。

貸倒債権 / 坏账
bad loans　　　　　　　　　　　　　　　　　　　　　huài zhàng

貸倒になった営業債権（売上掛金や受取手形）であるが，営業債権（売上掛金や受取手形）を放棄しない限り顧客に対し請求する権利。貸倒債権の一部または全部回収された場合，会計上では償却債権取立益で処理する。

貸倒準備金 / 坏账准备
reserve for bad loan　　　　　　　　　　　　huài zhàng zhǔn bèi

商業信用の高度発展に伴って企業に営業利益をもたらす一方，売掛金や受取手形，貸付金などの金銭債権が回収不可能または回収される確率が非常に低くなるなどのリスクも増大している。それに備えて設けた資金。

貸倒償却 / 呆账核销
charge off　　　　　　　　　　　　　　　　　　dāi zhàng hé xiāo

会計上，損益計算書で使われる勘定科目での販売費及び一般管理費の部の仕分けの１つ。具体的には売掛金，受取手形など受取債権の中で回収不能な金額を貸倒償却の勘定科目に計上する。

貸倒損失 / 坏账损失
bad debt　　　　　　　　　　　　　　　　　　huài zhàng sǔn shī

企業の倒産や債務者の死亡などにより，売掛金，受取手形，貸付金などの金銭債権が回収できなくなった場合における債権者の損失。通常，債権額を貸倒が発生した日に属する事業年度の損金に算入する。

貸倒引当金 / 呆账准备金 / 坏账准备金
allowance for doubtful debts
dāi zhàng zhǔn bèi jīn/huài zhàng zhǔn bèi jīn

受取手形，売掛金，貸付金などの金銭債権回収不能見込額を予め計上する場合，設定される引当金が貸倒引当金である。貸倒引当金の対象範囲は売掛金，貸付金，受取手形，未収加工賃，未収手数料，未収地代家賃，貸付金の未収利子が含まれる。

貸倒リスク・アラーム / 信贷风险预警
default risk alarm　　　　　　　　　　　　xìn dài fēng xiǎn yù jǐng

金融活動の過程で，銀行資産の損失及び金融システムが被害を受ける可能性を分析・予測し，銀行の安全運営のための対策などのアドバイスをすること。貸倒リスク・アラームは銀行の貸付に関する統計資料を基にして分析を行い，銀行の貸付リスクの回避システムの重要な構成要素である。

貸出業務
credit business

信贷业务
xìn dài yè wù

銀行などの金融業の与信,貸出,回収などの業務形態のうち,貸出部門の業務のこと。貸付業務とも呼ばれる。通常,貸出は銀行などが一定の利息をつけて貸し付けることが多い。

加重平均法
weighted average

加权平均法
jiā quán píng jūn fǎ

平均値を計算する際に使用される方法の1つ。通常,棚卸計算する方法の1つとして使われる。商品などの棚卸資産の払出価額の決定の際,期間全体またはその都度異なる金額の単価の平均値を購入数量の多少を考慮して計算したものを払出単価とする方法。

課長
section head

科长
kē zhǎng

官庁や会社などで課の事務を統率し,部下を監督する職。またその役の人。中間管理職(ミドルマネジャー)に属し,組織の中間幹部であり,部長,次長に次ぐ職で班長,係長よりは上の職になる。

合作企業
contractual joint venture

合作经营企业
hé zuò jīng yíng qǐ yè

正式には中外合作経営企業という。外国の企業と中国国内の企業と共同で設立された会社。契約によって双方の権利,義務,収益の分配,管理方式などを決めることから「契約式合弁会社」とも呼ばれている。

合併・買収ブーム
merger and acquisition boom

并购热潮
bìng gòu rè cháo

企業の吸収・合併の活動が頻繁に行われること。企業が新しい経営資源(技術,販売網)などを短期間で獲得する手段としてよく使われる。合併・買収には経営目的を実現するための目的以外に,投資の目的,つまり,取得した企業を売却して得る差額(フィナンシャル・ゲイン)が目的で行われることもある。1980年代にアメリカで活発に行われた合併・買収は投資目的といわれている。また,1990年代のアメリカの吸収・合併ブームはITバブルを引き起こした。

合併・破産
merger and bankruptcy

兼并破产
jiān bìng pò chǎn

中国の国有企業,特に工業企業が経営難に陥り,赤字問題が国の経済活動において大きな問題になった。政府の財政負担を軽減し,経済改革を進めるために,国有工業企業の赤字問題を解決することが急務となった。1990年代から始めた合併・破産は工業企業,特に工業企業の赤字問題を解決する重要な経路となった。

稼働　　　　　　　　　　　　　　　　　　　　　　　　运转
operation　　　　　　　　　　　　　　　　　　　　　　　yùn zhuǎn

設備機械などを動かすこと，または設備機械などが動いていること。

稼働率　　　　　　　　　　　　　　　　　　　　　　　开动率
operating ratio　　　　　　　　　　　　　　　　　　　kāi dòng lǜ

生産設備のうち，実際に動いている設備の割合。稼働率は機械設備の利用の効率を表すものである。稼働率が高いと生産高が高い，稼働率が低いと生産高が低いことを意味する。

過熱　　　　　　　　　　　　　　　　　　　　　　　　过热
overheating　　　　　　　　　　　　　　　　　　　　　guò rè

経済成長の過程で，高いインフレと過度の投資による生産能力が増大し，結果的に需給関係のバランスが崩れる現象のことをいう。通常，過熱は経済発展の停滞，不況をもたらす。過熱を防止するための対策の1つとしては，金融引締め政策がある。

株価収益率　　　　　　　　　　　　　　　　　　　　　市盈率
price-earning ratio : PER　　　　　　　　　　　　　　shì yíng lǜ

株価を1株当たり税引後当期純利益で割って算定し，利益というフローの面から株価水準を測定する指標である。株価収益率が高いほど，利益水準に対して株価が比較的に高いことを示す。

株価操作　　　　　　　　　　　　　　　　　　　　　股价操纵
manipulation　　　　　　　　　　　　　　　　　　　gǔ jià cāo zòng

「仮装売買」や「なれあい売買」または虚偽の情報を放り出し，株式の相場を人為的に上下させることで，不当な利益を得ようとする行為。

株価操作をしている者　　　　　　　　　　　　　　　　　庄家
　　　　　　　　　　　　　　　　　　　　　　　　　　zhuāng jiā

株式市場などの相場に影響を与えることのできる投資者のことをいう。通常，発行された株式50％以上を所有しているが，場合によって10〜30％の株を所有すれば株価をコントロールできる。

株券　　　　　　　　　　　　　　　　　　　　　　　　股票
stock certificate　　　　　　　　　　　　　　　　　　　gǔ piào

有価証券の1つで，株主権を示し，株式の持分を具体化するものが株券である。株券のことを株式という場合もある。株主の法律的地位を目に見える形にするとともに，流通面で株式の譲渡を容易にすることができ，取引しやすくした有価証券である。

株式　　　　　　　　　　　　　　　　　　　　　　　股份／股票
stock ; share　　　　　　　　　　　　　　　　　　gǔ fèn/gǔ piào

株式会社における株主の持分，株主権のこと。株式は持分を細分化，

均等化したもの持分である。株式の種類はさまざまな角度から分類することができる。中国の場合，上場される取引所と売買主体から分類すると，A株，B株，H株，N株，S株などがある。

株式オプション   股票期权
stock option   gǔ piào qī quán

会社が企業経営者や，役員，特定の従業員に一定価格で一定期間内，一定の自社株を買う権利を与える制度である。この制度は株主と経営者の利益を一致させ，企業の長期的な発展に有益であると認識され，経営者などに与えるインセンティブとして多くの国で導入されている。

株式会社   股份公司
stock corporation ; joint-stock company   gǔ fèn gōng sī

企業形態の1つ。社員たる株主が会社債務に対し株式の引受価額を限度とする有限の間接責任を負う。1602年，オランダ東インド会社の設立が株式会社の起源となって，19世紀後半には世界中の資本主義国家に広がり，今日では支配的な地位を占めている。

株式市況   股市行情
stock quotations   gǔ shì háng qíng

証券取引所で取引される株式の売買状況。上場銘柄の現時点での株価，売買される株式数，売買高などがある。

株式市場   股市
stock market   gǔ shì

株式が発行され流通する市場。機能の面から発行市場と流通市場からなる。ほとんどの国で1つまたは複数の証券取引所がある。

株式指数   股指
stock index   gǔ zhǐ

株式市場全体の平均的株価水準，及びその変動を表すために，2つ以上の株価を総合して株価指標をつくり，株価指数や株価平均を作成する。通常一定時点の株価水準を100とし，比較時点の株価を相対値にして指数化したもの。時価総額加重平均型，株価平均型などの種類がある。

株式資本金   股本
share capital   gǔ běn

株主が会社の中で所有する権益のことを指すが，通常株式のことをいう。中国の場合，株式会社は会計上，株式資本金（股本）科目を設置しなければならない。

株式資本金総額   股本総額
total amount of capital stock   gǔ běn zǒng é

発行済み株式の株式資金の総額。算式は，株式資本金総額＝額面金額

×発行済み株式数。無額面株式を発行している場合は,発行済み無額面株式の発行総額も合算しなければならない。

株式上場　　　　　　　　　　　　　　　　　　　　　　　　　　股票上市
stock listing　　　　　　　　　　　　　　　　　　　　　　　gǔ piào shàng shì

発行された株式を証券取引所の許可を得て取引所に公開し,売買を可能にすること。株式上場は株式発行と株式取引をつなぐ役割を果たしている。中国の場合,株式公開したところで上場資格を得るようになっている。

株式譲渡　　　　　　　　　　　　　　　　　　　　　　　　　　股份转让
stock transfer　　　　　　　　　　　　　　　　　　　　　gǔ fèn zhuǎn ràng

株主が保有している株式を受取側に事前に合意した価格で譲渡し,受取側がその対価を支払う行為。株式の種類によって株式譲渡は記名株式と無記名株式の譲渡などに区分することができる。

株式所有構造　　　　　　　　　　　　　　　　　　　　　　　　股权结构
ownership structure　　　　　　　　　　　　　　　　　　　gǔ quán jié gòu

株式会社の株式がそれぞれ異なった主体に所有される割合,及びそれらの関係。株式所有構造は株式の高度集中型,株式の高度分散型などに分類することができる。

株式制商業銀行　　　　　　　　　　　　　　　　　　　　　　股份制商业银行
joint-stock commercial bank　　　　　　　　　　　　gǔ fèn zhì shāng yè yín háng

株式会社の組織形態を取る商業銀行。中国で初めての株式制商業銀行は1987年に設立された招商銀行で,企業法人によって株式を所有する最初の銀行であった。2004年から国有独資商業銀行の改革を行って株式会社制度に移行した。

株式相互持合制度　　　　　　　　　　　　　　　　　　　　　　相互持股制度
stock cross-holding system　　　　　　　　　　　　　　xiāng hù chí gǔ zhì dù

2社あるいは2社以上の株式会社が互いに相手の発行株式の一定量を持合いすること。株式相互持合制度によって安定株主をつくることができ,企業の支配権を維持することができる。

株式相場　　　　　　　　　　　　　　　　　　　　　　　　　　股票行情
stock prices　　　　　　　　　　　　　　　　　　　　　　　gǔ piào háng qíng

株式市場で形成された株式の価格。株式相場は企業の収益力,経済環境の変化などによって株価が上下変動する。

株式持分　　　　　　　　　　　　　　　　　　　　　　　　　　所持股份
holdings　　　　　　　　　　　　　　　　　　　　　　　　　suǒ chí gǔ fèn

出資者が法人(株式会社)の財産について有する分け前を表すもの。持分は1株という単位で分割され,株主の持分の大きさは株数で表わす。

株主
stockholder ; shareholder

株主 　　　股东
　　　gǔ dōng

株式会社へ出資または投資し，株式を所有している者。株主には株主総会に出席し，議決権を行使するなど諸権利が与えられる。株主は原則として持株数に応じた権利を有する。

「株主至上」モデル
shareholder primacy model

"股东至上"模式
"gǔ dōng zhì shàng" mó shì

「株主至上」モデルの基本的な考えは，会社は株主のもので株主は企業に対し絶対的支配権をもち，企業経営は株主の利益の最大化を図るべきだということで，アングロサクソン型の企業モデルである。「株主至上」モデルと反対の立場にあるものが「ステークホルダー」モデルである。

株主資本利益率（自己資本利益率）
return on equity : ROE

股东权益回报率／股东回报率
gǔ dōng quán yì huí bào lǜ／gǔ dōng huí bào lǜ

当期純利益を期首・期末平均自己資本で割って求めたもの。自己資本利益率とも呼ばれる。算式は，ROE＝純利益÷株主資本×100％。

株主総会
general meeting of stockholders

股东大会
gǔ dōng dà huì

株式会社の機関の１つで，株主を構成員として会社の基本的な方針や重要な事項につき議決を行う最高意思決定機関。株主総会には定時総会と臨時総会がある。

株主総会議決権

股东大会决议权
gǔ dōng dà huì jué yì quán

株主総会において提示された議案または特定の事項につき賛否を示すなど意思決定に関与する権利。議決権は１株につき１個である。書面によって議決権を行使することができ，代理人によって議決権を行使することもできる。

株主代表訴訟
stockholders representative action

股东诉讼制度
gǔ dōng sù sòng zhì dù

株主が会社に代わって，会社に損害を与えた取締役・監査役等に対し責任を追及する訴訟を起こすこと。新会社法では，会計参与，会計監査人も株主代表訴訟の対象になった。株主による経営者に対する監視・監督の手段の１つ。1993年商法改正で株主代表訴訟の訴訟費用を一律8,200円とした。

株主割当
issue to stockholders

配股
pèi gǔ

上場会社が事業の拡大などの原因によって新しい資金を調達するため

に既存の株主向け新株を発行する行為である。通常、持株数に応じた一定の割合で既存の株主に新株引受権を与える。

貨幣 / 货币
money
huò bì

商品交換の媒介物の機能を担う特殊な商品で、価値尺度、価値保蔵、流通手段の3つの機能をもっている。貨幣は金銭の具現化されたもので、流通貨幣（略称：通貨）とも呼ばれる。

貨幣価値の下落 / 贬值
depreciation of currency
biǎn zhí

貨幣価値が経済、政治などの原因で下落すること。通常、貨幣価値の下落は当該国の輸出を増加し、国際収支の改善に有利であるとされていた。しかし、必ずしもそうなるとは限らない。1997年のアジア金融危機の時、タイ、マレーシア、韓国などの国の貨幣価値が下落したにもかかわらず、国際経常収支面での改善は見られなかった。

貨幣供給量 M2 / 货币供应量M2
money supply M2
huò bì gōng yìng liàng M2

経済全体にどの程度の貨幣が提供されているのかを測る指標で、一般法人、個人、地方自治団体などの保有する通貨量残高を集計したものである。算式はM2＝現金通貨＋預金通貨（普通預金・当座預金）＋準通貨（定期預金や外貨預金など）。

貨幣資金 / 货币资金
monetary fund
huò bì zī jīn

企業の経営資金が回転する過程で一時貨幣形態になっている部分の資金である。貨幣資金は企業の支払い能力、債務の弁済能力を測る指標で、投資者が企業の財務状況を分析するに当たって重要な目印になっている。

上半期 / 上半年
first half year
shàng bàn nián

1年を2期に分けたうちの前半の6カ月。上場株式会社などは上半期決算を発表し、投資家がこれらの材料に基づいて投資活動を行う。

借入金 / 借款
borrowings
jiè kuǎn

企業などが借用証書または手形を差し入れて金融機関などから金銭を借り入れることによって生じる金銭債務。借入期間によって短期借入金と長期借入金とに分けられる。

カルテル / 卡特尔
cartel
kǎ tè ěr

市場を支配し、不当な利益を得るために協定、契約によって結合され

る企業連合。カルテルに参加する企業は生産，財務，法律の面で独立している。カルテルは最初に1857年ドイツで出現し，その後急速に発展した。カルテルは価格カルテル，数量制限カルテル，設備制限カルテル，販路カルテルなどに分けられる。

過労死 / 过劳死
die from prolonged overwork　　　　　　　　　　　　　　guò láo sǐ

日本社会における独特な現象で，会社からのストレス，または過度な労働から精神的・肉体的負担で，健康を損い，死にいたること。欧米では「karoshi」という表現がそのまま使われる場合もある。

為替基準レート / 基准汇价
basic exchange rate　　　　　　　　　　　　　　jī zhǔn huì jià

中国の中央銀行に当たる中国人民銀行が人民元対米ドル，円，ユーロなどの市場取引中間価格を毎日発表する。この中間価格を為替基準レートと呼ぶ。市場では為替基準レートを基準値にして外貨を取引する。

為替裁定取引 / 套汇
arbitrage of foreign exchange　　　　　　　　　　　　　　tào huì

異なる為替市場間の為替レート，金利格差や期日の長短を利用して利鞘を取る方法。為替裁定取引は時間的裁定と場所的裁定とに分類することができる。

為替先渡し / 远期结售汇
foreign exchange forward contract　　　　　　　　yuǎn qī jié shòu huì

外貨を扱う銀行と国内の機関との長期契約で，将来のある時点で予め決まった外貨を契約されたレートで取引することである。

為替相場 / 外汇行情 / 外汇行市
exchange rate ; rate of foreign exchange
　　　　　　　　　　　　　　wài huì háng qíng/wài huì háng shì

通貨の取引の状況。現時点で取引される通貨の価値の値動き，例えば円対ドル，円対ユーロなど。為替相場は経済，政治などさまざまな要因に影響される。

為替手形 / 汇票
bill of exchange ; draft　　　　　　　　　　　　　　huì piào

有価証券の1つで，発行者である手形の振出人が支払人である第三者に委託し，受取人またはその指図人に対して一定の金額を支払ってもらう手形。為替手形は現金を直接送る必要がなく，国際間の決済によく利用されている。

為替フロート・レート / 波动汇率
exchange float rate　　　　　　　　　　　　　　bō dòng huì lǜ

為替取引市場での為替レートが市場の需給関係によって決定される制

度。しかし，完全に自由なフロート制ではなく，ほとんどの国の中央銀行が市場介入し，為替レートを操作することがよくある。

為替リスク / 汇率风险
exchange risk / huì lǜ fēng xiǎn

為替レートの変動によって損失を被る可能性をいう。外貨を使って取引をする場合，為替レートの変動で損失を被る場合がある，また企業の経営においても企業の売上高などに影響し企業のキャッシュフローを減少させるなど，潜在損失になることもある。

為替レート / 汇率
exchange rate / huì lǜ

異なった国の通貨の交換比率で，一国の通貨で表示された他の国の通貨の価格である。為替レートは商品のように需給関係によって変動する。為替レートに影響を与える要素としては経常収支と外貨準備高，利率，インフレ率，政治情勢などがある。

為替レート形成メカニズム / 汇率生成机制
exchange formulation mechanism / huì lǜ shēng chéng jī zhì

為替相場の変動の範囲を一定水準に維持するための市場介入メカニズムである。代表的な例は，欧州通貨制度で1979年に設立された。1999年にユーロ導入で，新しい制度ERM2に引き継がれた。

官から実業界に転身 / 下海
plunge into the commercial sea / xià hǎi

中国改革開放の初期にできた言葉で，政府機関に勤めていた人や，国有企業に勤めていた人たちが職を辞めて社会で商売などをはじめる現象をいう。安定した収入のある勤めをやめ，商売に転じる「大海」はリスクを伴う。

環境許容量 / 环境承载力
environmental carrying capacity / huán jìng chéng zài lì

一定の期間内に環境資源が負荷できる人口規模と経済規模の大きさを表す。地球の面積と資源は限られているので，その負荷する能力も限られている。従って，人類活動は地球の環境負荷能力以内に収めなくてはならない。

環境保全産業 / 环保产业
environmental protection industry / huán bǎo chǎn yè

環境保全産業の概念は経済発展段階によって違う意味をもつ。中国の場合，環境保全産業といえば，環境保全設備を生産する専門企業を指している。環境保全産業は国家各部署に直轄する研究院，研究所なども含まれている。

環境リスク
environmental risk

环境风险

huán jìng fēng xiǎn

環境や気候変動などの地球環境に影響する不確実性に対し確率論を使って対処すること。化学物質による環境リスクが存在することを前提に環境リスクを最小限に抑えようとする考え方である。

環境リスクアセスメント
environmental risk assessment

环境风险评价

huán jìng fēng xiǎn píng jià

科学的な知見からリスクの発生確率を推定し評価すること。環境リスクアセスメントは20世紀70年代から始まって，環境影響アセスメントとリスクアセスメントの交互発展の産物である。

環境倫理
environmental ethics

环境伦理

huán jìng lún lǐ

人間，または企業と環境の間の倫理道徳関係。具体的には人間行動，または企業の経営行動において，当事者，企業の経営者が環境との関係の中でどういう価値判断を下し，行動選択をするかという倫理的な問題をいう。

監査委員会
audit committee

审计委员会

shěn jì wěi yuán huì

取締役会に設置される委員会の1つで，作成された財務資料，会計監査人の独立性，内部統制などを監督する機関。アメリカの場合，上場会社は監査委員会の設置を義務づけられている。日本の大企業の場合，監査委員会の設置は義務づけられておらず，監査役設置会社と委員会等設置会社のどちらかの選択が可能である。

監査機関

监督机构

jiān dū jī gòu

日本の大規模上場会社には監査役設置会社と委員会設置会社の2種類があり，監査役設置会社では監査役会が監査機関として会社の業務監査及び会計監査を行う。日本の委員会設置会社とアメリカの場合，監査役会は設置せず，取締役会のなかの監査委員が監査機関となっている。

監査役
corporate auditor

监事（员）

jiān shì (yuán)

日本の株式会社において，取締役の業務（業務監査と会計監査）を監査する機関，またはその人。しかし，資本金1億円以下の株式会社の監査役は業務監査権限がない。2005年の新会社法は原則として監査役に一律業務監査と会計監査権限を与えている。また，資本金5億円あるいは負債総額が200億円以上の株式会社の監査役は3人以上でなければならない。

監査役会 / 監事会
board of corporate auditors — jiān shì huì

監査役全員で組織される機関。監査役会は株主総会で選任され，任期は3年である。大会社（資本金5億円以上または負債総額が200億円以上）では，監査役会は3人以上で，社外監査役を1名以上導入しなければならない。

監査役報告書 / 监事会报告书
audit report — jiān shì huì bào gào shū

記載内容としては，会計監査人が行った監査の方法，結果が適正であるかどうか，適正でないと認められた時の対応，会計監査以外の監査の方法の概要及びその他がある。

関税 / 关税
customs ; duties ; tariff — guān shuì

国境を通過し取引される貨物に対し科せられる税金で，間接消費税に属する。関税は一国の収入の増加と国内産業の保護を目的として使われていた。関税は輸入税，輸出税，特別税に分けられる。

完成品（製品）/ 成品
product — chéng pǐn

製造された後，品質部門のテストを受け，出荷できるもの。完成品は市場で販売される商品でもある。

関税割当量 / 关税配额量
tariff quota — guān shuì pèi é liàng

輸入国が特定の物品の輸入を制限する措置。政府から割り当てを受けた一定数量までの輸入には低い関税または免税を行い，それを超える数量の輸入に対して高い関税を課する制度である。全世界向け関税割当と特定国向け関税割当に分類される。

間接投資 / 间接投资
indirect investment — jiān jiē tóu zī

投資者が配当，利子，キャピタルゲイン等の収益目的として，投資者の資本で会社の債券などの有価証券を取得する資産運用である。投資先は主に有価証券なので証券投資とも呼ばれる。間接投資は経営に参加する権利はなく，一定額の利益を得る権利だけ有する。

間接部門 / 间接部门
indirect department — jiàn jiē bù mén

経理，人事，総務など事務や管理業務を行う部門。間接部門はコスト部門とされるため，企業は常に業務の効率化または一部の業務のアウトソーシングなどによってコストの削減を図っている。

カンパニー制
livery company

子公司制
zǐ gōng sī zhì

企業の意思決定と行動のスピードを一層迅速化するため,各事業部を統合整理して,大幅に権限を委譲し,独立した事業として運営する仕組み。1994年ソニーが導入して以来,導入する企業が増えている。

カンバン方式
kanban system

看板管理方法
kàn bǎn guǎn lǐ fāng fǎ

トヨタ自動車が開発した生産システムで,必要なものを必要な時に,必要な量だけを作るという,在庫をもたない生産管理方式である。カンバン方式はジャスト・イン・タイムを実現する中心的な要素である。カンバンとは生産工程の各工程間でやり取りされる伝票で,部品納入時間,数量を明記した作業指示書で,各部品の箱についている。カンバンに書かれた情報によって,作りすぎなどの無駄を抑制し,部品在庫を減らす効果がある。

元本
principal

本金
běn jīn

通常,収益を生み出す元となる財産であるが,使途によって意味が違う。貸借の角度からみると,元本は利息を含まない借入金をいう。債券にとって元本は債券の額面を指す。投資の角度からみると,元本は株主が投入した投資収益を含んでいない金額を指す。

管理会計
managerial accounting

管理会計
guǎn lǐ kuài jì

経営者や管理者が意思決定を行うために,必要な会計情報を提供する目的で作られたシステムである。財務会計が企業外部の利害関係者に対して財務諸表を提供することに対し,管理会計は財務会計に相対する概念で企業の内部に提供する報告書である。管理会計の作成は財務会計のように規制されることはなく,意思決定者の要求を満たすような方法で作成され,その内容は標準原価計算・予算管理・損益分岐点分析・直接原価計算・資本予算・責任会計などがある。

管理過程論
management process theory

管理程序论
guǎn lǐ chéng xù lùn

フランスのファヨール (Fayol, H.) が提唱したもので,管理者の機能をいくつかの諸機能の一連のプロセスとしてとらえたものである。具体的には,5つの管理機能と企業の6つの活動からなる。5つの管理機能とは,計画,組織,命令,調整,統制であり,6つの活動とは,技術,営業,財務,保全,会計,管理である。

管理職の買い取り(マネジメント・バイアウト)
management buy-out : MBO

管理层收购
guǎn lǐ céng shōu gòu

企業の既存経営者が自分の力で当該企業を買収すること。買収するこ

とによって経営者のインセンティブを向上させ，エージェンシーコストを削減することもできることから，1970~80年代において欧米諸国での企業買収の主な手段であった。買収資金の調達は，銀行融資や機関投資家・ベンチャーキャピタル，買収ファンドなどで賄われる。

管理費用 {#管理費用}

maintenance fee　　　　　　　　　　　　　　　　　　guǎn lǐ fèi yòng

企業の全般管理や営業活動などで生じる費用。管理業務に携わる従業員の給料，福利厚生，手当，賞与，交際費，旅費，交通費，減価償却費，光熱費，保険料，訴訟費などがある。

官僚制組織 {#官僚集权组织}

bureaucracy　　　　　　　　　　　　　　　　　　guān liáo jí quán zǔ zhī

大規模な組織を合理的に管理運営するための組織。ドイツの社会学者マックス・ウェーバー（Weber, M.）は支配の形態を合法的支配，伝統的支配，カリスマ的支配に分けて，その中の合法的支配を官僚制としている。官僚制の特徴は，権限が規則によって明確されていること，職位が階層化されていること，職務執行は文書に基づいて遂行されること，専門教育を受けたメンバーによって規則に従って職務執行が行われること，官職の経営手段の所有からの分離などがある。

機械的組織 {#机械式组织}

mechanistic system of management　　　　　　　　　jī xiè shì zǔ zhī

バーンズとストーカが提起。ラインとスタッフが明確に区別される官僚制組織のことである。安定した企業環境下で有効である。ライン・アンド・スタッフ組織，職能別組織，事業部制組織は機械的組織に属する。

企画部門 {#企划部门}

planning department　　　　　　　　　　　　　　　　qǐ huà bù mén

企業内に設置された小型のコンサルティング部署で，企業の発展戦略，ブランド戦略から企業マーケティング，広告戦略までの業務に携わる戦略システム部門である。

期間オーバー型貸出 {#逾期贷款}

overdue loans　　　　　　　　　　　　　　　　　　yú qī dài kuǎn

融資先が経営悪化などの原因によって返済期限内で返済することができなかった場合，返済期限を過ぎた次の日から期間オーバー型貸し出しになる。中国では会計上，不良債権に分類する。

機関投資家 {#机构投资者}

institutional investors　　　　　　　　　　　　　　　　jī gòu tóu zī zhě

個人以外の投資家で証券投資を収益源とする団体。機関投資家は投資信託，保険会社，企業年金，年金基金，大学基金，財団などが主体となっている。機関投資家は情報の収集，分析能力が強く，取引量が多

いことから株式相場に大きな影響を与えている。中国では国内の証券会社が機関投資家の主体となっている。

企業家精神
entrepreneurship

企业家精神
qǐ yè jiā jīng shén

フランスの経済学者セイ(Say, J.B.)は企業家を「経済資源の効率を低いところから高いところへ移し，より多くの収益をあげる者」と定義した。シュンペーター(Schumpeter, J.A.)は企業家を「創造的破壊を行う者」と定義した。ドラッカー(Drucker, P.F.)はシュンペーターの観点を継承し，企業家精神の中で最も重要なのはイノベーションの精神であると主張した。企業家精神は，企業家がもつ特殊な技能の集合体であり，企業家が企業の経営管理活動を行う際の総合才能の表われである。

企業化調査報告書
feasibility study report

可行性报告
kě xíng xìng bào gào

➡ F/S

企業グループ
corporate group

企业集团
qǐ yè jí tuán

資本系列や融資系列を基にした企業集団。その特徴としては株式を相互保有し，役員相互派遣，系列融資，情報交換，集団内取引などがある。大企業がその傘下に多くの子会社や関連会社をもつ場合，これらを企業グループとも呼ぶ。

企業資源計画
enterprise resource planning : ERP

企业资源计划
qǐ yè zī yuán jì huà

アメリカの大手コンサルティング会社ガートナーグループ(Gartner Group Inc.)により提出されたもので，企業を経営資源の有効活用の観点から統合的に管理し，統合的な視点から企業の意思決定を支援し，経営の効率化を図るための手法または概念のこと。

企業戦略
corporate strategy

公司战略
gōng sī zhàn lüè

市場環境の中で企業が事業の取捨選択や事業範囲の調整，成長方向を規定し，競争対策を決めることや，複数事業間における資源配分など企業全体にかかわる戦略。

企業内国際分業
international division of labor within a firm

企业内国际分工
qǐ yè nèi guó jì fēn gōng

国際的に事業を展開する多国籍企業が各国の比較優位を構成する経営資源を活用して，研究開発，生産，流通，販売などの国際的な最適配置を図り，分業のメリットを最大限に享受することによって，国際競争力を高めようとすること。企業内国際分業は垂直分業と水平分業とに分けられる。

企業の社会的責任 　　　　　　　　　　　　　　　　　　　　　　　　　　　　　企业社会责任
corporate social responsibility : CSR 　　　　　　　　　　　　　　qǐ yè shè huì zé rèn

　　企業がステークホルダー(株主,従業員,債権者,消費者,地域社会
　など)および環境主体に対して負う責任のこと。現在ではその負うべ
　き範囲に論争があり,消極論と積極論に分かれる。消極論は,企業が
　法と市場メカニズムを制約条件として利潤の追求をすべきだと主張す
　る一方,積極論はより実践的,現実的な利益関係者及び環境主体の接
　近に論拠をもつ。カロール(Carrol, B.A.)は,企業の社会的責任には
　経済的責任,法的責任,倫理的責任,慈善的責任の4つの方面が含ま
　れていると指摘した。

企業の信用調査 　　　　　　　　　　　　　　　　　　　　　　　　　　　　　　　企业资信调查
　　　　　　　　　　　　　　　　　　　　　　　　　　　　　　　　　　　　　　qǐ yè zī xìn diào chá

　　新規取引開始,または既存取引拡大や見直しする際,取引先の財務安
　全性などを評価すること。通常,企業の信用調査項目には,企業の概
　況,登記状況,代表者,業績,資金,財務状況,規模などがある。

企業発展基金 　　　　　　　　　　　　　　　　　　　　　　　　　　　　　　　　企业发展基金
enterprise expension fund 　　　　　　　　　　　　　　　　　　　　qǐ yè fā zhǎn jī jīn

　　「三項基金」(従業員奨励福利基金,準備基金,企業発展基金)の中の
　一項目で,中国内の外資企業(中外合資企業,中外合作企業)は企業
　の技術改良や新しい設備の増設に使われる資金を積み立てなければな
　らない。積立金額は取締役会で決まる。外国独資企業の場合,企業発
　展基金の積み立ては任意とされている。

企業パフォーマンス 　　　　　　　　　　　　　　　　　　　　　　　　　　　　　企业绩效
enterprise performance 　　　　　　　　　　　　　　　　　　　　　　qǐ yè jī xiào

　　一定期間内の企業の経営業績と経営者の業績のことをいう。企業パフ
　ォーマンスは主に企業の収益能力,資産運営能力,債務返済能力など
　で評価する。経営者の業績は主に企業を成長,発展させる過程での成
　果と貢献をもって評価する。

企業文化 　　　　　　　　　　　　　　　　　　　　　　　　　　　　　　　　　　企业文化
corporate culture 　　　　　　　　　　　　　　　　　　　　　　　　qǐ yè wén huà

　　企業の歴史の中で形成された独特の価値観や規範のこと。企業文化の
　構成要素として観念文化(経営理念,企業哲学,社訓など),制度文
　化(伝統,慣習,規則など),行動文化(社風,研修,昇進など),視
　聴覚文化(ロゴ,社歌,制服など)等が含まれる。企業文化の中核を
　なすものは観念文化としての経営理念である。

企業法人 　　　　　　　　　　　　　　　　　　　　　　　　　　　　　　　　　　企业法人
enterprise legal person 　　　　　　　　　　　　　　　　　　　　　qǐ yè fǎ rén

　　営利社団法人のことで,具体的に民事責任を独自に負える法人資格を
　与えられた社会経済組織である。中国の企業法人は全人民所有制企業,

集団所有制企業, 有限会社, 株式会社, 及び中国内の中外合資企業, 中外合作企業, 外国独資企業がある。企業法人の特徴には, 営利を目的とし, 一定の財産を有し, 独立の経済利益を有するなどがある。

企業目的一元論　　　　　　　　　　　　　企业目标单一化论
qǐ yè mù biāo dān yī huà lùn

古典的経営学の支配的な考え方であり, 企業の目標は利益ないし収益性の最大化という単一的なものであるとしている。利益の最大化の内容には, 期間の利益最大化と個々の取引の利益最大化が含まれている。

企業目的多元論　　　　　　　　　　　　　企业目标多元化论
qǐ yè mù biāo duō yuán huà lùn

最近の経営学では企業目的多元論が台頭し, 支配的な立場になった。代表的論者はドラッカーで, 企業目標を収益性, 市場地位, イノベーション, 生産性と付加価値, 社会的責任, 物的財務的資源, 従業員の業績と態度, 経営管理者の業績と育成などと規定している。

企業倫理　　　　　　　　　　　　　　　　企业伦理
business ethics　　　　　　　　　　　　　qǐ yè lún lǐ

企業内部の従業員, 企業と社会, 企業と顧客などとの関係を構築する際に取るべき行動規範である。企業倫理の概念は 20 世紀 70 年代アメリカの企業不祥事によりアメリカの学者から提起され, 研究が展開されるようになった。

基金留保　　　　　　　　　　　　　　　　提取基金
tí qǔ jī jīn

企業などが法律, 契約, 株式総会の決議, 会社の定款などの規定に従って企業の未処分利益の一部を特別用途のある資金として留保すること。

議決権　　　　　　　　　　　　　　　　　表决权
voting right　　　　　　　　　　　　　　biǎo jué quán

会議体において提示された議案, 議事に対し賛否を示し, 意思決定に直接関与する権利。通常, 株式会社では株主は所有する株式数に応じて議決権を株主総会で行使することができる。議決権は実際収益権, 取締役, 監査役などを選任する権利等, 会社の重大事項に対する議決権でもある。

技術　　　　　　　　　　　　　　　　　　技术
technology ; skill　　　　　　　　　　　　jì shù

特定の目的をもって活動する人間が創造した手段と知識のシステムであって, 社会の各分野で目的を達成するための手段・手法でもある。

技術移転 / 技術转让
technology transfer：T/T
jì shù zhuǎn ràng

諸企業間，諸地域間，企業内などでの技術の移転のこと。技術移転の形は契約経営，ライセンシング協定，特許の譲許などがある。技術移転により開発時間と資源を節約することができ，企業成長及び経済成長を促進することができる。

技術革新 / 技术创新
technological innovation
jì shù chuàng xīn

新しいニーズを満たすため，あるいは新しい需要を発掘するために新技術を利用し新工程，新素材，新製品を開発すること。技術革新を実現する手段としては自力で開発する方法と外部から導入する方法がある。

技術ギャップ / 技术差距
technology gap
jì shù chā jù

企業間，地域間の技術格差を指す。技術格差の生じる原因は，研究開発力の差，規模の利益を享受できるほどの市場の大きさ，政府の需要規模，企業規模，革新・競争に対する指向性などがある。

技術協力 / 技术合作
technology cooperation；technical assistance
jì shù hé zuò

国，企業，個人が技術を提供し協力すること。日本政府の実施しているODAも技術協力の一形態で，開発途上国の人材を育成するため日本の技術や技能を開発途上国に移転し，その国の発展に寄与している。

技術集約型産業 / 技术密集型产业
technology-intensive industry
jì shù mì jí xíng chǎn yè

先端技術を用いて生産活動を行う生産部門あるいはサービス部門を指す。その特徴としては，設備及び生産工程は先端技術の基で行われ資源の消耗が少なく，技術者の割合が高く，労働生産性が高い。または製造された製品の技術レベルが高く，製品の入れ替えが速いなどの特徴もある。

技術の空洞化 / 技术空心化
technology drain
jì shù kōng xīn huà

企業の国内生産活動の一部が海外にシフトし，企業活動に必要になる中間財（製造，研究開発など）を海外に配置することによって，国内の製造，研究開発の技術力が低下する現象を指す。

技術パラメータ / 技术参数
technical parameter
jì shù cān shù

通常，機械設置や製品修理などに当たり技術項目に関して参考になる数値を指すが，すべてが数値であるとは限らない。広義の意味から変

数になることもあり得るし，応用の面からは定数値になる。

技術文書
technical documentation

技术文件

jì shù wén jiàn

理工系の研究者や技術者，企業の技術部門などが書いたマニュアル，特許明細書，技術仕様書，試験結果報告書などの文章を指す。技術文章は厳密さ，簡潔さ，読みやすさが重要である。

技術貿易障壁
technical trade barriers

技术性贸易壁垒

jì shù xìng mào yì bì lěi

非関税障壁の1つで，国家または地域が制定した輸入商品に関する基準，規格認証，資格などを指す。自国産業の保護など貿易保護主義のための手段として使われることもあり，自国環境または自国民の健康を守るために制定される場合もある。

規制メカニズム
self-regulating mechanism

约束机制

yuē shù jī zhì

組織，集団，機構，市場，社会などの秩序を維持するために導入された一連の法律，法規等の制限措置。

期待理論
expectations theory

期望值理论

qī wàng zhí lǐ lùn

ヴルーム (Vroom, V.H.) が提出した理論。期待理論によれば，人間の動機づけの力は基本的には期待 (expectancy) と誘意性 (valence) の積で現れる。期待理論は，目標と結果に関する道具性の概念を提出し，人間のモチベーションは期待，誘意性，道具性によって決まると主張している。

技能工
technical blue collar

技术蓝领

jì shù lán lǐng

一定の技術，ノウハウ，技能をもつ労働者のこと。中国は経済発展により技能工の育成が需要に追いつかず，技能工不足現象は深刻になっている。広東省の一省だけでも技能工に対する需要が130万人に達している。

規模の経済
economies of scale

规模经济

guī mó jīng jì

生産技術の一定の条件下で事業拡大することによって，平均コストの低下と収益が増加する現象。規模に関する収穫逓増，費用低減と呼ばれることもある。しかし規模が一定限度を超えると，逆にコスト増加と収益低下の規模の不経済現象が起こる。

記名株式
registered stock

记名股票

jì míng gǔ piào

無記名株式に対するもので，株主名簿に株主の名前が記載され，また

株主の名前が株券に記載されたもの。株式を譲渡する場合、名義の書換えの手続きをしなければならない。

吸収合併 / 吸收合并
merger — xī shōu hé bìng

企業が必要な経営資源を獲得するために対象企業の全部または一部の支配権を取得する手法を指す。吸収合併は企業が新しい技術や新しい分野に進出する際、よく使う手法である。吸収合併によって、企業間の企業文化摩擦が起こるという問題もある。

給料明細 / 工资表
payslip ; paystub — gōng zī biǎo

給料の構成を詳しく掲載したもので勤怠項目（出勤日数、欠勤日数、有給休暇、特別休暇など）、支給項目（基本給、交通費、課税手当、非課税手当など）、控除項目（健康保険、厚生年金、年金基金、雇用保険、所得税、住民税など）からなっている。

業界 / 領域／行业
industry — lǐng yù/háng yè

同じ商品を取り扱ったり、同じ産業に関係する人々の社会を指す。

狭義の貨幣 M1（現金残高＋当座預金＋普通預金） / 狭义货币M1
narrow definition of money — xiá yì huò bì M1

狭義の貨幣 M1 は現実の購買力を反映し、その増加率が早ければ消費市場が活躍することを意味する。算式は、M1 ＝現金残高＋当座預金＋普通預金。

供給過剰 / 供大于求／供过于求
saturation — gōng dà yú qiú/gōng guò yú qiú

生産能力が過剰になり、供給が需要を上回る現象。企業の在庫が増え、物価が下がり、競争が激しくなり企業経営を圧迫することもある。

供給先 / 供应单位
supply unit — gōng yìng dān wèi

物、あるいは、商品などを提供するに当たって元になるところ。資金の提供先、商品の提供先、資源の提供先など。

供給不足 / 供不应求
demand exceeding supply — gōng bù yīng qiú

商品の生産が需要に追いつかず、需要が供給量を上回る現象。物不足が起こり、物価が上昇し、インフレにつながることがある。

供給量 / 供给量
supply — gōng jǐ liàng

市場に提供する財、またはサービスの数量。マクロ経済によく使われ

るもので，貨幣供給量など社会全体の需給関係と関連する場合が多い。

行政と企業の分離 　　　　　　　　　　　　　政企分开
separate enterprises from government functions　　zhèng qǐ fēn kāi

中国の国有企業の改革過程で，企業の独立性を与えるために実施された政策の1つ。企業を従来の計画経済の行政管理から解放し，国有企業に独立経営活動を行う権利を与え，活性化を図るものである。

業績給 　　　　　　　　　　　　　　　　　　绩效工资
pay for performance　　jī xiào gōng zī

社員の売上高や生産高に応じて支給される労働報酬であり，人事制度，労働制度と賃金制度と密接に結合されたものである。業績給が多い職種としては生命保険会社の外交員，タクシードライバーなどがある。

競争入札 　　　　　　　　　　　　　　　　　公开投标
competitive government procurement ; competitive tender
　　gōng kāi tóu biāo

売買・請負などにおいて，受注するため多数のものが互いに競争して入札金額などを書いた文書を提出し，最後に発注側が最も有利な条件を示すものを選んで契約を結ぶこと。

競争力ある優れた製品 　　　　　　　　　　　拳头产品
top products　　quán tóu chǎn pǐn

企業で生産された競争力のある製品のことをいう。この言葉は中国改革開放以来出現したもので，社会主義市場経済を進める過程で多くの企業が競争にさらされ，競争意識の向上と市場メカニズムが機能した結果でもある。

共同経営 　　　　　　　　　　　　　　　　　联合经营
joint management　　lián hé jīng yíng

二人以上のものが同一の資格をもって対等の立場で力を合わせて事業にかかわること。中小企業の場合が多い。

共同決定制度 　　　　　　　　　　　　　　　共同决定制度
joint decision system　　gòng tóng jué dìng zhì dù

労働者が企業の意思決定に参加する制度。代表的なのは1971年ドイツにおいて共同決定法によって設立された制度で，従業員人数2,000人以上の企業に対し，監査役会への労働者代表の参加人数を監査役会の半数とした。監査役会議長は資本側監査役が就任することになっている。

協働体系（協働システム） 　　　　　　　　　协作系统
cooperative system　　xié zuò xì tǒng

バーナード（Barnard, C.I.）が組織理論の中で展開した中心概念の1つ。複数の人間が協力して目的を達成するために協働することであるが，

この協働のための仕組みを協働体系または協働システムと呼ぶ。

協力パートナー　　　　　　　　　　　　　　　　　　合作伙伴
cooperation partner　　　　　　　　　　　　　　　hé zuò huǒ bàn

共同で協力して仕事をする相手をいう。その概念の範囲は広く会社の設立や生産，製品の販売などさまざまな分野を含む。

銀行確認済信用状　　　　　　　　　　　　　　　　　保兑信用证
confirmed letter of credit　　　　　　　　　bǎo duì xìn yòng zhèng

貿易決済を円滑化するために，発行銀行の依頼によって，輸出先の銀行などが支払・保証を追加確認した信用状のこと。

銀行貸付　　　　　　　　　　　　　　　　　　　　　　銀行貸款
bank loan　　　　　　　　　　　　　　　　　　　　yín háng dài kuǎn

銀行が国家の定めた法律に従って一定の利子，期限などを定め，資金需要者に資金を提供する経済行為である。銀行貸付は返済期間によって短期貸付，中期貸付，長期貸付などに分類される。

銀行頭取　　　　　　　　　　　　　　　　　　　　　　銀行行长
bank presidency　　　　　　　　　　　　　　　yín háng háng zhǎng

銀行の役職で社長に当たる職。都市銀行，地方銀行，第二地方銀行の普通銀行では頭取を名乗るが，それ以外の銀行や金融持株会社の代表者は社長と名乗る。

銀行預金　　　　　　　　　　　　　　　　　　　　　　銀行存款
bank deposit　　　　　　　　　　　　　　　　　yín háng cún kuǎn

銀行とその他の金融機関に預けた貨幣資金である。形態によって当座預金，普通預金，定期預金などに分けられる。

銀行預金出納帳　　　　　　　　　　　　　　　　　銀行存款日记账
deposit journal　　　　　　　　　　　　　yín háng cún kuǎn rì jì zhàng

銀行の預金の出入りを記録する特殊な出納帳。複式簿記で記録し，帳簿は収入，支出，残高などからなる。

勤務先　　　　　　　　　　　　　　　　　　　　　　　工作単位
place of employment　　　　　　　　　　　　　gōng zuò dān wèi

勤めているところ。中国では，勤め先を聞くことは普通である。知らない人同士でも職業や勤め先から会話を始めることも少なくない。

勤務地手当　　　　　　　　　　　　　　　　　　　　地区津贴
service-area allowance　　　　　　　　　　　　　dì qū jīn tiē

地方に赴任して仕事をする従業員に支払う手当の1つ。手当の金額は赴任地の物価水準によって決まる。物価の変動が激しい時は調整することになっている。

金融監督
financial regulation ; financial supervision

金融監管
jīn róng jiān guǎn

政府が特定の機関（中央銀行など）を通じて金融取引主体に対し行う制限または規定である。日本では金融庁によって行われ，中国では銀行監督委員会などで行われる。

金融緩和
to ease monetary policy

放松银根
fàng sōng yín gēn

中央銀行などの機関が景気の後退を防ぐため，金利を下げ，市場に大量の資金を供給し，投資の促進と消費の増加を図り，経済成長をもたらす貨幣政策である。

金融危機
financial crisis

金融危机
jīn róng wēi jī

一国または複数の国の全部，または大部分の経済指標が急激に悪化し，社会の金融システムが機能できなくなり，信用構造の崩壊によって恐慌状態に陥ること。具体的には経済指標（短期利率，証券，不動産など）が急速に悪化し，大量の金融機関と企業が倒産する等の現象が起こる。金融危機は通貨危機，債務危機，銀行危機などに分類される。2008年9月のリーマン・ブラザーズ破綻により，世界は金融危機に陥った。

金融先物取引
financial futures

金融期货交易
jīn róng qī huò jiāo yì

デリバティブの1つで，通貨やその他の金融商品を対象とする先物取引。中国は2006年上海で金融先物取引所を設立した。株価指数の先物取引，国債の先物取引，通貨先物取引などの取引を行っている。

金融市場（短期金融市場）
financial market

货币市场
huò bì shì chǎng

短期金融市場は1年以下の短期資金の貸借が行われる市場で，コール市場，手形市場，政府短期市場，CD市場がある。

金融市場（短期金融市場＋資本市場）
financial market

金融市场
jīn róng shì chǎng

一定規模の資金の融資，貸借，有価証券の売買の過程とそれらの活動が行われる場所。金融市場の参加者は資金の供給者と資金需要者となっているが，需給側をなす主体は個人，企業，銀行，証券会社，保険会社，機関投資家，政府機関などがある。金利は取引成立する時の価格である。

金融のグローバリゼーション
financial globalization

金融全球化
jīn róng quán qiú huà

経済の国際化の進展，そして金融取引規制の自由化で，一国の金融市

場と海外市場との連結が緊密になり，金融機関の海外進出および海外での資金調達・運用の増加や国際業務の拡大，長短期の資金移動の活発化などの金融取引が国境を越えて行われること。

金融引締め　　　　　　　　　　　　　　　　　　　　　　　　抽紧银根
monetary tightening　　　　　　　　　　　　　　　　　chōu jǐn yín gēn

高いインフレ率，経済の過熱を防ぐために中央銀行が金利を引き上げ，市場に供給する通貨量を減らし，企業の設備投資や個人消費を抑制する政策である。

金融リスク　　　　　　　　　　　　　　　　　　　　　　　　金融风险
financial risk　　　　　　　　　　　　　　　　　　　jīn róng fēng xiǎn

企業などにおいて，財務損失を与える可能性のあるあらゆるリスクを指す。金融リスクの種類には市場リスク，信用リスク，流動性リスク，人事リスク，法律・政策リスク，自然災害などのリスクがある。

組合経費　　　　　　　　　　　　　　　　　　　　　　　　　工会经费
labor union expenditure　　　　　　　　　　　　　　　gōng huì jīng fèi

企業の組合活動に必要な資金を指す。中国の法律では，組合を設立した企業とその他の組織は，毎月すべての従業員の給料総額の２％を組合経費として納めなければならないと規定している。

組合せ販売　　　　　　　　　　　　　　　　　　　　　　配套出售／搭售
tie-in sale　　　　　　　　　　　　　　　　　　pèi tào chū shòu/dā shòu

付帯条件取引とも呼ばれ，消費者がある商品・サービスを購入する際，別の商品・サービスの購入を前提条件とすること。こういう行為はいつも違法とは限らない。

グリーン障壁　　　　　　　　　　　　　　　　　　　　　　　绿色壁垒
green barrier　　　　　　　　　　　　　　　　　　　　　lǜ sè bì lěi

グリーン貿易障壁の略称で，自国の産業，市場および貿易を保護するために，資源の保護，環境と国民の健康を守るとの理由で厳しい基準を設定し，外国の製品とサービスの輸入を制限すること。グリーン障壁は非関税障壁の１つで多くの国が貿易政策として導入を進めている。

クリーン生産　　　　　　　　　　　　　　　　　　　　　　　清洁生产
clean production　　　　　　　　　　　　　　　　　qīng jié shēng chǎn

生産工程で原材料及びエネルギーを節約し，汚染廃棄物量が少ないなど環境に優しい製造プロセスのこと。クリーン生産の目的は資源利用の最大化，環境影響の最小化，企業成果と社会利益の調和を図るものである。

グリーンツーリズム（観光農業）　　　　　　　　　　　　　　　观光农业
agri-tourism ; green tourism　　　　　　　　　　　　guān guāng nóng yè

グリーンツーリズムは現代農業と現代観光産業と結合した産物で，都

市に住む人々が農村漁村でその地域の豊かな自然や文化などにふれ，住民との交流を深めることを指す。中国の場合，グリーンツーリズムは20世紀80年代から始まって，近年急速発展している産業となっている。

クールビズ　　　　　　　　　　　　　　　　　　　　　　　清凉公务
cool-biz　　　　　　　　　　　　　　　　　　　　　　　　qīng liáng gōng wù

環境省が提唱し，2005年に始められた環境対策の1つ。夏のビジネス用軽装の愛称。職場の冷房を28度に設定し，ネクタイなし上着なしスタイルで涼しく働ける服装を指す。

グループ精神　　　　　　　　　　　　　　　　　　　　　　团队精神
team spirit　　　　　　　　　　　　　　　　　　　　　　tuán duì jīng shén

大局意識，協力精神とサービス精神の表現である。個人の尊重を基礎としながら，核心となるのは協働で，個人とチーム全体利益の統一を図り組織の効率を高めることでもある。

黒字　　　　　　　　　　　　　　　　　　　　　　　　　　　盈利
surplus　　　　　　　　　　　　　　　　　　　　　　　　　yíng lì

収入が支出を超過すること，またはその超過部分を指す。帳簿上で超過した収入は黒で書くことから黒字と称した。

クローズドエンド型投資信託　　　　　　　　　　　　　　封闭式基金
closed-end type investment trust　　　　　　　　　　fēng bì shì jī jīn

発行者が発行した証券を買い戻すことを保証していない投資信託。発行証券は金融商品取引所などで市場価格に基づいて取引されるため，売買価格と純資産価格とは乖離することがある。

グローバル企業　　　　　　　　　　　　　　　　　　　　　全球企业
global enterprise　　　　　　　　　　　　　　　　　　　quán qiú qǐ yè

グローバル企業に関する明確な概念は世界的に確立されておらず，学者によって異なる。一般的に，全社の経営戦略に基づいて，2カ国以上の地域で国際経営活動を展開する企業を指す。グローバル企業の特徴には企業経営の国際化指向，経営資源の国際化，経営過程の国際化，経営成果の国際化などがある。多国籍企業と同等で使われる。

グローバル戦略　　　　　　　　　　　　　　　　　　　全球化战略
global strategy　　　　　　　　　　　　　　　　　　quán qiú huà zhàn lüè

さまざまな国をまたがった経営活動を統一された経営戦略の下で，全体的調和を図り，人，物，金，情報などの経営資源を有効的に配分し，企業の競争力を高める戦略。つまり，世界的視点に立って経営活動を行い，利潤の最大化を求める戦略である。

訓練センター
training center

培训中心
péi xùn zhōng xīn

職業訓練を行う施設のこと。自社が訓練施設を運営し職業訓練を行うこともあると同時に，外部に委託し職業訓練を行う企業も少なくない。

経営
business management

经营
jīng yíng

組織体を効率的に運営し，継続的かつ計画的事業を遂行すること。経営には狭義の経営と広義の経営がある。狭義の経営は企業組織を対象とし，広義の経営は組織全般を対象としている。

経営会議
management meeting

经营会议
jīng yíng huì yì

企業の社長や役員，幹部などが定期的に会合を開き，企業の経営状況を分析し，これからの目標や経営方針などを決める会議を指す。

経営学
theory of business administration

经营学／管理学
jīng yíng xué/guǎn lǐ xué

➡経営

経営権
managerial prerogative

经营权
jīng yíng quán

経営権は対内，対外的権限である。対内的権限は企業の従業員を指揮統率する権限で，対外的権限は株主，地域社会，顧客などに対し行使する権限である。

経営資源
managerial resources

经营资源
jīng yíng zī yuán

企業競争力の源泉である。通説は，経営資源には人，物，情報，金であるが，人，物，資本と主張する人もいる。学問上では，企業経営のために役に立つ種々の有形・無形資産の総称とも定義される。経営資源はさまざまな角度から分類される。例えば，外部資源と企業内資源，有形資産と無形資産などである。

経営者革命
managerial revolution

经理革命
jīng lǐ gé mìng

アメリカ学者バーリ（Berle, Jr. A.A.）とミーンズ（Means, G.C.）が提唱したもので，経営者の権限がますます強くなって資本家が支配的な地位から後退し，支配的な地位を経営者に譲りつつあると主張したものである。

経営情報システム支配人
manager of management information system

MIS经理
MIS jīng lǐ

経営情報システムの責任者のこと。情報システムは企業の情報を収集，

加工処理し，経営者が正しい意思決定を行うための資料を提供するシステムである。結局，経営情報システムの目標は経営者に会社の現状を把握させ，将来の経営方針を立てることにある。

経営陣
management

管理层
guǎn lǐ céng

企業の戦略，経営方針などを決める役員以上の者の集団を指す。社長（代表取締役），副社長，常務取締役，専務取締役などが含まれる。

経営戦略
corporate strategy

经营战略
jīng yíng zhàn lüè

企業が所有する経営資源と企業を取り巻く環境との関わりの中で，将来企業が経営目的を達成するための体系的な基本パターンを示したシナリオである。通常，経営戦略の構成要素としては，ドメイン，資源展開，競争優位性，シナジーがあげられている。経営戦略は大きく企業戦略，事業戦略，機能戦略に分類される。

経営哲学
managerial philosophy

管理哲学
guǎn lǐ zhé xué

企業が経営活動を推進する過程において，企業の直面している諸問題に対する考え方や態度のことで，企業の経営活動の基本指導指針である。経営哲学は市場観念，競争観念，社会観念など観念で構成される集合体でもある。

経営方針
business policy

经营方针
guǎn lǐ fāng zhēn

企業の経営理念を基に現実の状況から企業の経営目標を達成するための指針。企業の経営方針は基本経営方針と年度経営方針に分類される。

経営メカニズム
managerial mechanism

经营机制
jīng yíng jī zhì

経済有機体としての企業が外部経済環境に適応するために内包している機能と運営方式。経営メカニズムは経営行動の内部要素と関係を決定する機能でもある。

経営理念
managerial creed

管理理念
guǎn lǐ lǐ niàn

経営理念は企業の経営活動における根本的な管理思想である。経営理念は企業の経営哲学，経営観念と同様に行動規範である。営利組織だけではなく非営利組織などあらゆる組織は経営理念が必要である。

計画経済
planned economy

计划经济
jì huà jīng jì

資源配分が市場メカニズムによって行われるのではなく国によって行われる経済体制。計画経済の下ではすべての生産手段が公有化され，

生産, 流通, 分配, 金融を国が統制し, 経済が政府の指令によって行われる。

景気 / 景气
business conditions　　　　　　　　　　　　　　　　　　jīng qì

経済活動の状況。実体経済の動向以外にそれに伴う世間一般の社会心理も含まれることもある。

景気対策 / 经济对策
economic package　　　　　　　　　　　　　　　　　jīng jì duì cè

経済過熱や景気低迷のとき, 経済状況を望ましい状態に調節する方法のこと。日本における景気対策には, 政府が行う財政政策と日本銀行が行う金融政策がある。

景気停滞 / 经济萧条
economic stagnation ; economic depression　　　　jīng jì xiāo tiáo

企業収益の悪化, 雇用環境の悪化, 消費の減退などの経済指標が悪化し, 経済成長率が伸び悩む現象。

経済援助 / 经济援助
economic aid　　　　　　　　　　　　　　　　　　jīng jì yuán zhù

対外援助の1つの形態で, 先進国が開発途上国の経済発展に対し協力すること。1964年第1回国連貿易開発会議 (UNCTAD) で先進国が国民総生産の1％を援助に振り向ける決議が採択された。援助の目的は開発途上国の経済的自立を促すことである。実際には援助国側の政治的, 経済的利益と深く関連している。

経済 (技術) 開発区 / 经济技术开发区
economic technological development districts　　jīng jì jì shù kāi fā qū

中国の「改革・開放」政策の一環として, 知識集約型産業と技術集約型産業の発展を目的で, 外資系ハイテク企業の誘致を図るために, 沿海都市部に設けられた工業エリア。経済 (技術) 開発区の外資系ハイテク企業は優遇措置が受けられる。1984年5月に, 14の沿海都市で15の経済技術開発区が最初に設立された。その後,「改革・開放」の深化に伴い, 全国的に広がった。　➡経済特区

経済詐欺 / 经济诈骗
economic fraud　　　　　　　　　　　　　　　　　jīng jì zhà piàn

他人を騙して錯誤に陥らせ, 財物を交付させるか, または財産上の不法の利益を得ることによって成立する犯罪 (刑法246条)。10年以下の懲役に処せられる。

経済収益 / 经济效益
economic benefit　　　　　　　　　　　　　　　　　jīng jì xiào yì

経済収益は, 経済活動の中で総生産高と生産コストとの比ですべての

経済活動の効率を評価する基本指標である。算式は，経済収益＝総生産高÷生産コスト。

経済人　　　　　　　　　　　　　　　　　　　　　経济人
homo economics ; economicman　　　　　　　　　　jīng jì rén

人間の思考と行動が合理的で，人間は自分の利益だけに従って行動する人間のモデルを指す。アダム・スミスの『国富論』の中で最初に提起された。経済人モデルは経済学と心理学の研究において基本的な人間モデルである。

経済成長率　　　　　　　　　　　　　　　　　　　经济增长率
rate of economic growth　　　　　　　　　　　　　jīng jì zēng zhǎng lǜ

ある一国内で，一定期間に新しく生み出したモノ・サービスの付加価値の合計を「国民総生産」(GDP)という。そして，この伸び率を経済成長率という。中国は改革開放以来，二十数年間で二桁の経済成長率を遂げた。

経済的効果　　　　　　　　　　　　　　　　　　　经济效益
economic result　　　　　　　　　　　　　　　　　jīng jì xiào yì

企業などの組織の総生産高と生産原価総額との比，すなわちインプットとアウトプットの比を経済効果と呼ぶ。経済的効果は経済活動を評価する重要な指標である。その算式は，経済効果＝総生産高÷生産原価総額。

経済的責任　　　　　　　　　　　　　　　　　　　经济责任
economic responsibility　　　　　　　　　　　　　jīng jì zé rèn

通常，契約の不履行または完全に履行していない行為に対し負うべき財産責任である。法定代表人が任期内に所在企業，その他組織の資産，負債，損益の真実性と合法性および経済活動の中に負うべき責任である。一方，企業の社会的責任における経済的責任は，利潤の最大化を追求することによる企業の持続的発展と投資家の利益を実現することである。

経済特区　　　　　　　　　　　　　　　　　　　　经济特区
special economic zones　　　　　　　　　　　　　　jīng jì tè qū

中国の改革開放の当初，試験場として珠海，汕頭，厦門，深圳の4つの地域を選定し，外資を受け入れるなど経済改革を行った。これらの地域を「4つの経済特区」と呼んでいる。経済特区は，さまざまな優遇措置を提供し多くの外国資本を誘致することに成功した。経済特区の経済成長は中国経済改革の気運を高め，経済改革が徐々に中国全土に広がるようになった。

経済のグローバリゼーション　　　　　　　　　　　经济全球化
economic globalization　　　　　　　　　　　　　　jīng jì quán qiú huà

情報通信技術などの発展によって経営資源（人，物，金，情報）が国

境を越えて自由に移動し，企業の活動も一国に留まらず地球規模で行われること。また競争も国境を越えて行われる。

経済発展　　　　　　　　　　　　　　　　　　　　经济发展
economic development　　　　　　　　　　　　　jīng jì fā zhǎn

一般的に，国民総生産の増加など経済の量的拡大を指すが，労働力の質の向上，経済環境の整備，産業構造などの質的変化を伴うことが多い。

ケイ線　　　　　　　　　　　　　　　　　　　　　K线图
chart　　　　　　　　　　　　　　　　　　　　　　Kxiàn tú

株価の動きを示すチャートである。ローソク足や新値足などがケイ線の代表である。相場の動きを知るための参考となる。チャートには時系列チャートと非時系列チャートがある。

経費削減　　　　　　　　　　　　　　　　　　　　经费削减
cost redution　　　　　　　　　　　　　　　　　　jīng fèi xuē jiǎn

経費は主として用役から生じる原価であって，材料費と労務費以外のすべての原価要素である。企業などの組織において収益性を改善し，経営合理化を図るためしばしば経費削減が行われている。

契約　　　　　　　　　　　　　　　　　　　　　　合同
contract　　　　　　　　　　　　　　　　　　　　hé tong

複数の意思表示の合致によって成立する法律行為である。債権の発生を目的としての契約と，権利の変動の原因としての契約に分けられる。契約の種類には双務契約・片務契約，有償契約・無償契約，一時的契約・継続的契約，諾成契約・要物契約などがある。

契約違反　　　　　　　　　　　　　　　　　　　　违反合同
breach of contract　　　　　　　　　　　　　　　wéi fǎn hé tong

債務者が契約に生じた債務を履行しないことを指す。この場合，債権者は契約を解除したり，債務者に対し損害賠償を請求することができる。

契約栽培　　　　　　　　　　　　　　　　　　　　订单农业
contract farming　　　　　　　　　　　　　　　　dìng dān nóng yè

特定のメーカーなどが安全で安定供給できる農作物を確保するため，農家や地域農家などと作物の品種，栽培面積，出荷規格などに関しての契約を結び，農家や地域農家は契約に基づいた農産物を生産することを指す。出荷された農産物は契約者である特定メーカーなどが買い取る。

契約書　　　　　　　　　　　　　　　　　　　　　合同书
contract ; agreement　　　　　　　　　　　　　　hé tong shū

契約を締結する際に作成され，契約の内容が記載され，契約の成立を

証明する文書。当事者間で口頭による合意があれば契約が成立する場合もあるが，重要な契約に関しては契約書を作成することが多い。

経理部門 　　　　　　　　　　　　　　　　　　　　　　　　財会部門
accounting department 　　　　　　　　　　　　　　　　　　cái kuài bù mén

経済主体が営む活動を主として貨幣単位によって測定し，その結果を関係者に伝達する部署のこと。近年来，コストを削減するため経理業務をアウトソーシングする企業が増えている。

決済 　　　　　　　　　　　　　　　　　　　　　　　　　　　　結算
settlement 　　　　　　　　　　　　　　　　　　　　　　　　　jié suàn

証券，商品代金または売買差額の支払いによって売買取引を終了させること。近年，現金ではなく，電子データをやり取りすることで支払いを行う電子決済が登場し，利便性がよいため多くの人に利用されている。

決算財務諸表 　　　　　　　　　　　　　　　　　　　　　会計決算報表
　　　　　　　　　　　　　　　　　　　　　　　　　kuài jì jué suàn bào biǎo

企業のある期間内における経営成績や一定時点での財政状態を，投資家や債権者，その他の利害関係者に伝達するために作成された会計報告書（損益計算書，貸借対照表，利益処分計算書などが含まれる）である。

欠損 　　　　　　　　　　　　　　　　　　　　　　　　　　　　亏损
deficit；loss 　　　　　　　　　　　　　　　　　　　　　　　　kuī sǔn

決算上の損失を指すが，会計上は資本の欠損を指す。株式会社制度では，決算時に損益計算書において算定される最終末尾の数字がマイナスの場合欠損といい，その金額を欠損金という。

限界費用 　　　　　　　　　　　　　　　　　　　　　　　　　边际成本
marginal cost 　　　　　　　　　　　　　　　　　　　　　　biān jì chéng běn

生産量を1単位増減することによって，増減する原価額をいう。この概念は1単位の原価と生産量との関係を表現している。限界費用は微分原価とも呼ばれる。

限界利益 　　　　　　　　　　　　　　　　　　　　　　　　　边际收益
marginal profit 　　　　　　　　　　　　　　　　　　　　　biān jì shōu yì

限界収益は売上高から変動費を差し引いた額。限界利益は企業が経営分析を行う際，重要な部分である。固定費を回収して利益を獲得することに貢献するので貢献利益とも呼ばれる。

限界利益率 　　　　　　　　　　　　　　　　　　　　　　　边际收益率
marginal income ratio 　　　　　　　　　　　　　　　　biān jì shōu yì lǜ

売上高から得られる利益率。算式は，限界利益率＝限界利益総額÷総売上高＝1単位原価利益÷1単位売上高。

原価会計

cost accounting

成本会计

chéng běn kuài jì

企業内部の活動を対象とする会計システムで,製品を製造するに当たって要した価額である製品の原価を測定,評価し,製品原価の低減を図り,効率的な製造活動を行うために有益な情報を提供する。また異なる原価という考え方に基づいて原価管理,利益管理,経営意思決定などさまざまな経営管理目的に対し,適切な情報を提供する。

原価管理

cost management

成本管理

chéng běn guǎn lǐ

原価目標を設定し,原価目標を達成する方法,手段を選択し,その目標を達成するための管理活動である。現在の原価管理は戦略的な管理に求められ,それに応じて原価計算も情報の分析と伝達などの面で体系化が求められている。

原価基準法 (CP法)

cost plus method

成本加成法

chéng běn jiā chéng fǎ

製品などの標準原価のうえに一定の金額を加算して,企業グループ内部で取引する価格とする方法である。この方法は責任を明確にし,供給部門の生産意欲を引き出すことができ,多くの企業グループ内の各組織の企業で導入されている。

原価計算

cost accounting

成本核算

chéng běn hé suàn

企業の製造,販売などの活動において製品に要した費用である製品原価を認識・測定するシステムのこと。原価計算は利益管理,原価管理,経営意思決定など経営活動に重要な情報を提供する役割を果たしている。原価計算は減価収集と原価集計の2つの手続きからなっている。

減価償却

depreciation

折旧

zhé jiù

土地を除く固定資産(建物や機械装置,車両,備品など)は,時間の経過とともに,技術的また経済的に機能が低下する。将来の生産活動のため,それらを取り替えるための資金を留保する考えで,資産の取得原価を耐用年数にわたって,費用として各年度に割り当てること。

減価償却年率

年折旧率

nián zhé jiù lǜ

機械設備などの年間の減価償却費総額を減価償却対象資産の総額で除した比率のこと。この比率は製品コストに転化された固定資産額を示している。この率を12で割れば月平均償却率になる。

減価償却費 / 折旧费用
depreciation rate — zhé jiù fèi yòng

固定資産取得に要した支出額を，その固定資産の耐用年数にわたって費用として各年度に割り当てた額が減価償却費である。減価償却方法には，定率法，定額法，級数法，生産高比例法がある。

減価償却累計額 / 累计折旧
accumulated depreciation — lěi jì zhé jiù

有形固定資産の減価償却によって計上される減価償却費の累計額を示す勘定で，貸借対照表上有形固定資産から控除される形を取る。

原価配分 / 成本分摊
cost allocation — chéng běn fēn tān

企業などの当事者間で研究開発，生産，資産や労務，権利などを獲得する過程に生じた諸費用を分け合うこと。中国の場合，無形資産と労務に関する経営活動を行う時によく取る形である。

原価報告書 / 成本报表
cost statement — chéng běn bào biǎo

企業において費用と製品原価の構成およびその構成の割合を示すもので，諸費用と生産コストに関する計画の執行結果を評価する報告書。財務会計報告書をなす重要な部分である。

原価利益率 / 成本利润率
rate of return on cost — chéng běn lì rùn lǜ

一定期間（通常1年）利益総額と生産原価総額の比率で利益と製品原価との関係を示す。企業の各部門の原価利益率，製品原価利益率，社会原価利益率などに分類することができる。

現金出納帳 / 现金日记账
cash journal — xiàn jīn rì jì zhàng

現金の取引年月日，取引先，収支額，残高などを記録することで企業とその他の組織の現金管理を目的とする帳簿である。現金収入帳と現金支払帳の2つの帳簿をつくって管理する会社もある。

権限・責任一致の原則 / 责权一致原则
zé quán yī zhì yuán zé

組織原則における4つの原則（専門化の原則，命令一元化の原則，統制範囲の原則，権限・責任一致の原則）の中の1つ。組織で職務を遂行するに当たって権限が与えられると同時にその職務に責任を負い，権限と責任は相応しなければならないということ。

権限の移譲
delegation of authority

授权

shòu quán

日常の業務から例外な業務に専念できるよう，また下位者の経営参画の意識を高めるためなどの理由で上位者が権限を下位者に委譲すること。権限委譲にあたって権限・責任一致の原則，責任絶対性の原則，結果責任留保の原則を守らなければならない。

原材料
raw material

原材料 / 原料

yuán cái liào/yuán liào

原料と材料を組み合わせた用語。原料は物が完成したときに原形をとどめていないものを指す。通常，原料は加工されてないものを指す場合が多い。材料は製品などを作る際に，製品のもとになるものを指す。通常，両者の区別ははっきりしておらず，原材料という用語が使われる。

原材料提供型委託加工

来料加工

lái liào jiā gōng

中国の製造委託先を取引先とした委託加工取引で，委託側が材料を無償で提供し，加工後の製品を加工賃で買い取ること。中国の加工貿易の種類には原材料無償提供による来料加工，設計図，サンプルなどの提供を受ける来図加工，来件加工，補償貿易がある。通常「三来一補」と呼ばれる。

現先市場
repo market

回购市场

huí gòu shì chǎng

債券，CDなどの買戻し条件付き売付，または売戻し条件付きの取引が行われる場所のこと。現在は金融機関，機関投資家，事業会社の重要な資金調達市場及び短期的余資運用市場として利用されている。

原産地
origin

产地

chǎn dì

商品の生産地を指す。原産地認定基準の制定は国際貿易に大きな影響を与えた。この基準で生まれた原産地原則は工業製品の国籍を特定するための法令や行政上の決定である。原産地認定は本来，貿易や投資に対して中立であるべきだが，近年来は貿易，投資制限措置として用いられるようになった。

研修
training

培训

péi xùn

職務上必要とされる知識や技能を習得するために，勉強や実習をする企業などの人材開発活動をいう。研修は人的資源開発の重要な構成部分である。

源泉徴収個人所得税
individual income tax payable

代扣个人所得税
dài kòu gè rén suǒ dé shuì

第三者に所得税の徴収をさせ，国に納付する方法が源泉徴収である。具体的には，利子所得，配当所得，給与所得，退職所得などの報酬の支払いの際に，支払者が天引き徴収し，国に納める所定の所得税のこと。

現地化
localization

本土化
běn tǔ huà

多国籍企業や国際企業が進出先の国または地域の文化，慣習などの環境に適応して発展を図るための行動。現地化の要因としては，経営資源を合理的に使える，貿易障壁の回避，現地政府の協力を得ることができること，または文化の差異を克服することができること，などがある。現地化には，モノの現地化とヒトの現地化の2つの側面が含まれている。モノの現地化とは，原材料・部品の現地調達を示し，ヒトの現地化とは，現地人管理者を増やすなど現地人が経営の意思決定に参加することを指す。

現地化経営
local operation

本土化经营
běn tǔ huà jīng yíng

多国籍企業や国際企業がグローバル化戦略の一環として現地に適応した経営活動を行うことである。現地化経営には製品現地化，市場現地化，人的資源現地化，経営方式の現地化，研究開発の現地化などがある。

現物出資
sacheinlage（独）

实物投资
shí wù tóu zī

株式会社の設立，新株発行の際に株式の対価として金銭以外の財産をもって出資に充てることをいう。会社法では現物出資は発起人に限定し，定款にその価格，与えられた株数を記載する必要があると規定している。

現物寄付

实物捐赠
shí wù juān zèng

現金・預金ではなく土地や建物などの不動産をはじめとする有価証券などの資産の寄付行為を現物寄付という。学校法人に対する現物寄付につき国税庁長官の承認を得たものについては非課税となっている。

現有資産
asset holdings

存量资产
cún liàng zī chǎn

今現在所有している資産の量。現有資産回転率は企業の現有資産に対する開発水準を表すもので，当期の総収入と前期年末の総資産の比である。その数値が大きいほど企業の開発レベルが高いことを示す。

県レベルの地域経済 / 县域经济
county-level economy / xiàn yù jīng jì

中国の県レベルの行政地域を単位とし，市場による資源配分を重視しながら行政上の経済に関してマクロ的な調整を行う経済地域。県レベルの地域経済は区域経済に属する。

コア・コンピタンス / 核心竞争力
core competence / hé xīn jìng zhēng lì

ハメル＆プラハード（Hamel, G. & Prahalad, C.K.）が提唱したもので，他社が真似できない能力，または企業の中核能力である。技術やスキルだけではなく製造，流通，販売，サービスなどの総合的な優位性である。

公開競争方式 / 公开竞价方式
open competition / gōng kāi jìng jià fāng shì

売買，請負契約などにおいて競争する複数の希望者が契約を結ぶため，入札金額や内容を書いた文書を提出し，最終的に契約を結ぶこと。

公開競売 / 公开拍卖
open auction / gōng kāi pāi mài

社会に向けての競売で，多数の買手に価格の競り合わせをさせ，最高の値をつけた者に売ること。国の資産を処分する時もこの形式が用いられることがある。

公開入札 / 公开招标
competitive tender / gōng kāi zhāo biāo

入札公告を出し，入札に参加する複数の法人またはその他の組織に価格と内容を競り合わせ，入札者を決めること。

好況 / 繁荣
prosperity / fán róng

景気のいいこと。経済が活発になり，雇用，設備投資，物価水準などの経済指標がよくなり，拡張期の過程における繁栄期。

高級品市場 / 高端市场
high-end market / gāo duān shì chǎng

商品の価格や消費者の購買力によって商品を高級品市場とその他一般大衆向けの製品市場に分けることができる。商品市場の間の開きは主にブランド，技術，価格などに起因する。

広告法 / 广告法
advertisement law / guǎng gào fǎ

広告は宣伝活動の1つで，交通機関の施設やインターネット上などで用意されているスペースや時間枠を広告主が買い，広告のコンテンツ

鉱業　　　　　　　　　　　　　　　　　　　　　　　　　　矿产业
mineral industry　　　　　　　　　　　　　　　　　　　kuàng chǎn yè

　有用な鉱物資源を地下から採掘する産業。銅，鉄，石炭，金，銀，大理石，石油やガスの採掘も含まれる。鉱業も第二次産業に分類される。

工業　　　　　　　　　　　　　　　　　　　　　　　　　　工业
industry　　　　　　　　　　　　　　　　　　　　　　　　gōng yè

　原材料を加工して製品を作る，または製造にかかわる産業。工業は第二次産業に属し，製造業の大部分に該当する。

工業所有権　　　　　　　　　　　　　　　　　　　　　　工业产权
industrial property　　　　　　　　　　　　　　　　　gōng yè chǎn quán

　知的財産権の1つで，特許権，実用新案権，意匠権，商標権などの総称である。産業財産権とも呼ばれる。中国では主に商標権と特許権を指す場合が多い。

工業団地　　　　　　　　　　　　　　　　　　　　　　　工业园区
industrial estate　　　　　　　　　　　　　　　　　　gōng yè yuán qū

　地域経済を活性化し，政府の産業発展の目標を実現する目的で計画化された区域を整備し，工場を誘致するためにつくった地域。立地場所によって内陸型工業団地と臨海型工業団地に分けられる。中国では先端技術工業団地などをつくり，産業構造の転換を図っている。

工業品製造の工程（プロセス）　　　　　　　　　　　　　工艺流程
process　　　　　　　　　　　　　　　　　　　　　　　gōng yì liú chéng

　原材料から最終製品までの工程の流れのこと。工程は製品を作り出す活動の基礎単位である。工場では加工工程，検査工程，運搬工程，保管工程など機能別に分かれている。

口座開設銀行　　　　　　　　　　　　　　　　　　　　　开户银行
deposit bank　　　　　　　　　　　　　　　　　　　　kāi hù yín háng

　口座を開設し，顧客にさまざまなサービスを提供する銀行。口座を開くことによって決済も銀行を通じて行うようになる。

工場長　　　　　　　　　　　　　　　　　　　　　　　　厂长
factory manager　　　　　　　　　　　　　　　　　　　chǎng zhǎng

　工場の最高責任者で，工場内の従業員が就くことのできる最高位の役職である。その地位は役員の下にある職位である。計画経済時代の中国では工場長は行政上の官僚と同等に扱われていた。

交替勤務　　　　　　　　　　　　　　　　　　　　　　　　轮班工作
shift work　　　　　　　　　　　　　　　　　　　　　　　lún bān gōng zuò

製鉄所や石油科学，製紙などの産業で労働時間が所定労働時間が以上になる場合，2組以上に分けられた労働者が，組ごとに異なる時間帯で就労する勤務形態である。交代勤務の形態は2直2交代制，2直3交代制，3直3交代制などがある。

郷鎮企業　　　　　　　　　　　　　　　　　　　　　　　　乡镇企业
township and village enterprises　　　　　　　　　　　　xiāng zhèn qǐ yè

中国の郷（村）と鎮（町）が設立された中小企業のことで，集団所有制企業である郷鎮企業は改革開放以来著しい発展を遂げた。企業数が増加し，規模も拡大していた。郷鎮企業の業種は，工業，農業，商業，建設業，運輸業など多業種にわたっている。

公定歩合　　　　　　　　　　　　　　　　　　　　　　　中央银行贴现率
official discount rate ; bank rate　　　　　　　　　zhōng yāng yín háng tiē xiàn lǜ

中央銀行が民間銀行に貸出をする際，適用される金利。景気が悪い時は金利を下げ，市場に通貨の供給を増加し，個人消費や企業の設備投資を促進する。逆に経済が過熱するときは金利を上げ，通貨の供給を減らし，消費などを抑制する役割を果たしている。

公定レート　　　　　　　　　　　　　　　　　　　　　　　法定汇率
official exchange rate　　　　　　　　　　　　　　　　　fǎ dìng huì lǜ

政府が決めたレートで一国の通貨管理機関（中央銀行，為替管理機関など）が公表する。また，すべての取引は政府が公表したレートで取引をすることを意味する。第二次世界大戦後ほとんどの国が公定レートを決める際，自国の通貨とドルのレートを特に重視している。

行動科学　　　　　　　　　　　　　　　　　　　　　　　　行为科学
behavioral science　　　　　　　　　　　　　　　　　　xíng wéi kē xué

アメリカの心理学者ミラー（Millar, J.G.）によって最初に提出され，社会状況および文化状況における人間行動を科学的に説明し，予測するのを目的とする学際的学問である。関連学問は心理学，社会学，文化人類学，社会経済学などがある。行動科学は人間関係論，組織行動論に大きな影響を与えている。

公認会計士　　　　　　　　　　　　　　　　　　　　　　　注册会计师
certified public accountant : CPA　　　　　　　　　　zhù cè kuài jì shī

特定の教育，経験及び試験の要件に合格した者に対して「公認会計士」と称号を与える。公認会計士は報酬を得て他人のために財務書類の監査，または証明，財務書類の調製，財務に関する調査立案を行う職業専門家である。

購買力
purchasing power　　　　　　　　　　　　　　　　　　　　　　　购买力　gòu mǎi lì

　　通貨を使用して商品・サービスを買うことのできる能力、あるいは一定期間内で商品購入に使った通貨総額である。購買力はある時期、全社会の市場規模を示す指標でもある。ローンの返済、税金の納付などの行為は商品の購入行為ではないため、購買力に含まれていない。

購買力平価
purchasing power parity : PPP　　　　　　　　　　　　购买力平价　gòu mǎi lì píng jià

　　為替レートは自国通貨と外国通貨の購買力の比率によって決定されるとの考え方。1921年スウェーデンの経済学者グスタフ・カッセル（Cassel, Karl Gustau）が提起したものである。購買力評価の１つであるビックマック指数はイギリスの経済紙エコノミストが発表したもので、マクドナルドが販売しているビックマックの価格で各国の購買力を比較し、選出した購買力評価のこと。世界銀行によれば、中国の2007年のGDPは購買力評価ベースで世界全体の約11％に当たる7兆551億ドルに達した。

合弁企業
joint venture　　　　　　　　　　　　　　　　　合资经营企业　hé zī jīng yíng qǐ yè

　　全称は中外合資経営企業である。1978年に中国は改革開放政策を実施し、積極的に外資の受入れを図った。合弁企業は外資系企業の１つの形態で、中国側と外国側が共同出資で会社を設立し、共同運営する企業を指す。最初は外国側の出資を50％以下に制限したが、現在は特定業種（例えば：自動車産業など）を除いて制限が緩和された。2007年末までの累計（実行金額ベース）を見ると、合弁企業は対中投資の20％を占めている。

公有制企業
public enterprises　　　　　　　　　　　　　　　　　公有制企业　gōng yǒu zhì qǐ yè

　　中国の全人民所有制企業と集団所有制の企業を合わせて公有制企業という。計画経済時代の中国では公有制企業が国民経済の絶対数を占めていた。改革開放以来、民営企業などの発展で公有制企業の国民経済に占める割合が次第に低下している。

小売
retailing　　　　　　　　　　　　　　　　　　　　　　　　　零售　líng shòu

　　流通経路の末端にあって、生産者や卸売業者から仕入れた商品を、消費者を対象に小口に売ること。

小売業
retail business ; retailing institutions　　　　　　　　　　　零售业　líng shòu yè

　　小売りを行う業者を指すが、明確な定義はまだなされていない。マーケティングの角度から小売業者は、生産者または卸業者から商品を買

子会社
subsidiary company

子公司

zǐ gōng sī

ある会社が他会社に議決権の過半数が取得され，実質的に所有されている状態のとき，その会社を子会社と呼び，過半数の議決権を取得した会社を親会社と呼ぶ。親会社が連結財務諸表を作成する際，原則としてすべての子会社を連結の範囲にしなければならない。子会社は支社と根本的に異なり，独立した法人格をもっている。

顧客
customer

顾客

gù kè

取引のある客をさす。顧客は個人だけでなく団体，組織などを指す時もある。

国債
national debt ; government bond

国库券（公债）

guó kù quàn (gōng zhài)

国債は財政上，歳入不足の補填などの必要から国家が信用をもって発行する債券である。利付債券と割引債券がある。国債も他の債券と同じように市場で売買できるものでその金利は世界情勢や発行国の経済状況や金利情勢などによって決まる。

国際会計基準
international accounting standards : IAS

国际会计准则

guó jì kuài jì zhǔn zé

1973年国際会計基準委員会が公表した会計基準。2001年からは国際財務報告基準と呼ばれるようになった。国際会計基準はアングロ・アメリカン基準の特徴を有していたが，近年はアメリカの影響を一層受けている。

国際資本移動
international capital movement

国际资本移动

guó jì zī běn yí dòng

資本が資本取引によってさまざまな国と地域間で移動すること。具体的に貸借，援助，輸入，輸出，投資，債務の増加，有価証券の売買，為替取引などがある。国際資本移動は短期資本と長期資本に分けられる。そのほか流入資本と流出資本とに分けることができる。

国際シンジケート債権
international syndicated loan

国际辛迪加贷款

guó jì xīn dí jiā dài kuǎn

複数の国の複数の銀行や金融機関が銀行団をつくり貸出すること。貸出側は多数の銀行と金融機関が参加することによって貸出リスクを分散できる。借入側は利息が低い大量の長期資金を得ることができる。

国際生産の折衷理論
eclectic theory

国际生产折中理论
guó jì shēng chǎn zhé zhōng lǐ lùn

国際生産の折衷理論はイギリスの経済学者ダニング（Dunning, J.H.）が1970年代に提唱した。国際生産の折衷理論によれば，企業は所有の優位性，内部優位性，立地優位性の3つの条件を満たされたときに，海外直接投資を選択する。

国際通貨基金
Internationai Monetary Fund : IMF

国际货币基金组织
guó jì huò bì jī jīn zǔ zhī

国際通貨と金融体制を安定させるために世界銀行とともに1945年発足した国連の専門金融機関。本部はワシントンDC。国際収支不均衡または経済危機に直面した加盟国への資金の融資，開発途上国への資金援助などの役割を果たしている。2007年現在180以上の国・地域が加盟している。日本は1952年に加盟，中国は1980年に加盟した。

国際分業
international division of labor

国际分工
guó jì fēn gōng

国際貿易と各国経済連携が緊密になり，各国が生産上の適性を生かして生産活動を行うこと。国際分業は垂直分業，水平分業，混合型分業に分けられる。国際分業は3つの発展段階：18世紀の第一次技術革命，19世紀末から20世紀の初めの第二次技術革命，20世紀40年代から50年代かけての第三次技術革命を経て今日に至っている。

小口投資家
retail investor ; individual investor

散户
sǎn hù

中国の株式市場で投資額が少ない個人投資家をいう。その構成をみるとサラリーマン，学生，リストラされた従業員，定年退職した人などである。中国の株式市場はまだ健全とはいえないので個人投資家はよく不正行為で損失を被る。

国有企業
state-owned enterprise

国有企业
guó yǒu qǐ yè

企業の全部または大部分の資産を国が所有する企業を指す。改革開放以前の国有企業においては，国が企業の生産活動に直接関与し，国有企業は行政機関に過ぎなかった。改革開放以来，中国政府は所有権と経営権の分離の主旨で国有企業の改革を行い，国有企業に自主的経営権を与えた。国有企業は特殊法人企業，国有独資企業，国有持株会社などに分けられる。

国有資産管理機構
state-owned asset management organization

国有资产管理机构
guó yǒu zī chǎn guǎn lǐ jī gòu

国有資産の管理を業務とする組織。中国において，代表的な機関としては国有資産監督管理委員会である。中央政府が直接管轄下にある国

有企業は，国務院国有資産監督管理委員会が管理を行い，各地方政府の管轄下の国有企業は，各地方の国有資産監督管理委員会が管理することになっている。各地方の国有資産監督管理委員会は国務院国有資産監督管理委員監視の下の組織である。

国有資産管理公司   国有资产管理公司
state-owned asset management company   guó yǒu zī chǎn guǎn lǐ gōng sī

国有資産監督管理委員会の授権を受け設立され，政府を代表して意思決定，経営者の選任などの際に投資者としての権利を行使し，国有資産，資本の運営に携わる組織である。国有資産管理公司は，直接に企業の生産活動に関与しない。

国有独資公司   国有独资公司
government-owned sole corporation   guó yǒu dú zī gōng sī

国の全額出資で設立されたもので，国務院あるいは地方政府が国有資産監督機関に委託して出資者権利を行使する有限会社である。国有独資公司は，中国の国有企業改革で設立された独特な会社形態である。

国連経済社会理事会   联合国经济与社会理事会
Economic and Social Council : ESC   lián hé guó jīng jì yǔ shè huì lǐ shì huì

国際連合の主要機関の１つ。経済や社会問題，文化，教育，衛生などの研究を行い，必要な決議や勧告などを行う機関。54人の理事国は国連大会で選出し，任期は３年である。

国連貿易開発会議   联合国贸易发展会议
United Nations Conference on Trade and Development : UNCTD
lián hé guó mào yì fā zhǎn huì yì

国際連合の補助機関で，第三世界の経済開発や南北問題を解決するための機関。主要機関は総会，貿易開発理事会，常設委員会，事務局である。総会は最高決定機関で，４年ごとに開催される。執行機関は国連貿易開発理事会で年２回開催される。事務局はジュネーブにある。

焦付き貸出   呆账贷款
bad loans   dāi zhàng dài kuǎn

中国財政部は返済期限を過ぎて３年以上の貸出のことを焦付き貸出にすると規定している。借款人と保証人が破産宣告された場合，借款人が死亡または自然災害で返済する能力を喪失した場合，などが含まれる。

焦付き帳簿   呆账
bad debt   dāi zhàng

不良債権のことを指す。具体的に返済期限を少なくとも１カ月過ぎ，返済されていない不良債権のこと。帳簿上では資産として各年度のバランスシートに計上される。

個人株主 个人股东
individual shareholder　　　　　　　　　　　　　　gè rén gǔ dōng

法人株主や機関投資家と区別して呼ばれる，一般投資家の株主のことを指す。近年来，個人株主が企業経営に関心をもち始め，株主総会の参加や総会での発言などが目立っている。

個人財産運用サービス 个人理财服务
personal fiscal service　　　　　　　　　　　　　　gè rén lǐ cái fú wù

個人の収入，資産，負債などに関して分析を行ったうえで運用目標を設定し，貯蓄，保険，有価証券，為替，不動産投資などを利用し，リスクを分散し，収益を上げる運用サービスである。

個人所得税源泉徴収 扣交个人所得税
personal income tax payable　　　　　　　　　　　kòu jiāo gè rén suǒ dé shuì

会社などで給与や報酬等を支払う際に，支払う金額から直接所得税を控除して，一定の期間内で国に納める，税の天引き制度を個人所得税源泉徴収と呼ぶ。

個人的意思決定 个人决策
individual decision　　　　　　　　　　　　　　　gè rén jué cè

意思決定する主体によって個人意思決定と集団意思決定に分けられる。個人的意思決定は，意思決定機関での意思決定が一人の個人の判断力，知識，経験に沿って行われること。

個人投資家 股民
shareholder　　　　　　　　　　　　　　　　　　gǔ mín

機関投資家の対語で，個人で投資活動を行う者をいう。サラリーマン，自営業者に限らず，個人の資産から直接に投資活動を行う場合は，すべてが個人投資家である。

コスト 成本
cost　　　　　　　　　　　　　　　　　　　　　chéng běn

商品の生産と販売において発生する費用。コストは原料，材料，燃料などの費用，償却費用，人件費の3つの要素からなっている。

コストダウン 成本降低
cost down　　　　　　　　　　　　　　　　　　chéng běn jiàng dī

生産と販売費用を削減すること，または原価を低くすること。企業は競争に勝つため，常にコストダウンのプレッシャーを受けている。コストダウンによって商品の価格面での競争力が維持される。

コストパフォーマンス 性价比
cost performance　　　　　　　　　　　　　　　xìng jià bǐ

商品において費用対効果の度合いのことで，商品の価格が機能などの

価値に見合っているかどうかを表現する場合に使われる。コストパフォーマンスは比例関係であって固定された数値ではない。

コスト・リーダーシップ戦略　　　成本领先战略
cost leadership strategy　　　chéng běn lǐng xiān zhàn lüè

アメリカのマイケル・ポーター (Porter, M.E.) が提出した3つの戦略の1つで、競合他社よりも比較的に低いコストで活動する能力を持つ企業が、それを競争力の源泉として、業界内で競争優位にある状態、またはその実現をめざす競争戦略のこと。

国家株　　　国家股
state shares　　　guó jiā gǔ

中国では、所有する主体によって株式が国家株、法人株、個人株に分けられる。国家株は国有資産を会社に投資することによって生じる株式である。中国の株式会社はほとんどが元国有企業からできたもので、国家株は発行済み株式数の中で占める割合が高く、50％を超える企業が多い。近年では国家株を減らす動きもある。

国境貿易　　　边境贸易
frontier traffic　　　biān jìng mào yì

中国政府が国境地帯の経済の活性化を図り、地域の格差を解消するために国境都市を指定し、隣接する外国との間で行う貿易のことである。

固定原価　　　固定成本
fixed cost　　　gù dìng chéng běn

一定期間で営業量が変化しても総額が変化しない原価項目で、減価償却費、固定資産税、管理者給料、支払家賃、支払保険料、支払利息等がある。それらの費用は一定期間という基準で発生するので期間費用ともいわれる。

固定資産　　　固定资产
fixed assets　　　gù dìng zī chǎn

企業の事業活動で長期にわたって使用する資産。固定資産は無形固定資産（営業権、特許権、商標権など）、有形固定資産（建物、構築物、機械装置、船舶、車両運搬具、工具器具備品、土地など）、投資・その他（長期保有目的の有価証券、出資金、長期貸付金など）の3つの種類に分けられる。

固定資産回転率　　　固定资产周转率
turnover of fixed assets　　　gù dìng zī chǎn zhōu zhuǎn lǜ

固定資産を利用する度合、また固定資産への投資が過剰であるかどうかを調べる指標でもある。その算式は、固定資産回転率＝売上高÷期首・期末平均固定資産。

固定資産償却台帳
固定资产折旧登记簿
gù dìng zī chǎn zhé jiù dēng jì bù

機械や設備，建物などの個々の固定資産の償却に関して詳細に記録するための補助簿をいう。

固定資産台帳
fixed assets register

固定资产登记簿
gù dìng zī chǎn dēng jì bù

総勘定元帳の統制勘定である固定資産勘定に対し，個々の固定資産について詳細に記録するため設けられた補助簿。固定資産台帳は土地台帳，建物台帳，機械台帳などに分けられる。

固定資産棚卸収益
fixed assets inventory profit

固定资产盘盈
gù dìng zī chǎn pán yíng

資産の棚卸時に，実際の固定資産項目の積み立て額が帳簿上より多くなる場合の差額。

コーポレートガバナンス
corporate governance

公司治理
gōng sī zhì lǐ

企業統治ともいわれ，企業の経営者を監督監視する制度設計である。また企業において経営者，株主，従業員などステークホルダーとの利害調整などさまざまな角度から，研究が行われている。コーポレートガバナンスのあり方は歴史的，社会的，文化的に異なることから各国がそれぞれ異なる様相を呈している。

コミュニティ
community

社区
shè qū

共同体の意味で，一定の地域に居住し，共同の利益をもち，社会風俗などにおいて深いつながりをもつ集団。国や地域の集合体もコミュニティと呼ぶ。例えば欧州共同体，東アジア共同体などがある。

コミュニティサービス
community service

社区服务
shè qū fú wù

コミュニティに住んでいる住民がボランティアとしてコミュニティのために行うサービス。コミュニティサービスは経済と社会発展，そして工業化，都市化，社会分業の産物である。中国では1986年政府の民政部が初めて提唱した。

コール市場
call market

拆借市场
chāi jiè shì chǎng

コール市場は短期金融市場の代表で，金融機関が短期資金を調達し合う市場である。金融機関では資金が余ったり不足したりする場合，短資会社という会社を仲介して貸付け，借入れを行う。コールすれば返るということと短期間の取引であることから，コール市場という。原則として1カ月以下の取引が行われる。

コールレート / call rate
短期折放利率
duǎn qī zhé fàng lì lǜ

金融機関が短期金融市場，特にコール市場で短期資金を融通しあう時の金利。金利の刻みは従来1％だったが，2001年9月からは0.001％になっている。コールレートが日銀の金融政策においては金利のターゲットになっている。

コルレス銀行 / correspondent
代理银行
dài lǐ yín háng

国際決済のために為替業務契約を結んだ銀行である。主な業務は手形の取り立て代行，送金の支払い代行，信用状授受，決済勘定などがある。米ドルの主なコルレス銀行はシティバンクなどで，ユーロの主なコルレス銀行はドイツ銀行である。

コングロマリット / conglomerate
联合大企业
lián hé dà qǐ yè

事業の関連性のない複合企業で，1960年代のアメリカで展開されている異業種企業間の企業結合形態。その特徴は技術の関連性がなく，市場も共有していない。また株式取得によって結合し，中小企業が急速に大企業に変身するなどの特徴がある。

コンサルティング会社 / consulting corporation
咨询公司
zī xún gōng sī

専門知識をもって企業などの組織体に対し外部から客観的に現状を観察，分析しその問題を指摘し，対策案を示し，企業の発展を助ける業務を行う会社をいう。経済環境の変化でコンサルティングに対するニーズは増えている。

コンセンサス / consensus
共识
gòng shí

関係者の意見の一致を図ること。特に議論などを通じて関係者の多様な価値観を表明させ，相互の意見の一致を図る過程をいう。

コンツェルン / konzern（独）
康采恩（垄断的联合企业）
kāng cǎi ēn (lǒng duàn de lián hé qǐ yè)

多数の企業体によって形成される巨大な企業結合体である。カルテル・トラストと違って，コンツェルンは必ずしも同一または類似部門における競争制限によって直接市場支配力の強化をめざすものではない。コンツェルンは日本の旧財閥のように持株会社を頂点に傘下に多くの企業が従うとの形態をとる。

コンビナート / combination ; industrial complex
联合企业
lián hé qǐ yè

経済的合理性を求めて多数の生産部門または工業地域などが結合した

生産結合体。最初のコンビナートはラウルの鉄鉱石と西シベリアのクズネツ流域の粉結炭との結合である。その後，コンビナートは石油化学工業や鉄鋼業などで原料や製品を有機的に結びつけた工場の集合体を指すようになった。

サ行

債権
credit obligation

債权

zhài quán

財産権の1つで,ある者(債権者)が特定のある者(債務者)に対し一定の行為(給付)を請求する権利。債権の発生原因として契約,不当利得,不法行為,事務管理があり,その中で契約が債権発生の主たる原因である。

債券格付け
bond credit rating

债券信用评级

zhài quàn xìn yòng píng jí

企業などに発行された債券の元金や利子を発行時の条件通りに返済する確実性を評価し,それを投資家が投資の判断に利用しやすいようにアルファベットなどの等級記号でそれぞれの債券に与えること。

債権者
creditor

债权人

zhài quán rén

ある人(債務者)に対して特定の行為(給付)を請求できる権利を有する者。自然人(個人),法人を問わず,いずれも債権者になり得る。

債券収益率
bond yield

债券收益率

zhài quàn shōu yì lǜ

債券収益率は債券収益と投下された元金の比である。通常,年率で示す。債権収益率の算式は単利法(満期が1,2年間の短期債)と複利法(中・長期債に用いる)に分けられる。

債券利息
bond interest

债券利息

zhài quàn lì xī

投資者が債券(国債,地方債,社債,金融債など)の取得によって定期的に受け取る利子。社債の利子の場合,社債発行会社の信用,会社の予期収益,債務期限の長短,平均利益率,債務の弁償能力,銀行の預金利率などの諸要因によって決まる。

在庫回転率
inventory turnover

存货周转率

cún huò zhōu zhuǎn lǜ

会計年度期間中,在庫が期首から期末の間でどのくらい回転したかを示す指標。回転率が高いほど,在庫から販売までの期間が短く,在庫管理が効率的であることを示す。算式は,在庫回転率=売上原価÷平均在庫高。

在庫ゼロ方式
just in time

零库存
líng kù cún

在庫コストを減らすことによって生産コストの削減を図る方式。具体的には原材料や仕掛品，製品などの在庫を限りなくゼロにするという方式。トヨタのJITシステムがその代表である。

在庫品
inventory ; stock

存货／库存品
cún huò/kù cún pǐn

企業の生産経営活動の中で販売または加工の目的で企業内に保有されている原材料，仕掛り品，製品などの財貨。

財産権
property right

产权
chǎn quán

財産に関する諸権利の総称。所有権，物件（所有権，抵当権），債権（金銭債権，賃貸権），知的財産権（工業所有権，著作権），社員権などが含まれる。

財産譲渡
conveyance of estate

财产转让
cái chǎn zhuǎn ràng

有価証券，株，建物，土地使用権，機械設備，車両，船舶などの財産を有償または無償で譲渡することをいう。

財産譲渡収益

财产转让收益
cái chǎn zhuǎn ràng shōu yì

諸財産（固定資産，有価証券，株，その他の財産）を譲渡する際，取得した収益のことを指す。企業の財産譲渡収益は固定資産譲渡収益と有価証券譲渡収益に分けられる。通常，財産譲渡収益に関しては所得税が課せられる。

財産権取引
property right trade

产权交易
chǎn quán jiāo yì

企業財産の所有者が財産権を商品として売買する行為。財産権取引を行う主体は企業の財産所有者または所有者代理で等価交換原則に従って取引が行われる。中国では各地で財産権取引所が設立され，国有資産の取引も扱っているのが特徴である。

在宅勤務
stay-home work

远程办公
yuǎn chéng bàn gōng

ブロードバンドや情報技術の発展により，事業主と雇用関係にある労働者が労働日の全部またはその大部分について自宅または近くの小規模オフィスで業務に従事する労働形態。

再投資
reinvestment 再投资 zài tóu zī

投資家が発生した収益分配金を再びその事業,投資信託や有価証券に投資すること。投資信託や有価証券に投資する場合,複利効果を得ることができる。中国の場合,外資企業が事業で得た収益で再投資を行う場合,課税された税金の一部の返還などの優遇措置が取られている。

債務
debt 债务 zhài wù

ある者が他の者に対して一定の給付行為をなす義務。通常,債務は金銭上の借入を指す場合が多いが,債権者は個人,銀行あるいは年金基金,保険会社などがある。

財務委員会
finance committee 财务委员会 cái wù wěi yuán huì

政府機関,企業やその他の組織団体の中で組織全般の財務に関して監査やアドバイスをする組織。中国の場合,上場企業は企業内に監査・財務委員会を設置することが義務づけられている。

財務会計
financial accounting 财务会计 cái wù kuài jì

定期的に企業外部の利害関係者(株主,債券者,地方公共団体)に対する財務報告を目的とする会計。外部報告会計とも呼ばれる。財務会計には情報提供機能と利害調整機能の2つの機能がある。

財務管理
financial management 财务管理 cái wù guǎn lǐ

企業など組織内の現金の収入と支出のバランスを保ち,企業全体の活動の財務計画と財務統制を行う活動。通常,財務管理は企業の資金需要と調達,資本構造,配当政策などに重点を置く。

財務検査
audit 审计 shěn jì

財務諸表の信頼性を高め,株主,投資家,債権者などの利害関係者の合理的な意思決定に役立つために,貸借対照表,損益計算書その他の財務計算に関する書類を公認会計士または監査法人の監査を受け,財務諸表の適正性に関する意見を表明すること。

債務者
debtor ; obligor 债务人 zhài wù rén

法律,契約などの規定に従って,債権者に対して一定の給付をなすべきことを義務として負う者。通常,財務会計上では借金行為を行った個人や団体などを指す。

財務諸表
financial statements

财务报表
cái wù bào biǎo

株主，債権者，投資家などの外部の利害関係者に定期的に企業の経営成績，財政状態及びその他の会計情報を伝達，報告する書類。企業会計では損益計算書，貸借対照表，財務諸表付属明細表，利益処分計算書を財務諸表としている。

財務諸表分析
financial statements analysis

财务报表分析
cái wù bào biǎo fēn xī

財務諸表（損益計算書，貸借対照表，財務諸表付属明細表，利益処分計算書）の諸項目を分析することによって当該企業の収益性，安全性，流動性，生産性などに対し，測定評価する手法。財務諸表分析はアメリカで発祥したものである。

債務の株式化
debt-equity swap

债转股
zhài zhuǎn gǔ

債務超過の企業を再生するための1つの手段で，過剰債務，財政破綻の企業の債務を株式化することである。その目的は過剰債務の減少または解消を図ることによって企業の再生につながることである。中国でも国有商業銀行の不良債権を処理する際に，債務の株式化を通じて行っていた。

債務不履行
breach of contract

债务不履行
zhài wù bù lǚ xíng

債務者が債務の本旨に従った履行をしないこと。債務不履行は履行遅滞，履行不能，不完全履行に分けられる。

財務分析
financial analysis

财务分析
cái wù fēn xī

企業の営業成績や財務状況を分析し，投資家や債権者に意思決定の材料を与えること。財務分析は分析を行う主体によって外部分析と内部分析に分けられる。財務分析の主な分析方法として比較分析，比率分析，実数分析などがある。

財務レバレッジ
financial leverage

财务杠杆
cái wù gàng gǎn

負債利子率が自己資本利益率より低い時，企業が負債を利用して自己資本利益率を向上させること。負債比率が高くなると，レバレッジ効果が高くなるが，総資本利益率が変動すると自己資本利益率の振幅も大きくなることに注意する必要がある。

材料原価
materials cost

材料成本
cái liào chéng běn

製品生産のために投入，利用，消費される物品の価値の貨幣による測

定額をいう。材料にはほとんど未加工のものもあれば、すでに完成した製品を材料として自社の生産に投入するものもある。

材料購入原価 材料采购成本
cái liào cǎi gòu chéng běn

当該材料の取得に要した支出額に基づいて計算される原価。材料購入原価は材料主費（購入代価）と材料副費からなる。

材料原価差異 材料成本差异
materials cost variance　　　　　　　　　　cái liào chéng běn chā yì

材料原価において、実際原価と標準原価との差額。材料価格差異とも呼ばれる。材料原価差異は、実際消費価格が高くなったため発生した材料原価差異と、消費量の無駄によって発生した材料数量差異とに分けられる。

先物 期货
futures　　　　　　　　　　　　　　　　　　　　qī huò

将来一定の期日に現品を受け渡すことを目的として価格、数量、引渡期日などの売買契約をする銘柄。商品先物（石油、貴金属、穀物など）と金融先物（金利、為替、債券、株式など）とに分けられる。

先物市場 期货市场
futures market　　　　　　　　　　　　　　qī huò shì chǎng

先物市場は先物取引を行う場所。広義の先物市場は先物取引所、ブローカー、決済機関などを指すが、狭義の先物市場は先物取引所のみを指す。

先物相場 期货汇率
futures quotation　　　　　　　　　　　　　qī huò huì lǜ

先物取引所で取引される先物の売買状況。取引される銘柄の現時点での価格、売買される量、売買高などがある。先物の相場は国際経済、政治などの影響を受け、変動する。石油などの原材料に関してはヘッジファンドなどの機関投資家の影響も受けているとされている。

先物取引 期货交易／期货贸易
futures transaction　　　　　　　　　　　qī huò jiāo yì/qī huò mào yì

将来の特定された日に、あらかじめ定められた商品の種類、価格、数量、型、品質、引き渡し方法などに従って売買することを約束する取引。原材料、穀物などの商品の価格変動から生じる損失をヘッジする目的で発達したが、徐々に金融商品にも広がってきた。

先物取引所 期货交易所
futures exchange　　　　　　　　　　　　　qī huò jiāo yì suǒ

先物の取引にあたって、場所、施設、サービス、取引規則を提供する機関である。通常会員制をとっている。日本は1985年10月東京証券

取引所に債券先物市場を開設し，先物取引がスタートした。中国は1992年上海先物取引所を開設し，先物の取引を始めた。

作業者 / 作业人员
worker
zuò yè rén yuán

特定の目的と一定の計画のもとに肉体や知能を使って仕事をする人。

作業仕様書 / 作业规格书
zuò yè guī gé shū

維持，修繕，測量など特定の作業を行う際，作業の目的，内容，手順を図などを入れて説明した書類。

作業ノルマ / 劳动定额
work norm
láo dòng dìng é

従業員が一定期間内で完成すべきものとして，従業員個人や組織に割り当てられる標準作業量。

作業場 / 车间
workshop
chē jiān

企業や工場などの内部で製品を生産する際の1つの工程，または単独で1つの製品を生産する仕事場。

作業場長 / 车间主任
workshop manager
chē jiān zhǔ rèn

生産を円滑に行うため，作業場での製品の生産，品質，安全管理などを責務とする者。

作業持場 / 工作岗位
position
gōng zuò gǎng wèi

工場など組織内部で作業内容の違いによって設置された持場。それによって各自の責任を明確にし，作業の効率を高めることができる。

サービス業 / 服务行业
services
fú wù háng yè

サービス業は一定の設備，工具，場所，技能，情報などを用いてサービスを取り扱う産業である。サービス産業の分類に関しては国によって違う基準で分類する。世界銀行によれば，2006年中国のサービス産業の比率は41％で，発展途上国（55％）より低い水準である。

サービス貿易 / 服务贸易
services trade
fú wù mào yì

国際間のサービスの輸出または輸入活動をいう。サービス貿易には輸送，金融，旅行，通信，保険，特許権使用料などが含まれる。中国の場合，2007年のサービス貿易は119億ドルの赤字であった。

サブプライムローン   次级贷款
subprime lending ; subprime loan   cì jí dài kuǎn

アメリカの金融機関が経済的信用度の低い層に貸し出す住宅ローン。通常の審査基準と比べ、審査基準が甘いが金利が高い。サブプライムローンが貸付債権として証券化され国際的に販売された。2006年住宅価格の上昇が鈍化し、サブプライムローンの返済延滞が多くなり、2007年のアメリカ発の世界金融危機につながった。

サプライヤー   供应商
supplier   gōng yìng shāng

商品、部品、原材料、資材、サービスなどの供給者。近年製品の多品種化、製品ライフサイクルの短縮化など市場の変化が激しくなったため、各サプライヤー間でネットワークを結び、複数の企業をまたがる調達、生産、販売、流通といったシステムを構築して市場の変化に対応しようとする動きが活発になっている。

差別化経営   差异化经营
divergence operation   chā yì huà jīng yíng

企業が他の企業と競争するときに競争相手に対しなんらかの差別を図ることで市場を開拓し、製品の販路の拡大を通じて競争に勝つ経営手法である。

差別化サービス   差异化服务
discriminating service   chā yì huà fú wù

サービスの提供を業務とする企業が競争相手企業に対し、サービスの内容、サービスイメージなどにおいて差別をつけ、自分の強みを顧客に認知してもらって競争に勝つ方法である。

差別化戦略   差异化战略
differentiation strategy   chā yì huà zhàn lüè

競争上の優位性を確立するために、企業のさまざまな分野で差別をつける戦略。製品の機能、品質、デザイン、価格などに差別をつける製品差別戦略、マーケティングにおける差別戦略、アフターサービスなど補助的なサービスで差別を図るなど多種多様である。

サミット   峰会
summit ; summit meeting   fēng huì

狭義では、1975年から始まった毎年1回開催される主要国首脳会議を指す。主に国際社会における経済問題、政治問題を中心に協議する。参加国は、米国、英国、フランス、ドイツ、イタリア、日本、カナダ、ロシアの8カ国とその年のEUの委員長。広義では、多国間の国際問題について、各国の首相(外相、蔵相を含む)が参加して協議する会議を指す。

サラリーマン階層
salary stratum

工薪阶层
gōng xīn jiē céng

給料で生活する階層。狭義のサラリーマンには医師，弁護士，会社役員などは含まれていない。改革開放まで，中国では国営企業あるいは集団所有制企業で働く人々のみに限られていたが，改革開放以降は民間企業の発展に伴ってその範囲もだいぶ広がっている。

三角債
chain debts

三角债
sān jiǎo zhài

➡連鎖債務

残業
overtime work

加班／加班加点
jiā bān/jiā bān jiā diǎn

所定の労働時間以外の労働。広義には法定休日における労働を含める場合もある。残業した場合，2割5部以上5割以下の割増賃金を支払わなければならない。最近，残業したにもかかわらず残業代を支払われないいわゆるサービス残業の問題が起きている。

産業空洞化
industrial hollowing

产业空心化
chǎn yè kōng xīn huà

製造業などにおいて，製品の生産と資本を大量に海外に移転して国内の産業構造に大きな変化を与える現象。産業空洞化がもたらした問題としては，国内の雇用機会の喪失，地域産業の崩壊，地方財政への圧迫などが挙げられる。

産業構造の高度化程度
advanced industrial

产业梯度
chǎn yè tī dù

一国または1つの地域内の各産業の発展段階の状況，及び各産業間の関係の変化。産業構造は，国または地域経済の発展段階によって変わる。

産業組織論
theory of industrial organization

产业组织论
chǎn yè zǔ zhī lùn

市場の不完全競争の下で，企業行動と市場構造を研究するミクロ経済学の応用分野である。産業内における規模の経済効果と企業間競争を考察対象とする。市場構造，市場行動，市場成果の3つの柱を分析枠組みとしてとらえる。大きくは，古典的産業組織論と新しい産業組織論に分けられる。古典的産業組織論は，アメリカのベイン (Bain, J.S)，ペンローズ (Penrose, E.T) らによって，基礎づけられ，SCPパラタイムを基礎に実証的研究が中心である。1970年以降に登場した新しい産業組織論は，ゲーム理論，計量経済学の手法を用いて，寡占，企業行動，企業内部の組織などに関する理論的分析が中である。

産業内貿易理論
theory of intra-industry trade

产业内贸易理论

chǎn yè nèi mào yì lǐ lùn

一国がある製品を輸出すると同時に同種類の製品を輸入すること。産業内貿易の程度を図るには，グルーベル＝ロイドによる産業内貿易指数が使われている。水平貿易とも呼ばれる。

産業リンケージ
industry linkage

产业链

chǎn yè liàn

一定の技術，経済利益で結ばれ協力・補完関係があり，連鎖的関連性を持つ企業群を指す。このような形態の中で川上の企業が川下の企業に製品とサービスを提供し，川下にある企業は情報を川上の企業にフィードバックする。

三資企業
three kinds of enterprises with foreign investment

三资企业(中外合资企业，中外合作企业，外商独资企业)

sān zī qǐ yè

中外合資経営企業，中外合作経営企業，外国独資企業を指す。外国企業が中国で経営活動を行う際，中国の法律に従って設立された主な企業形態。中国の経済発展に伴い，三資企業の投資構造も変化している。1980年代初頭は中外合作経営企業が最も多かったが，1986年から中外合資経営企業が次第に増え，中外合作企業を上回るようになった。また，2000年からは外国独資企業が大幅に増加し，その反面，中外合資経営企業が減少しはじめた。

残存簿価
book balance

账面余额

zhàng miàn yú é

期首の固定資産額から減価償却額を差し引いた期末の固定資産額。法定耐用年数が到来した場合，減価償却資産のうち取得原価の10％が残存簿価として残る。

サンプリング検査
sampling inspection

抽样检验／取样检验

chōu yàng jiǎn yàn/qǔ yàng jiǎn yàn

製品の中から抽出されたサンプルに対し検査を行い，その結果に基づいて生産された製品全体の品質や安全性などに関して統計的な手法を用いて計算すること。

サンプリング誤差
sampling error

抽样误差

chōu yàng wù chā

抽出されたサンプリングの指標と全体製品の指標とが必ず一致するとは限らない。その差をサンプリング誤差という。誤差を縮小する方法としては，サンプルの数を増やすなどの方法がある。

サンプル
sample

样品

yàng pǐn

標準となる物。商品の販売や実験などによく使われる。見本。標本。

サンプル提供型委託加工

processing with supplied samples

来样加工

lái yàng jiā gōng

外国企業側が商品の見本と設計図を提供し，中国の国内企業が国内の原材料，設備などを利用し，生産された製品は外国企業が買い取る貿易形態。中国改革開放初期，大量に出現した貿易形態の1つである。

残余財産分配請求権

distribution of residual property

剩余财产分配请求权

shèng yú cái chǎn fēn pèi qǐng qiú quán

株主が有する権利の1つで，株式会社がなんらかの原因で解散し，清算過程に入って会社債務を弁済した後，残余財産を株式の保有数に応じて分配することを請求する権利。

試運転

trial operation ; test working

试车 / 试运转

shì chē/shì yùn zhuǎn

機械などが完成した際，正式に使用する前に基準に達したかを確認するため稼働状態を試すこと。

時価会計

current value accounting

时价会计

shí jià kuài jì

資産と費用を測定，評価する際，時価原価で行う会計。資産を時価評価する際，調達原価主義と売却時価主義の2種類があり，費用を時価評価する際は調達原価主義を用いる。

仕掛品

work in process

半制品

bàn zhì pǐn

生産工程にあって，販売や交換価値を見込めないものをいう。仕掛品は一定の工程を終了した販売可能な半製品とは異なる。

時間給労働者

hourly paid worker

小时工 / 钟点工

xiǎo shí gōng/zhōng diǎn gōng

労働能率とは無関係に，一定時間の労働に対して時間を単位として計算された賃金を報酬とする労働者。

事業戦略（競争戦略）

business strategy

事业战略

shì yè zhàn lüè

全社戦略が選択した事業を具体的にどのように展開するかに関する戦略。ポーター (Porter, M.E.) は，事業戦略の基本型をコスト・リーダーシップ戦略，差別化戦略，焦点化戦略に分類した。

事業部制組織

divisional organization

事业部制组织

shì yè bù zhì zǔ zhī

本社が全般的に管理することを前提に，製品別，地域別，顧客別など市場別に編成された独立採算制をとる分権性の組織形態である。1921

年アメリカのデュポン社が導入した制度である。日本の場合、1933年松下電器産業(現:パナソニック)が初めて導入した。

資金調達
financing

筹资／筹措资金
chóu zī/chóu cuò zī jīn

一定の手段、方法で資金を集める財務活動で財務管理の重要な部分である。調達資金の種類によって短期資金、中長期資金に分けられる。

自己資本
equity capital ; owner's equity

自己资本／有形净资产
zì jǐ zī běn/yǒu xíng jìng zī chǎn

自己資本は総資産から総負債を差し引いた純資産である。企業のバランスシート上で法定準備金、任意積立金、同期末処分利益を加えたものを指す。

自己資本比率
equity ratio

资本充足率
zī běn chōng zú lǜ

➡自己資本

自己責任
self responsibility

自我约束
zì wǒ yuē shù

個人が自分の選択したすべての行為に対して発生する責任を負うことを指す。自己責任は社会多方面にわたって適用されており、金融商品取引においては投資家が自らの判断で取引を行う場合、自ら損失を負担する自己責任の原則を適用している。

資産再建信託公司
resolution trust corporation

资产重组托管公司
zī chǎn chóng zǔ tuō guǎn gōng sī

破産した金融機関などの資産と負債を引き受け、資産と負債を整理し、再建を行う組織である。1989年8月アメリカで設立したものが代表的な成功例である。

資産再評価
asset revaluation

资产重估
zī chǎn chóng gū

急激なインフレーションなどに対応して企業が所有している資産を再評価すること。原価償却の不足に対処し、資産の譲渡益課税を合理的に行うことで資本の食いつぶしを避けることが目的にある。

資産集約型産業
capital-intensive industry

资产密集型产业
zī chǎn mì jí xíng chǎn yè

製品を生産する過程で投入された資本が、投入された人件費などの他の要素より多い生産形態の産業を指す。特徴としては巨額の資本に対して従業員の数が少ない、資本の回収期間が長いなどがある。自動車産業、航空産業などがそれに当たる。

資産評価
asset assesment

资产评估

zī chǎn píng gū

専門的な機関や専門家が法律，規則などに従って，一定の時点での資産を貨幣価値的に評価すること。

資産負債率
asset-liability ratio

资产负债率

zī chǎn fù zhài lǜ

企業の資産と負債の比率のこと。負債額が多くなると金利負担が利益を圧迫するので，一般的には負債より資産が多いほどいいとされている。企業財務の安全性を判断するために一応の目安とされる指標で，負債総額の総資産額に対する割合。算式は，資産負債率＝総負債額÷総資産額。

資産リストラ
asset reconstruction

资产重组

zī chǎn chóng zǔ

合併，売却および企業の部門，工場などの閉鎖，人員削減などを通じて企業の資産と負債を調整，整理すること。中国の国有企業が株式会社に転換する際，また上場する際によく使われる手法である。

支社
branch

分公司

fēn gōng sī

本社の付属機関で本社の地方拠点として本社から分かれて設けられた事業所。支社は法人資格がないため，民事責任は本社側が担うことになっている。

自社株買い
share repurchase

股份回购

gǔ fèn huí gòu

企業が特定の目的で発行した自社株を買い戻し保有すること。自社株買いの機能としては，株価を一定水準に維持すること，敵対買収を避けるための経営安定政策であること，配当の代替手段であること，会社の資本構造を改善することなどがある。

自主経営
autonomous management

自主经营

zì zhǔ jīng yíng

企業自身が経営責任を負って管理，運営すること。中国の国有企業の改革において，改革の目標は国有企業が政府の管理から脱却し，市場の変化に対応できる自主経営の法人を確立するものである。中国政府は，1990年代に国有企業の改革の目標を現代企業制度の確立であると表明した。

自主知的財産権
independent intellectual property right

自主知识产权

zì zhǔ zhī shí chǎn quán

自主知的財産権は他人知的財産権に相対する用語で，製品に内包されているコア技術などに対する所有権をもつこと。中国本土企業におい

て，所有されている自主知的財産権が少ないことが企業成長のネックとなっている。そのため，中国企業は研究開発に力を入れ，中国政府も制度面で支援を行っている。

市場経済 　　　　　　　　　　　　　　　　　　　　　　　　　　**市场经济**
market economy　　　　　　　　　　　　　　　　　　　shì chǎng jīng jì

　財とサービスの生産，消費が市場メカニズムによって調整される経済制度。市場経済は計画経済に対する概念である。自由主義経済や自由企業経済などとも呼ばれている。

市場参入 　　　　　　　　　　　　　　　　　　　　　　　　　　**市场准入**
market access　　　　　　　　　　　　　　　　　　　shì chǎng zhǔn rù

　ある市場に個人または企業が新たに加わることを指す。企業の場合，新たに生産設備を建設して新しい市場または産業に生産量の拡大をもたらし，競争を促進することができる。通常，企業の市場参入を指す。

市場シェア率 　　　　　　　　　　　　　　　　　　　　　　　　**市场占有率**
market share　　　　　　　　　　　　　　　　　　shì chǎng zhàn yǒu lǜ

　一定期間内で，ある企業の製品やサービスが特定の市場における同一商品の市場全体の売上高に占める割合。

市場主導型雇用システム 　　　　　　　　　　　　　　　**市场承载就业体系**
market initiating employment system　　　　shì chǎng chéng zài jiù yè tǐ xì

　労働力の供給と需要が市場メカニズムによって行われ，人的資源の合理的な配置を実現する制度。中国の計画経済時代では政府がすべての労働力の配置を行ってきたが，改革開放以来，市場主導型雇用システムの確立に向けてさまざまな改革を行っている。

市場障壁 　　　　　　　　　　　　　　　　　　　　　　　　　　**市场壁垒**
market barrier　　　　　　　　　　　　　　　　　　　shì chǎng bì lěi

　ある市場に新規参入しようとする企業に対し，その参入を妨げる障害のこと。市場障壁の発生要因としては政府による産業への規制，当該市場で製品差別化が高度に進むことによって生じる障害，最低要求生産規模が大きいことによって生じる障害，技術や資本などで生じる障害などがある。外国市場に進出する際，関税も一つの市場障壁となる。

市場占有率 　　　　　　　　　　　　　　　　　　　　　**市场占有率／市场份额**
market share　　　　　　　　　　　　　shì chǎng zhàn yǒu lǜ/shì chǎng fèn é

　ある地域や市場において，ある企業の商品が市場全体の中で占める割合。市場占有率は，その製品が市場の中でどのぐらいの重要度や影響力をもつかを表すための指標として用いられる。

市場ニーズ 　　　　　　　　　　　　　　　　　　　　　　　　　**市场需求**
market need　　　　　　　　　　　　　　　　　　　　shì chǎng xū qiú

　ある地域や市場において，一定の期間内で個人や企業などの経済主体

が，市場で提供される特定の財，サービスを購入しようとする意欲のこと。

市場ポテンシャル　　　　　　　　　　　　　　　　　　市場潜力
market potential　　　　　　　　　　　　　　　　　shì chǎng qián lì

ある地域，市場において，将来ある時点での消費者の所得の増加，消費意識の変化などによって，特定の財・サービスに対しての需要が増える見込みがあること。

市場メカニズム　　　　　　　　　　　　　　　　　　　市場机制
market mechanism　　　　　　　　　　　　　　　　　shì chǎng jī zhì

経済運営メカニズムで，市場価格の変化を通じて供給，価格，競争，リスク等の諸要素間の調整を行うメカニズム。市場メカニズムには供給メカニズム，価格メカニズム，競争メカニズム，リスクメカニズムが含まれている。

市場リスクヘッジ　　　　　　　　　　　　　　　　　市場风险规避
market risk hedge　　　　　　　　　　　　　　　shì chǎng fēng xiǎn guī bì

リスクに対処する手段の1つで，市場の不確実性による損失の危険を回避したり，軽減したりすること。

指数ファンド　　　　　　　　　　　　　　　　　　　　指数基金
index fund　　　　　　　　　　　　　　　　　　　　zhǐ shù jī jīn

証券投資ファンドで，ファンドの構成銘柄をそのインデックスの構成比に合わせて組み入れて運用することにより，ファンドの収益・危険特性を当該市場と一致させるものである。

持続可能な発展　　　　　　　　　　　　　　　　　　　可持续发展
sustainable development　　　　　　　　　　　　　　kě chí xù fā zhǎn

1980年代に提出された概念で，将来の世代の利益や要求を満たすことができるように現世代の人々が環境を有効に利用し，経済発展を遂げるという理念。経済，社会，資源，環境保全の調和の取れた経済発展という理念は世界に広く認識されている。「持続可能な開発」とも呼ばれる。

下請企業　　　　　　　　　　　　　　　　　　　　　　承包企业
subcontractor　　　　　　　　　　　　　　　　　　chéng bāo qǐ yè

発注企業（親企業）の委託を受けて製品の製造，加工または修理等を行う企業。下請企業側からすると受注の確保，販売のコスト削減，特定の技術への特化，親企業からのサポートなどのメリットがある。発注企業（親企業）と下請企業の間には通常，支配・従属関係が形成される。

失業保険　　　　　　　　　　　　　　　　　　　　　　　　　　　失业保险
unemployment insurance　　　　　　　　　　　　　　　　　　shī yè bǎo xiǎn

社会保障システムをなす重要な部分で，失業して収入を失った労働者に対し，生活及び雇用の安定と就職促進のために一定金額の給付を行う保険である。

執行委員会　　　　　　　　　　　　　　　　　　　　　　　　　　　执行委员会
executive committee　　　　　　　　　　　　　　　　　　zhí xíng wěi yuán huì

中国において，上場を果たした株式会社が中国の会社法などの規定に従って取締役会内に設置する専門機関である。執行委員会の機能は，会社の重要な戦略，重要な投資決定及び会社の重要な経営活動に対し監視，監督を行うことである。

執行機関　　　　　　　　　　　　　　　　　　　　　　　　　　　　执行机构
executing agency　　　　　　　　　　　　　　　　　　　　　zhí xíng jī gòu

一般的には決議機関の議決または意思決定を自らの判断と責任において執行する機関のことをいう。日本の監査役設置会社において執行機関は取締役会になっている。

執行取締役　　　　　　　　　　　　　　　　　　　　　　　　　　　执行董事
executive director　　　　　　　　　　　　　　　　　　　zhí xíng dǒng shì

委員会設置会社において取締役会で定めた経営の基本方針に基づいて，会社の日常業務を執行する者。取締役会によって選任または解任される。取締役会の主な機能は執行取締役の業務執行を監督することである。

実用新案権　　　　　　　　　　　　　　　　　　　　　　　　　　　实用新设计权
utility model right　　　　　　　　　　　　　　　　　　shí yòng xīn shè jì quán

産業財産権の中の1つで，物品の形状，構造，組み合わせに関する独占排他的な使用権のこと。物品の形状や構造に関連するものに限られるため，特許権より対象範囲が狭い。

自動車リコール制度　　　　　　　　　　　　　　　　　　　　　　　汽车召回制度
automobile recall system　　　　　　　　　　　　　　　qì chē zhào huí zhì dù

設計または製造過程での何らかのミスが原因で，生産された自動車が道路運送車両法の保安基準に適合しなくなる恐れがある状態，または適合していない状態の不具合が発生した場合，メーカーや輸入業者が国土交通大臣にその旨を届け出て，該当する製品を無料で修理する制度。1960 年代にアメリカで最初に実施された。

ジニ係数　　　　　　　　　　　　　　　　　　　　　　　　　　　　基尼系数
Gini coefficient　　　　　　　　　　　　　　　　　　　　　　jī ní xì shù

1936 年イタリアの統計学者コラッド・ジニ (Corrado Gini, 1884-1965) によって提出された，所得などの不平等を分析，比較する際，使われ

る指標の1つ。ジニ係数の最大値は1，最小値は0で，0に近いほど所得の格差が小さく，1に近いほど格差が大きい。ジニ係数が0.2より小さい場合は，社会の平等性が高く，0.4は警戒ラインで，0.6より大きい場合は，きわめて不平等である。世界銀行によれば，2004年の中国のジニ係数は0.469で，世界的にも高い数字を示している。

老舗
old brand

老字号
lǎo zì hào

先祖代々続いて古くからある店や企業，組織などをいう。日本の場合，製造業，和菓子，酒造など伝統産業分野に多い。中国では飲食業が圧倒的に多く，そのほか製造業にも一部ある。

指名委員会
nomination committee

提名委员会
tí míng wěi yuán huì

アメリカの上場会社の中に設置される3つの委員会（指名委員会，報酬委員会，監査委員会）の1つで，取締役会に対して取締役，CEO，会長の候補者を推薦する権限をもつ委員会である。日本の委員会設置会社も3つの委員会の設置を義務づけられている。

指名入札
private tender

指定投标
zhǐ dìng tóu biāo

発注者が仕事の内容によりあらかじめ指名しておいた業者だけに入札を許可すること。国および地方公共団体の入札は原則として指名入札ではなく，一般競争入札としている。

下半期
latter half of the year

下半年
xià bàn nián

会計年度などで1年を2期に分けたうちの後の半年。

支払為替手形

认付汇票
rèn fù huì piào

振出人が名宛人に対して一定の期日に一定の金額を無条件で支払うことを依頼するもので，名宛人が支払を引き受けることによって有効となる手形。

支払確認銀行
confirming bank

保兑银行
bǎo duì yín háng

発行銀行の依頼に基づいて「確認」の業務を行う銀行。通常，通知銀行が支払確認することになっている。

支払通知書
money order

汇款单
huì kuǎn dān

支払先や外注先に対して自社の支払額を通知する帳票のこと。

支払手形   应付票据
notes payable   yīng fù piào jù

仕入れ先との間に行われた，かけ取引によって発生する手形債務をいう。会計上では支払手形勘定で処理する。

四半期   季度
quarter   jì dù

1年を4等分した期間。3カ月ごとに1つの四半期になる。

四半期財務諸表   季度会计报表
quarterly financial statements   jì dù kuài jì bào biǎo

投資家などに企業に関する財務情報を提供するために3カ月ごとに作成される会計報告書（損益計算書，貸借対照表など）をいう。

四半期報告   季报
quarterly report   jì bào

企業が四半期ごとに企業の業績，財政状態及びキャッシュフローなどに関する状況を外部の利害関係者に伝達，報告するための書類をいう。

資本回転率   资本周转率
turnover of capital   zī běn zhōu zhuǎn lǜ

財務諸表分析の1つで，企業が資本をどの程度効率的に活用しているかを示すもの。資本回転率が大きければ大きいほど効率が高いといえる。算式は，資本回転率＝売上高÷総資本（期首・期末の平均値）。

資本金   资本金
capital stock   zī běn jīn

株式会社などを設立する際に，株主の払い込みまたは給付をした財産の額である。資本金は会社が業務を行うことにあたってどれだけの資産があるかを示すものである。

資本充足率   资本充足率
capital adequacy rate   zī běn chōng zú lǜ

銀行などの金融機関において貸出残高，保有有価証券などの総資産に占める資本金，引当金など内部資金の割合である。金融機関のリスク対処能力を示す指標で，国際決済銀行（BIS）の規制では8％を維持することを求めている。

資本集約的産業   资本密集型产业
capital-intensive industry   zī běn mì jí xíng chǎn yè

労働者一人当たりの固定資産と流動資産の額，つまり資本装備率（労働者一人当たりの設備投資額）の高いものを資本集約型産業と呼ぶ。鉄鋼，石油精製，化学，電力，通信機器製造，自動車などの産業が含まれている。

資本剰余金   资本溢价
capital surplus   zī běn yì jià

新株発行など資本取引から生じた剰余金で、株主の資本拠出額のうち資本金に組み入れた金額を除いたものをいう。資本剰余金は資本準備金とその他資本剰余金から構成されている。

資本増強   注资
capital injections   zhù zī

普通株や優先出資証券などを発行することで自己資本を調達し、自己資本比率を引き上げ、財務基盤の強化を図ること。

資本積立金   资本公积金
capital reserve   zī běn gōng jī jīn

税法上で減資差益、再評価積立金、株式の発行価額のうち資本に組み入れなかった金額(払込剰余金)、合併差益のうち非合併法人の資本積立金及び合併減資差益金などの合計額を指す。

社会主義市場経済   社会主义市场经济
socialist market economy   shè huì zhǔ yì shì chǎng jīng jì

1992年に、中国共産党第14回大会で提出されたもので資源配分を市場に委ね、国家がマクロ的コントロールをすることを旨とする経済システムである。社会主義経済の構築に当たって重要な要素として現代企業制度、競争的かつ秩序ある市場、国の有効なマクロコントロールが含まれている。

社会的責任投資   社会责任投资
socially responsible investment : SRI   shè huì zé rèn tóu zī

企業の収益性などの財務的観点だけでなく環境問題や社会的な問題を幅広く取り上げ、論理的な観点から投資をすること。近年、社会的責任投資の対象となる企業の選定と評価などを行う専門的機関も出現している。

社外取締役   独立董事／外部董事
outside director   dú lì dǒng shì/wài bù dǒng shì

取締役のうち、その会社の出身者でなく外部から選任され、その会社の利害に関与しない中立の立場にある取締役。日本における社外取締役の要件は、現在または過去において、その会社または子会社の経営者や取締役、従業員ではないなどの規定がある。

社会保険   社会保险
social insurance   shè huì bǎo xiǎn

国が行う社会保険事業で、病気、死亡、失業などが起きた時、加入者やその家族に対し保険給付を行い、生活を保障する制度である。社会保険はいくつかの保険や年金によって構成されているが、通常、医療

保険と年金保険を指す場合が多い。

社債 公司债

corporate bond　　　　　　　　　　　　　　　　　　　　　gōng sī zhài

長期資本を調達するための方法の1つで,会計上,他人資本に分類される。日本の場合,普通社債,転換社債,新株引受権付社債の3種類がある。社債は公募債,非公募債,担保付社債,無担保社債,記名社債,無記名社債などに分けられる。

社長 总经理

president ; chief executive　　　　　　　　　　　　　　　　zǒng jīng lǐ

会社法上,会社の代表権を持つ代表取締役と称する社内の役職のこと。アメリカではCEOやCOOが社長に当たる役職名である。

借款利息 借款利息

loan interest　　　　　　　　　　　　　　　　　　　　　jiè kuǎn lì xī

貸借した金銭などの使用の対価として元本額と使用期間に比例して一定利率で支払う金額を指す。日本の民法において利息は5%,商法においてビジネス関連の借金に対して6%まで認められている。

斜陽産業 夕阳产业

declining industry　　　　　　　　　　　　　　　　　　　xī yáng chǎn yè

技術革新の進展や需要構造の変化,新製品,新市場の創出,あるいは国際競争力の変化などによって停滞,衰退する産業をいう。供給関係,産業組織,国民経済で占める比重などの面から斜陽産業であるか否かを判断することができる。

上海証券取引所 上海证交所

Shanghai Stock Exchange　　　　　　　　　　　　　shàng hǎi zhèng jiāo suǒ

中国政府が1990年設立した証券取引所で,中国証券監督委員会の管理下に置かれている非営利法人組織である。2006年末まで842社の企業が上場されている。上海証券取引所は設立以来発展が著しく,中国国内で最大規模の取引所となり,2009年の取引高は日本の東証を抜いて,ニューヨーク証券取引所,ナスダックに続く世界第3位となっている。

上海証券取引所総合指数 上证综合指数

Shanghai Composite Index　　　　　　　　　　　　shàng zhèng zōng hé zhǐ shù

1991年7月15日から運用しはじめた,上海証券取引所により開発されたインデックス。取引所に上場されているすべての銘柄の株価変動を1990年12月19日を基準日として,時価総額加重平均して表す株価指数。

収益性
profitability

盈利性
yíng lì xìng

企業の経営活動で投下された資本がどのくらいの収益を上げるのかを示すもので，通常総資本経常利益率で判断する。その算式は，総資本経常利益率＝経常利益÷総資本。

従業員
employee

职工／员工
zhí gōng/yuán gōng

企業などに雇われて，企業などの業務に従事している人。従業員には，正社員や契約社員，嘱託社員，アルバイト，パートタイマーなどの非正規社員が含まれる。

従業員奨励金
staff and worker's bonus

职工奖励
zhí gōng jiǎng lì

企業などの組織が従業員に対し人事考課を行い，その中で優秀な一部の従業員にインセンティブとして給付する一定額の金銭のこと。

従業員奨励・福利基金
staff and worker's bonus and welfare fund

职工奖励福利基金
zhí gōng jiǎng lì fú lì jī jīn

中国で営業活動を行う外資企業において，税引後の純利益から積立てる法定積立金で，従業員の福利厚生や奨励金，従業員の集団福利厚生などに使われる。中外合作企業と中外合資企業の場合，取締役会で積立金額を決め，外国独資企業の場合，自ら決定できるとしている。

従業員提案制度
employee wellness program

职工建议制度
zhí gōng jiàn yì zhì dù

従業員から業務の改善や向上に関する提案をしてもらい，提案の実施により経営の合理化や生産性の向上のために役立てようとする制度。企業側では優秀な提案を選出し，従業員に一定の奨励を与える。この制度は従業員が経営に参加する重要な手段であると同時に，従業員のモラールを向上させることもできる。従業員提案制度の典型的な例としてトヨタ自動車のQCサークルが挙げられる。

従業員持株会
employee stock ownership

职工持股会
zhí gōng chí gǔ huì

日本において従業員が自社の株を購入し，従業員の中長期的な資産形成を支援する組織。中国の場合，有限会社，株式会社内に設立され，従業員の持ち株を管理し，従業員を代表して株主の権利を行使する組織。

従業員持株制度
employees stock ownership plan ; employee ownership system

职工（员工）持股制度
zhí gōng (yuán gōng) chí gǔ zhì dù

会社の従業員に自社株を取得，保有してもらうための制度。従業員持

ち株制度のメリットとしては，従業員の経営参加意識を高め，福利厚生の一環として従業員の資産形成の支援，安定株主の形成，敵対買収の防止などがある。

就業機会　　　　　　　　　　　　　　　　　　　　　　　　就业机会
job opportunity ; employment opportunity　　　　　　　　　jiù yè jī huì

職業につく機会。就業機会を増やすことは失業者の減少につながる。近年来，中国では大学生の就職難が社会問題となっており中央政府と各地方政府は工場団地を設立して企業を誘致したり，大学生の起業を奨励したりして就業機会の創出を図っている。

終身雇用　　　　　　　　　　　　　　　　　　　　　　　　終身雇佣
lifetime employment　　　　　　　　　　　　　　　　　　zhōng shēn gù yòng

社員が1つの会社に入社してから定年まで長期に雇用され続けること。終身雇用は企業内組合，年功序列とともに日本的経営として広く知られている。近年来，経済環境の変化，若者の意識の変化などによって終身雇用に対する批判の声も上がってきた。

囚人のジレンマ　　　　　　　　　　　　　　　　　　　　　囚徒困境
prisoner's dilemma　　　　　　　　　　　　　　　　　　　qiú tú kùn jìng

ゲーム理論の非ゼロ和ゲームの代表的な例であり，個々の最適な選択が全体として最適な選択とは限らない状況を指す。価格競争，環境保護などの現実の社会でも似たような現象がよく現われる。1950年アメリカの学者メリル・フラッド（Flood, Merrill）とメルビン・ドレッシャー（Dresher, Melvin）が最初にジレンマに関する理論を提出し，アルバート・タッカー（Tucker, Albert）が囚人の方式を用いて展開し，この理論を完成させた。

集団／コロニー　　　　　　　　　　　　　　　　　　　　　　群体
group／colony　　　　　　　　　　　　　　　　　　　　　　　qún tǐ

特定の目標を達成するために，二人以上の人間によって組織された，互いに依存し，影響しあう人間の集まり。集団は分類方法によって全体集団と部分集団，統制集団と非統制集団などに分けられる。

集団所有制企業　　　　　　　　　　　　　　　　　　　　集体所有制企業
collectively enterprise　　　　　　　　　　　　　　　　jí tǐ suǒ yǒu zhì qǐ yè

労働者や農民など勤労大衆が生産財を共同所有，経営し営利を目的とする経済組織。全民所有制企業とともに中国公有制経済を構成している。集団所有制企業は都市集団所有制企業と郷村集団所有制企業に分けられる。

集団訴訟　　　　　　　　　　　　　　　　　　　　　　　　集団訴訟
class action lawsuit　　　　　　　　　　　　　　　　　　jí tuán sù sòng

共同訴訟の特殊な形態で，当事者の人数が多くかつ同じ訴訟にかかわる場合，代表当事者が共同原告となって訴訟を遂行し，判決の効力は

全員に及ぶ訴訟のこと。

集団的意思決定　　　　　　　　　　　　　　　　　　　群体決策
group discussion　　　　　　　　　　　　　　　　　　　qún tǐ jué cè

ある問題について集団のメンバーが議論し，共同で意思決定を行うこと。集団で意思決定を行うことには新しいアイデアの創出というメリットがある一方，意思決定にかかる時間が長くなり，意思決定の効率の低下などのデメリットが生じる。

需給アンバランス　　　　　　　　　　　　　　　　　　供需失调
supply-demand imbalance　　　　　　　　　　　　　　　gōng xū shī tiáo

財，サービスなどの需要と供給のバランスが崩れることを指す。需要に比べて供給が多い場合，財，サービスの価格は安くなるし，需要に比べて供給が不足する場合，財，サービスなどの価格は高くなる。

需給関係　　　　　　　　　　　　　　　　　　　　　　供求关系
supply-demand relationship　　　　　　　　　　　　　　gōng qiú guān xì

商品経済の中で商品の供給と需要との関係で，市場での生産と消費の関係を反映するものである。通常，供給が需要を上回ると価格が下落し，供給が需要を下回ると価格が上昇する。

需給バランス　　　　　　　　　　　　　　　　　　　　供需平衡
balance of supply and demand　　　　　　　　　　　　　gōng xū píng héng

財，サービスなどの需要と供給のバランスを指す。

熟練工　　　　　　　　　　　　　　　　　　　　　　　熟练工
skilled worker　　　　　　　　　　　　　　　　　　　　shú liàn gōng

工場などにおいて特定の技能に熟練している職工。日本において団塊世代の退職による熟練工の不足が中小企業の成長を阻害する要因の1つになっている。

珠江デルタ　　　　　　　　　　　　　　　　　珠江三角洲（珠三角）
Pearl River Delta　　　　　　　　　　　zhū jiāng sān jiǎo zhōu (zhū sān jiǎo)

中国広東省の東部沿海部に位置し，広州，深圳，東莞，仏山，江門，中山，珠海，恵州，肇慶，四会などの地域によって構成されている。大珠江デルタは広東，香港，マカオによって構成された地域を指す。珠江デルタは改革開放以来，経済発展が著しく，香港をはじめ，台湾，日本などの多くの企業が進出している。珠江デルタ地域は中国の三大経済圏の1つで，電子，半導体，金型などの産業の集積地域である。輸出向けの産業が多いのが特徴である。2008年から始まった世界的な不況の影響で輸出は大きな打撃を受け，数多くの中小企業が倒産した。

受託銀行 — 托管银行
trust and banking company — tuō guǎn yín háng

特定の顧客から委託された信託財産を保管，管理する会社。信託銀行，投信銀行とも呼ばれる。

受託代理販売商品 — 受托代销商品
consignment-in — shòu tuō dài xiāo shāng pǐn

委託者と受託者が両者の権利と義務を規定する契約を結び，受託者が委託者の商品を代理で販売し，販売手数料を受け取る販売形態の商品を指す。

出荷形態 — 出货形态
chū huò xíng tài

工場で生産された製品または生産された農産物などを市場に出す時の形態を指す。特に農業分野における農産物の出荷形態はさまざまである。

出荷検査 — 出厂检验
factory inspection — chū chǎng jiǎn yàn

工場などで完成された製品を出荷する際，製品の性能，外観，包装などについて行う検査工程，または品質基準に合うかどうかを調べることを指す。通常，サンプルを抽出して検査を行う場合が多い。

出金伝票 — 付款凭证
payment slip — fù kuǎn píng zhèng

会社などの事業者が現金の支払いを行う際，出金取引を記入する伝票である。通常，出金伝票では借方勘定科名だけを記入する。

出資額 — 出资额
investment amount — chū zī é

法人や組合などが事業を営むために必要な資金として，金銭などの財産を提供すること。合名会社と合資会社の場合，金銭以外に，労務出資，信用出資も認められている。また，株式会社では金銭以外の出資，即ち現物出資もできる。

出資者 — 出资人
provider ; promoter — chū zī rén

法人などの設立，またはその運営に当たって，出資を行う主体を指す。出資主体は個人，機関投資家，投資ファンド，企業，国，地方自治体などさまざまである。

出資比率 — 出资比例
investment ratio — chū zī bǐ lì

各出資主体の出資額が，出資総額の中で占める割合を指す。株式会社

などでは出資比率によって得られる株式または持分で会社に対する影響力が異なってくる。

自由放任
laissez-faire

自由放任
zì yóu fàng rèn

古典は自由主義経済学での経済的自由を重視し，市場での自由競争をさせることで，政府の介入や干渉を受けないことを指す。1929-1933年の大恐慌時代からは自由放任政策が終焉し，資本主義各国でも政府介入の政策が展開されるようになった。

自由放任的リーダーシップ
free-rein leader

放任式領导
fàng rèn shì lǐng dǎo

経営管理者が比較的緩い管理を行い，大部分の権限を下に委譲し，部下に任務を完成するに必要な情報，資源などを提供し，部下が独立的に行動し，任務を完成するような管理方式を指す。

需要
demand

需求
xū qiú

一定の期間内で，個人や企業などの経済主体が市場において一定の価格で財・サービスを購入しようとする欲求。

純資産額
net asset

净资产额
jìng zī chǎn é

会計上，勘定科目の1つで，総資産額から総負債額を差し引いた額を指す。自己資本と同義である。純資産額は配当可能計算の基準となる。

純資産収益率
net output profit rate

净资产收益率
jìng zī chǎn shōu yì lǜ

株主資本利益率または自己資本利益率とも呼ばれ，企業の当期純利益を自己資本（株主資本）で割って求められる。アメリカ発の企業統治に関する議論の影響を受け，株主支配論が台頭し，株主資本利益率（自己資本利益率）が企業の経営目標として重要視されてきた。算式は，純資産収益率＝当期純利益÷[（期首自己資本＋期末自己資本）÷2]＝一株当たり利益÷一株当たり純資産。

純支出
net expenditure

净支出
jìng zhī chū

通常，支出が収入より多い場合，その差額を純支出というが，国民経済で各分野での算式は一様ではない。例えば，企業において資本純支出は資本支出額から減価償却費及び長期にわたって支払う費用などを差し引いた額を指す。

準新株
quasi new stock

次新股
cì xīn gǔ

上場して1年未満で，まだ配当を行っていない，または当該企業の株

価が意図的につりあげられていない企業の株を指す。

純利益
net profit

净利／纯利

jìng lì/chún lì

会計上，一定期間の経常利益と特別利益の合計額からその期の特別損失を控除した金額。算式は，純利益＝経常利益（売上高－売上原価－販売費及び一般管理費＋営業外収益－営業費用）＋特別利益－特別損失。

償還責任

偿还责任

cháng huán zé rèn

通常，債務の弁済行為を履行する責任を指すが，金融証券業では証券や投資信託の元本部分をあらかじめ定められた期日に投資家に返す責任を指す。

償却費
depreciation expense

摊提成本

tān tí chéng běn

土地以外の固定資産の取得原価から耐用年数にわたり費用として各年度に割り当てる額を指す。この部分の費用は企業外部に流出しないことから資金流入の一項目とする見解もある。

状況適合論（コンティンジェンシー理論）
contingency theory

权变理论

quán biàn lǐ lùn

1962年に心理学者であるフィードラー（Fiedler, F.E.）によって提唱されたリーダーシップ理論で，唯一絶対の組織はないとして技術や環境業種など環境条件の違いにより有効な組織が異なり，組織と環境との適合関係が企業の業績を高めると主張する理論。環境適合理論とも呼ばれる。この理論の特徴としては経営者の学習能力の重要性に注目し，組織が環境に対する反応の多様性の重視などがある。

証券会社
securities company ; firm

证券公司

zhèng quàn gōng sī

証券取引媒介活動を行う株式会社。日本では証券会社の設立には資本金5,000万円以上でなければならないとしている。中国の場合，総合証券会社の設立にあたって資本金は5億元以上，ブローカー業務のみ行う証券会社の場合，資本金は5,000万元以上でなければならないと定められている。

証券取引所
securities exchange

证券交易所

zhèng quàn jiāo yì suǒ

株券，債券などの売買を行うために開設された場所。証券取引所は有価証券の供給と需要を付き合わせ，公正な市場価格の実現という機能をもっている。取引所の主要業務は市場の開設と管理である。日本の証券取引所は東京証券取引所，名古屋証券取引所，大阪証券取引所などがあり，中国の場合，上海証券取引所と深圳証券取引所がある。

商社
business company

商社
shāng shè

商品の輸出入貿易，国内取引などの業務を行う業態の会社を指す。商社は大規模で取扱商品の種類が多い総合商社と，鉄鋼，繊維，食品などの特定分野に特化した専門商社とに分けられる。近年来，商社は情報，金融，流通上の優位を利用し，積極的に海外の資源開発に取り組む一方，外食産業，スーパーマーケットなどの産業にも進出している。

上場会社
listed company

上市公司
shàng shì gōng sī

公開会社とも呼ばれ，証券取引所で該当企業の株券，社債などの有価証券を売買できる会社を指す。株主の利益を保護する観点から上場会社は定期的に投資家などに会社の財務状況を公表し，企業内外の監督，監査を受けなければならない。

上場予定企業

拟上市公司
nǐ shàng shì gōng sī

株式の公開（IPO）を予定する未上場企業を指す。企業の株式を公開することによって資金を機動的に調達することができ，企業の知名度や信用度を高める利点が多いことから，事業規模を拡大するために上場を希望する企業が多い。

昇進機会
chances of promotion

升迁机会
shēng qiān jī huì

会社や政府機関などの組織で職務上の地位，官位，位階などが上がる機会。昇進機会を与えることで組織内の人間の働く意欲を引き出すことができる。通常，昇進は人事考課結果などをふまえて決めることが多い。

焦点化戦略
focus strategy

目标集聚战略
mù biāo jí jù zhàn lüè

1980年にポーター（Porter, M.E.）が提唱した3つの戦略（コスト・リーダーシップ，差別化，焦点化）の中の1つで，市場細分のうち，特定のセグメントをターゲットし，限られた経営資源を集中投下する戦略を指す。焦点化戦略はコスト焦点と差別化焦点とに分けられる。ニッチ戦略または集中化戦略とも呼ばれる。

商標権
right of trademark

商标权
shāng biāo quán

商標を使用する者の業務上の信用を維持し，需要者の利益を保護するために商品・サービス（役務）などの商品について登録した独占，排他的に使用できる権利。商標権は知的財産権の1つで，条約や法律によって保護されている。

商品回転率
stock turnover

商品周转率

shāng pǐn zhōu zhuǎn lǜ

商品の仕入れから販売までの時間と効率を示す指標。商品回転の効率を測る主な指標は回転数と一回転するにあたって必要とされる日数がある。算式は，回転数＝売上高÷平均在庫金額 ｛(期首在庫金額＋期末在庫金額)／2｝。

情報公開
access to information ; disclosure of information

信息披露／信息公开

xìn xī pī lù/xìn xī gōng kāi

行政機関などが保有する行政文書などの情報を広く一般に公開すること。国民から開示要請があった時，不開示情報が記録されている場合を除き，開示しなければならない。

情報産業
information industry

信息产业

xìn xī chǎn yè

情報の創出，処理，伝達に関連する産業でコンピューター産業，情報処理サービス産業，情報通信サービス産業などの産業が含まれている。コンピューターの技術の進化によって情報産業の発展は著しく，国民経済の中で重要な役割を果たしている。

情報の非対称性
asymmetry of information

信息不对称

xìn xī bú duì chèn

アメリカの経済学者ケアス・アロー（Arrow, K.J.）によって最初に提出された理論で，市場における各取引主体が保有する情報に差がある時，その不均等な情報構造のことを指す。取引を行う過程で情報を多くもつ主体が情報を少なく保有する主体より優位に立つことができる。

常務取締役
managing director

常务董事

cháng wù dǒng shì

会社の取締役のうち，会社の日常的業務を担当し，社長を補佐する役員。通常，常務は専務に次ぐ役職とされている。

常務会
operating committee

常务会

cháng wù huì

役付きの常勤取締役で構成され，取締役会の非機動性を補完するなどの理由に設置された会議体で，日常的経営活動から経営上の重要事項に至るまで意思決定を行う機関。常務会は法定の制度ではないので常務会で決定された事項は取締役会の承認が必要となっている。

剰余金
surplus

盈余

yíng yú

企業会計上，財産の純資産額が法定資本の額を超える部分をを指す。剰余金は資本剰余金と利益剰余金で構成されている。

剰余金計算書 — 盈余表
surplus statement — yíng yú biǎo

剰余金の増減を反映する書類。剰余金の種類によって利益剰余金と資本剰余金とに分けて作成する。

剰余金対純資産率 — 盈余対资本净值比率
yíng yú duì zī běn jìng zhí bǐ lǜ

投下した純資産(自己資本)に対し、その見返りとしてどれだけの剰余金を生み出したかを示す比率。剰余金は分配可能額算定の基礎となるため、分配可能額の大筋の目安となる。算式は、余剰金対純資産率＝余剰金÷純資産(自己資本)。

少量生産 — 少量生产
few quantity production — shǎo liàng shēng chǎn

大量生産あるいは少品種大量生産に対する生産形態である。産業革命以来、大量生産あるいは少品種大量生産は規模の経済を追求しながら発展してきた。しかし、石油危機を境に、企業は規模の経済の追求から合理化などによってコストを削減し、需要の多様化に対応している。また、生産システムの品種対応能力を向上させるためのモデルの多様化、モデルチェンジを図った。

奨励金 — 奖金
bonus — jiǎng jīn

特定の事業を保護、促進するために国や団体が交付する金銭。

初期資金 — 原始资金
initial capital — yuán shǐ zī jīn

会社などを設立する際、投入される資金を指す。株式市場では、投資家が初めて株式などの有価証券を購入する際の資金を初期資金と呼ぶ。

職能別戦略（機能別戦略） — 职能战略
functional strategy — zhí néng zhàn lüè

企業の特定の目標を実現するために全社戦略のもとで作成された生産、マーケティング、研究開発、人事、財務に関する基本方針。

職能別組織 — 直线职能制组织
functional organization — zhí xiàn zhí néng zhì zǔ zhī

製造、販売、研究開発などの部門が職能別に部門化された組織形態。職能別組織は職能的専門化のメリットがある一方、トップマネジメントの負担が大きいことや多角化に対する対応が難しいことなどのデメリットもある。

職場
unit

工作岗位
gōng zuò gǎng wèi

会社，工場，事業所などにおける作業をする仕事場。

職場いじめ
workplace bullying

职场暴力
zhí chǎng bào lì

会社などの職場において，同僚や上司によるいじめ。セクシャルハラスメント，パワーハラスメント，嫌がらせなどの種類がある。職場いじめは日本だけの問題ではなく，欧米諸国でも社会問題となっている。各国政府および各企業は対策を立てるなど解決に取り組んでいる。

職務がらみの犯罪
occupational crime

职务犯罪
zhí wù fàn zuì

公務員，企業の職員及び組織，団体の職員などが職務上の権力を利用し行った違法行為を指す。中国では職員，特に公務員による収賄，権力乱用，汚職など犯罪行為が急増し，中国政府が「反腐敗」運動を展開するにいたった。

「職務遂行志向型（課業志向型）リーダーシップ」と「対人関係志向型（従業員志向型）リーダーシップ」理論

"工作中心领导"与"员工中心领导"理论
"gōng zuò zhōng xīn lǐng dǎo" yǔ "yuán gōng zhōng xīn lǐng dǎo" lǐ lùn

アメリカの経営学者リッカート（Likert, R.）らによって提唱された理論である。

職務発明
employee invention

职务发明
zhí wù fā míng

従業員が業務を遂行する際にできた発明，または従業員が国，公共団体，法人などの設備，原材料，資産を利用して行われた発明をいう。職務発明に対し，発明を使用者等が採用する場合，発明した従業者に一定の対価を支払う必要がある。

職名
occupation

职称
zhí chēng

職業または職務につけられた名称。中国では技術者，公務員，大学の教員などについてそれぞれ職名があり，職名は一定の身分の象徴でもある。

職歴
work experience

工作履历
gōng zuò lǚ lì

現在までに経てきた職業の経歴。就職や転職をする際，重要な選考材料になっている。

ショック療法 / shock therapy
休克疗法 / xiū kè liáo fǎ

本来，医学専門用語として使われていたが，1980年代中期アメリカの経済学者ジェフレー・サクス（Sachs, Jeffrey）によって最初は経済分野に応用された。1985年サクスは，経済顧問として指名されたボリビアの経済を危機から脱出するために一連の政策を打ち出した。財政，金融の面で緊縮政策を実施し，政府の支出の抑制，貿易の自由化，一部の国有企業の民営化などを実施し，経済危機を克服することに成功したことで，世界の注目を集めるようになった。ショック療法は短時間で需給関係を調整し，深刻なインフレ問題を解決する政策であるが，国が置かれる状況によって必ず成功するとは限らない。旧ソ連が崩壊し，誕生したロシアでの失敗がその一例である。

所有権 / ownership
所有权 / suǒ yǒu quán

物を完全かつ絶対的に支配する物権で，自由な使用，収益，処分をする権利である。

所有と経営の分離 / separation of ownership and control
所有与管理分离 / suǒ yǒu yǔ guǎn lǐ fēn lí

株式会社の規模の増大とともに株式の分散が進み，大株主の持ち株比率が低下すると同時に，企業経営は複雑になり，科学的・専門的な知識と能力をもつ専門経営者を必要とするようになってきた。こうして現代企業の経営は，大株主である所有経営者よりも職業的専門経営者によって担われるようになった。このように株主が直接経営を担当せず，専門経営者の任免や企業の重要事項に関して意思決定をする現象を所有と経営の分離と呼ぶ。

事例分析 / case study
案例分析 / àn lì fēn xī

特定の個人や集団，企業などを１つのサンプルとして取り上げ，そのサンプルについて詳細な資料の収集，調査，研究を通じて問題の所在，原因などを究明し，一般的な理論，法則を見出そうとするものである。

人員削減 / reduce the staff
裁员 / cái yuán

業績不振の会社などが事業の維持継続を図るため，従業員の数を減らすこと。日本ではバブル崩壊後の長期不況で企業の人員削減は一般化するようになった。中国では当初国有企業の改革にあたって大量の人員削減を行って失業者が急増し，社会的に不安要素の１つにもなった。

新株引受権付社債 / bond with warrant
赋有认购权证公司债 / fù yǒu rèn gòu quán zhèng gōng sī zhài

ワラント債とも呼ばれ，新株引受権を付した社債。一定の条件で株式

を購入する権利を付与された社債。新株引受権付社債は新株引受権（ワラント）と債券が分離している分離型と一体となっている非分離型などの種類がある。2002年商法改正で，従来の転換社債，ワラント債は新株引受付社債の名称に統一された。

新株予約権　　　　　　　　　　　　　　　　　　　　　　　股票认购权发行
rights issue　　　　　　　　　　　　　　　　　　　gǔ piào rèn gòu quán fā háng

一定の期間内であらかじめ定められた価格で発行会社の新株を取得する権利。2001年商法改正によって新株予約権を単独発行できるようになった。公開会社が新株予約権を発行するには，特別に有利な条件または特別に有利な金額で発行する場合を除き，取締役会の決議よって発行することができる。

シンクタンク　　　　　　　　　　　　　　　　　　　　　　　　智囊库
think tank　　　　　　　　　　　　　　　　　　　　　　　　　zhì náng kù

政府の政策決定や企業の経営戦略の助言など社会諸分野に関する政策提案，提言を行う研究機関。シンクタンクはさまざまな分野の専門家によって構成され，政策科学や社会工学と呼ばれる手法などを使って政策分析や委託研究を行っている。1948年アメリカのランドコーポレーション（Land Corporation）が最初のシンクタンクとされている。日本では総合研究開発機構（NIRA），野村総合研究所が代表的なシンクタンクで，中国では政府系の社会科学院（50の研究所と260の研究室，4,000人の職員をかかえている国務院傘下の研究機関）が代表的なシンクタンクである。

人件費　　　　　　　　　　　　　　　　　　　　　　　　　　　　工费
personnel expenses　　　　　　　　　　　　　　　　　　　　　　gōng fèi

人の労働の対価として支払われる費用。賃金，給与，手当，福利厚生費，退職給付費用などが含まれる。人件費比率（人件費と売上高との比）は人的資源の効率を測る指標の1つとされている。人件費は直接人件費と間接人件費に分けられる。

人事異動　　　　　　　　　　　　　　　　　　　　　　　　人事调动
personnel change ; personnel shift　　　　　　　　　　　　rén shì diào dòng

会社などの組織の中で職員の能力の開発，後継者の育成，労働意欲の向上の目的で職員の職務，地位，勤務地，勤務状態などを変えることを指す。人事異動の種類には転勤，配置転換，在籍出向，昇進，昇格，降格などがある。

人事管理　　　　　　　　　　　　　　　　　　　　　　　　人力资源管理
personnel management ; administration　　　　　　　　　rén lì zī yuán guǎn lǐ

企業などの組織が経営効率を測る一環として人的資源を効率的に利用するために実施する一連の計画的，体系的な管理システム。人事管理の具体的な内容として採用，人材配置，賃金，教育訓練，福利厚生などがある。

シンジケートローン
syndicate loan

银团贷款
yín tuán dài kuǎn

複数の金融機関が共同して協調融資団（シンジケート団）を構成し各金融機関が同一の契約書に基づき，貸出などの信用供与などを行う融資形態である。シンジケートローンは貸す側にとってリスクの分散，借りる側にとって巨額の資金を効率的に調達できるといったメリットがある。

人事考課
service rating ; merit rating

人事考核
rén shì kǎo hé

従業員の業績，能力，有用性などを体系的に評価する制度。人事考課の目的は会社に対する従業員の貢献度を評価し，貢献度に応じて処遇することと従業員の長所・短所を把握し，従業員の自己啓発に利用することである。人事考課の方法には序列法，人物比較法，照会法などがある。

人事考課委員会
personnel committee

考核委员会
kǎo hé wěi yuán huì

企業などの組織体内で設置された組織で，従業員の業績や能力，態度などを秩序的かつ体系的に評価することで，従業員の昇進，昇給，教育訓練，配置転換，解雇など企業の人事管理に寄与する組織である。

人事採用
recruitment

招聘录用
zhāo pìn lù yòng

企業，政府機関などの組織が一連の選抜過程を通じて，応募者のなかから最も職務に適合すると思われる人物を雇用すること。

人事ファイル
personnel file

人事档案
rén shì dǎng àn

中国特有の人事管理制度で，個人の姓名，生年月日，出身地，学歴，身分証明書ナンバーなど人生の軌跡を記録した書類である。人事ファイルは個人の就職や社会保障，福利厚生などと密接な関連がある重要な書類である。

新設合併
consolidation-type merger

新设合并
xīn shè hé bìng

会社の合併の1つの形態で，会社の合併にあたり，解散して新たな会社を設立する方式をいう。合併により消滅する会社の権利，義務は新しく設立された会社が受け継ぐ。

人的資源
human resources

人力资源
rén lì zī yuán

人間を重要な経営資源としてとらえる考え方で，1960年代から人間がもつ労働力，技術力，創造性，情報などが企業のコア・コンピタン

スを形成し競争力を高めるに欠かせない資源として認識された。各企業が人的資源管理を戦略経営の重要な一環として積極的に行っている。

信用組合（信用金庫）　　　　　　　　　　　　　　　　　　　信用社
credit co-operatives　　　　　　　　　　　　　　　　　　　xìn yòng shè

信用協同組合の略称で，中小企業等協同組合で定められた資格のある主体を組織して同法で定められた業務を行う非営利法人の金融機関である。信用組合は地域信用組合，業域信用組合，職域信用組合三種類に分けられる。

信用公示の制度　　　　　　　　　　　　　　　　　　　　　信用公示制度
public notification system of credit　　　　　　　　　xìn yòng gōng shì zhì dù

信用公開，あるいは信用報告の制度とも呼ばれ，特定の機関が法律で定められた規定に従って特定主体の信用記録を公開する制度を指す。

信用担保　　　　　　　　　　　　　　　　　　　　　　　　　信用担保
margin collateral　　　　　　　　　　　　　　　　　　　xìn yòng dān bǎo

信託，信用保証機関などの機関が委託者の金融機関からの借入を容易にするために，債務の返済を保証すること。信用保証機関は一定額まで（委託者が信用機関に交付した保証金の金額以内）の連帯責任を負う。

衰退段階　　　　　　　　　　　　　　　　　　　　　　　　　衰退阶段
decline stage　　　　　　　　　　　　　　　　　　　　shuāi tuì jiē duàn

活力が衰えている段階を指すが，政治，経済分野にもよく使われる。例えば，商品に関しては製品ライフサイクル（開発段階，導入段階，成長段階，成熟段階，衰退段階）の一段階を指す。または一国の経済が景気後退期のことを指す。

垂直的国際分業　　　　　　　　　　　　　　　　　　　　　垂直型国际分工
vertical international specialization　　　　　　chuí zhí xíng guó jì fēn gōng

先進国が資本集約的な工業製品を生産し，発展途上国の原材料品と交換するという分業形態を指す。19世紀に世界経済は先進国が工業製品を後進国に輸出し，後進国から一次産品を輸入するという垂直的分業の形で発展した。垂直的国際分業は先進国に有利で，先進国と発展途上国との経済融合は比較的に低い段階にある。

垂直分業　　　　　　　　　　　　　　　　　　　　　　　　　垂直型分工
vertical division of labor　　　　　　　　　　　　　　chuí zhí xíng fēn gōng

貿易による国際分業関係で経済発展段階の違う国の間の分業を指す。一般的に，先進国と後進国の間の分業で，製品の生産において関連する工程にある製品を生産する。

垂直貿易　　　　　　　　　　　　　　　　　　　　　　　　　垂直贸易
vertical trade　　　　　　　　　　　　　　　　　　　　chuí zhí mào yì

工業製品と食料品，原材料，鉱物性燃料など一次産品との貿易を指す。

先進国が工業製品を輸出し，発展途上国が一次産品を輸出する貿易形態は，先進国と発展途上国との格差を広げるという問題を生み出す。その代表的なものが南北問題である。

水平的国際分業 　　　　　　　　　　　　　　水平型国际分工
horizontal international specialization 　　shuǐ píng xíng guó jì fēn gōng

先進国間の比較生産費の点で優位にある工業製品の貿易のことを指す。第二次世界大戦後先進国の間の水平的国際分業が急速に発展し，世界貿易の中で占める割合は増大した。

水平分業 　　　　　　　　　　　　　　　　　水平型分工
horizontal division of labor 　　　　　shuǐ píng xíng fēn gōng

経済発展段階が同水準にある諸国間の分業形態。同種類の製品を生産することで，発展途上国間の貿易または先進国間の貿易を指す場合が多い。

スカウト 　　　　　　　　　　　　　　　　　　　猎头
scout 　　　　　　　　　　　　　　　　　　　　liè tóu

芸能界などで有望な人材を探し出したり，引き抜いたりすること。またはそれを職業とする人。最近，企業の人材採用にも使われている。

スタッフ 　　　　　　　　　　　　　　　　　　　职员
staff 　　　　　　　　　　　　　　　　　　　　zhí yuán

それぞれの部署を担当している職員を指すが，経営学では業務遂行部門に対し，助成的・促進的補佐機能を担当する者である。業務執行部門に対する命令権限をもたない。

ステークホルダー 　　　　　　　　　　　　　利益相关者
stakeholder 　　　　　　　　　　　　　lì yì xiāng guān zhě

利害関係者とも呼ばれ，企業の株主，債権者，従業員，顧客，取引企業，地域社会，政府などが含まれる。近年来，企業は株主の利益の最大化だけではなく利益関係者との関係の調和も重視するようになり，企業の社会責任論が注目されるようになった。

ストックオプション 　　　　　　　　　　　　　股票期权
stock option 　　　　　　　　　　　　　gǔ piào qī quán

株式会社で従業員や役員に対し将来のある時期に会社の株をあらかじめ定められた価格で購入する権利を与える制度。ストックオプションは従業員や役員などの業績向上へのインセンティブとして運用されてきた。特に経営者に対してのストックオプションは，株主と経営者の利益を一致させ，エージェントコストを削減することができると認識されてきた。しかし，ストックオプションの効果に疑問を抱く学者もいる。

ストライキ
strike

罢工
bà gōng

争議行為の1つで労働条件の改善，経済的地位の維持・改善，その他の目的を実現するために労働者が集団で業務を停止し，使用者と交渉することである。ストライキ権，団結権，団体交渉権は労働者の基本権利として法律で保障されている。ストライキの種類はゼネラル・ストライキ，部分ストライキ，拠点ストライキ，抗議ストライキ，同情ストライキ，支持ストライキ，無期限ストライキ，時限ストライキなどがある。

スーパーマーケット
supermarket

超市
chāo shì

主に食料品や日用品などを大量，廉価で販売するセルフサービス方式の小売業態。スーパーマーケットは価格が安く，品揃えが豊富であるなど利点があるため，第二次世界大戦後急速な発展を見せた。1930年代に，アメリカのカレン (Cullen, M.) によって「キング・カレン (King Cullen)」という世界初のスーパーマーケットが開設されたといわれている。

スピンオフ
spin-off

分拆
fēn chāi

企業が既存の子会社や事業部の一部門を分離，独立させ，別の会社をつくること。未使用の経営資源を有効活用するために，多くの大企業がスピンオフベンチャービジネスを積極的に展開している。

スペアパーツ
spare parts

备件
bèi jiàn

機械設備などの故障に備えて予備にとってある部品のこと。

税込売上高
gross sales

含税销售额
hán shuì xiāo shòu é

中国では企業などが納めるべき付加価値税などの税金額を算出する際に用いるもので，通常日本の売上高と同義である。

政策金利
official discount rate

政策利率
zhèng cè lì lǜ

中央銀行が金融政策を実施する過程で，市中銀行に融資する際の金利。景気が悪い時は金利を下げ，企業の設備投資や個人の消費を刺激し，経済が過熱する際には金利を引き上げ，企業の設備投資や個人の消費を抑制する。

清算
liquidation

清算
qīng suàn

会社などの法人が解散や破産などによって活動を中止し，債権の取り

生産高
yield

产量

chǎn liàng

経済主体によって生産された財・サービスの量またはその金額を指す。

生産ライン
product line

生产线

shēng chǎn xiàn

製品が製造される過程で経過された路線で，原材料，加工，組立て，検査などの一連の生産活動によって構成された路線のこと。生産ラインは製品生産ライン，部品生産ライン，自動化生産ラインなどに分類することができる。

生産力
productive force

生产力

shēng chǎn lì

マルクス経済学の用語の1つで，社会生産力とも呼ばれ，生産過程で労働主体が労働手段，および労働対象と結合して，財貨を生産する力を指す。生産力は史的唯物主義の核となるもので，生産関係を規定し，さらに社会関係を決定する。

正常貸出
normal loan

正常贷款

zhèng cháng dài kuǎn

銀行などの金融機関から借入れをする際，金融機関が契約を履行できる者に対して行った貸出のこと。

成熟段階
mature stage

成熟阶段

chéng shú jiē duàn

ある製品の市場が一定規模になり，製品の機能改良やモデルチェンジが小さなものとなって，市場シェアの獲得をめぐる競争が激しい段階を指す。

成熟―未成熟理論
immaturity-maturity theory

成熟―不成熟连续流

chéng shú-bù chéng shú lián xù liú

アメリカの学者アージリス（Argyris, Chris）によって提出されたもので，人間は未成熟状態から成熟状態をめざして行動することを主張した理論である。

・成熟―未成熟特徴

未成熟（不成熟）	成熟（成熟）
受動的行動（被动性）	能動的行動（能动性）
依存状態（依赖性）	自立状態（独立性）
少数の行動ルート（办事方法多）	多様な行動ルート（办事方法多）

移り気で狭い関心（兴趣淡漠）	強く深い関心（兴趣浓厚）
短期的視野（目光短浅）	長期的視野（目光长远）
従属的地位（从属职位）	優越的地位（显要职务）
自覚の欠如（缺乏自知之明）	自覚と自己統制（有自知之明）

製造技術　　　　　　　　　　　　　　　　　　生产技术／制造技术
production technology　　　　　　　　shēng chǎn jì shù/zhì zào jì shù

製品の品質，生産効率などを高めるための知識体系や技法のこと。製造技術は産業革命の大量生産開始以来，飛躍的に発展して世界経済の構造を変えた。

製造原価　　　　　　　　　　　　　　　　　　生产成本／制造成本
manufacturing costs　　　　　　　　shēng chǎn chéng běn/zhì zào chéng běn

製品の製造に要した費用である。製造原価は材料費，労務費，経費から構成されている。計算式は，当期の製造原価＝期首仕掛品棚卸高＋当期製造費用－期末仕掛品棚卸高。

製造プロセス　　　　　　　　　　　　　　　　　　　　生产工艺
production process　　　　　　　　　　　　　　shēng chǎn gōng yì

企業が工業製品を生産するにあたって，製品が最終的に完成するまでの各作業段階のことを指す。

成長　　　　　　　　　　　　　　　　　　　　　　　　増长
growth　　　　　　　　　　　　　　　　　　　　　　zēng zhǎng

人や生物，または企業組織が大きくなること。または，物事が発達し規模が大きくなることをいう。

成長株　　　　　　　　　　　　　　　　　　　　　　成长股
growth stock　　　　　　　　　　　　　　　　　chéng zhǎng gǔ

株価の上昇が一時的な相場変動によるものではなく，将来長期にわたって持続的に成長することが期待される会社の株を指す。

成長産業　　　　　　　　　　　　　　　　　　　　朝阳产业
growing industry　　　　　　　　　　　　　zhāo yáng chǎn yè

新しい産業あるいは比較的新しい産業で，速い速度で成長を続けている産業または将来成長すると期待される産業。

成長段階　　　　　　　　　　　　　　　　　　　　成长阶段
growth stage　　　　　　　　　　　　　　　chéng zhǎng jiē duàn

産業や企業などの組織の規模が大きくなる段階を指す。

税引前利益
pretax profit

税前盈利
shuì qián yíng lì

企業会計上，一定期間で発生したすべての利益から一定期間内に発生した費用を差し引いた企業の期間内の可処分利益である。損益計算書において，経常利益に特別利益を加え，特別損失を差し引いて算出する。

税引後利益
net inocme

税后利润
shuì hòu lì rùn

当期純利益とも呼ばれ，一定期間における企業の最終利益を示す数字。税引後利益から企業の収益力指標である株価収益率（PER）を算出することができる。算式は，税引後利益＝税引前利益－法人税－住民税－事業税等の税金。

製品
product

制成品 / 产品 / 成品
zhì chéng pǐn/chǎn pǐn/chéng pǐn

工場などが販売する目的で原材料や労働力，機械設備などの経営資源を投入し，作った品物。複数の生産工程にわたって製造を行う場合，最終工程が終わることで製品となる。

製品売上原価
cost of goods sold

产品销售成本
chǎn pǐn xiāo shòu chéng běn

売却された商品や製品に対し，商品や製品の仕入原価または製造原価を指す。売上原価の算式は商業の場合，売上原価＝期首商品在庫＋当期純仕入高－期末商品在庫，製造業の場合は，売上原価＝期首製品在庫＋当期製品製造原価－期末製品在庫である。

製品売上高
product sales

产品销售收入
chǎn pǐn xiāo shòu shōu rù

企業などが製品の製造，販売などの経営活動によって得た収益を指す。売上高は企業の収益分析をする上で，重要な部分となっている。

製品原価差異
differences in product cost

产品成本差异
chǎn pǐn chéng běn chā yì

製品製造過程において，材料相場，作業能率，操業度などによる実際原価との差異を指す。原価差異は材料受入価格差異，直接労務費差異，製造間接費差異などに分けられる。会計上，材料受入価格差異は材料払出高と期末在庫に材料種類別に記入し，材料受入価格差異以外の原価差異については基本的に当年度の売上原価に記入する。

製品サイクル
product life

产品寿命
chǎn pǐn shòu mìng

機械設備，電気機械など製品の使用できる期間。

製品差別化 product differentiation
产品差异化 chǎn pǐn chā yì huà

非価格競争の1つで,マーケティング・ミックスの4P (製品,価格,流通,プロモーション) の中の製品に関する戦略である。企業が製品の品質や性能,サービスなどに差別を図ることで競争上の優位を獲得するマーケティング戦略。

製品製造原価 factory cost
产品生产成本 chǎn pǐn shēng chǎn chéng běn

工場などで製品の製造にかかった費用。製品へのかかわりの程度から直接費と間接費に分けられ,費用の使途からは材料費,労務費,経費に分けられる。

製品販売粗利益 gross profit on sales
产品销售毛利 chǎn pǐn xiāo shòu máo lì

売上高から売上原価を差し引いた額を指す。売上総利益率,売買差益とも呼ばれる。企業において製品販売粗利益は,基本的な利益源泉で企業の収益分にとって重要な数値である。算式は,製品販売粗利益＝売上高－売上原価。

製品販売利益 profit on product sales
产品销售利润 chǎn pǐn xiāo shòu lì rùn

一定期間の売上高から製品原価,各費用,税金を差し引いた差額をいう。製品販売利益は本業の収益力を測るのに重要な指標である。

製品ライフサイクル product life cycle
产品生命周期 chǎn pǐn shēng mìng zhōu qī

製品が市場に登場してから姿を消すまでの期間を指すマーケティング用語。製品ライフサイクルは,導入期,成長期,成熟期,衰退期の4つの段階からなっている。企業は製品ライフサイクルの各段階の特徴に合わせ,販売方法やマーケティング戦略を展開することで収益最大化を図っている。

製品ライフサイクル原価法 product life cycled costing
产品生命周期成本法 chǎn pǐn shēng mìng zhōu qī chéng běn fǎ

製品の企画,設計,製造,販売,アフターサービスの各段階の費用を計算する方法である。ライフサイクル原価法は,製品のライフサイクルの4段階にわたった総費用ともいえる。消費者の消費志向が変わる中,製品のライフサイクルが短縮され,製品製造にかかる費用が総費用に占める割合が低下し,製品製造以外の費用の比重が増大している。企業は製品ライフサイクル各段階の原価実態を把握することによって,原価削減を合理的に行うことができる。

政府円借款
yen loan

　　日元政府贷款
　　rì yuán zhèng fǔ dài kuǎn

政府開発援助（ODA）の一環として日本政府による発展途上国への資金を貸し付ける際，日本円で長期，低利の融資を行うこと。1985年に始まった円借款は，主にアジア諸国に対し行われてきた。

政府開発援助
official development assistance：ODA

　　政府开发援助
　　zhèng fǔ kāi fā yuán zhù

先進国の政府が，発展途上国の経済開発を目的として行う援助や出資のこと。援助の基本モデルとしては戦略型援助，発展型援助，人道型援助などに分けられる。また，援助の形式には有償資金協力，無償資金協力，技術協力などがある。日本政府の対中国の開発援助は1979年から始まり，中国の経済発展に貢献してきた。2008年に日本政府は，対中国政府開発援助（有償資金協力と無償資金協力開発援助を除く）を中止することを決めた。

政府債先物取引
national bond futures transaction

　　国债期货交易
　　guó zhài qī huò jiāo yì

国債を取引対象とし，将来の特定の日にあらかじめ定められた価格で売買することを契約する取引である。国債先物は国債の種類によって中期国債先物取引（償還期限5年），長期国債先物取引（償還期限10年），超長期先物取引（償還期限20年）などがある。

西部大開発
western development

　　西部大开发
　　xī bù dà kāi fā

中国は1978年から改革開放政策を実施し，沿海地域を中心に経済特区，経済開放区を設立し，積極的に外国の資本，技術などを誘致し，高度成長を実現した。一方，西部地域は経済発展から取り残され，東部沿海地域と西部との経済格差が大きくなってきた。中国は東西経済の格差を解消するために，2000年から西部大開発の国家プロジェクトを発足し，国家発展計画委員会が具体的に実施した。西部大開発の対象地域としては四川省，貴州省，雲南省，陝西省，甘粛省，青海省，新疆ウイグル自治区，チベット自治区，寧夏回族自治区，重慶市の10地域が含まれている。

世界銀行
World Bank

　　世界银行
　　shì jiè yín háng

国際連合の専門機関の1つで，一般に1945年に設立された国際復興開発銀行と1960年に設立された国際開発協会を指す。世界銀行の設立当初は，第二次世界大戦後の先進国の経済建て直しのため資金を供給してきた。その後，主に発展途上国の開発に資金援助を行う機関となった。2004年現在，加盟国は184カ国。世界銀行は他の3つの機関である国際金融公社，多国間投資保障機関，国際投資紛争解決センターとともに世界銀行グループを構成している。

責任原価制度
responsibility cost system

责任成本制度
zé rèn chéng běn zhì dù

具体的な責任単位（部門，部署または個人）の責任範囲内で発生したコストに責任を負うこと。この制度は責任単位と諸費用間の関係を示している。

セクター
sector

板块
bǎn kuài

企業などの組織の部門，部署のことを指すが，証券用語では業種を指す。

ゼネラル・エージェント
general agent

总代理商 / 总经销
zǒng dài lǐ shāng/zǒng jīng xiāo

独占・排他的な代理権をもち，委託者に商品の販売を委託された者を指す。通常，委託者は他の者を代理商に指定することはできない。

ゼネラル・マネージャー
general manager

总经理
zǒng jīng lǐ

総支配人のことを指すが，会社ではある部門または一定の地域の統括管理者を指す。スポーツ業界では組織の営業や選手補強などのチーム運営全体の統括役を務める役職についている者を指す。中国において，ゼネラル・マネージャーは総経理と呼ばれ，日本の社長に当たる役職である。

セル生産方式
cell production system

作业站生产方式
zuò yè zhàn shēng chǎn fāng shì

一人の作業者が独自で製品を組み立てる一人生産方式で，多品種少量生産向けの組立生産方式である。1990年代，日本の情報機器メーカー，精密機器メーカー，自動車部品などの製造業で始めた生産方式で，作業者の周囲に細胞のような「コ」の字の作業台を設けることでセル生産方式と呼ばれた。

ゼロクーポン債
zero-coupon bond

零票息债券
líng piào xī zhài quàn

割引債とも呼ばれ，利払いがない債券のことで，額面より割り引いた価格で販売され，償還時に支払われる額面との差が収益となる有価証券。払い込み金額が少なく，長期保有が可能，課税上有利などのメリットがある。

全額出資子会社
wholly owned subsidiary company

全资子公司
quán zī zǐ gōng sī

親会社の100%の出資で設立された会社。

前期
the first half year

前半期

qián bàn qī

ある期間を2つに分けたうち，前のほうの期間。

全国インターバンク・コール市場
interbank call market

全国银行间同业拆借市场

quán guó yín háng jiān tóng yè chāi jiè shì chǎng

インターバンク市場（コール市場，手形売買市場，東京ドル・コール市場が含まれる）の中の1つで，代表的な短期金融市場である。その機能は，銀行などの金融機関が短資会社の仲介を経由して短期の資金（原則として1カ月未満）を調達する市場。

漸進型改革モデル
gradual reform model

渐进式改革模型

jiàn jìn shì gǎi gé mó xíng

急進型改革モデルと対となる概念で，経済，行政などの改革に当たって，急進的な改革による影響を避けるために徐々に改革を進めること。中国の経済改革は社会の安定を保つために，漸進型改革モデルを採用し，計画経済から社会主義市場経済に移行をはたした。東欧諸国や旧ソ連の「急進型改革」に対し，中国の改革は「漸新型改革」である。その改革の特徴は「点」から「面」へと広げていくものである。

先進国
developed country ; advanced countries

发达国家／先进国家

fā dá guó jiā/xiān jìn guó jiā

発展途上国に相対する言葉で，高度な技術をもち，経済発展水準が高く，高度な工業化を達成し，生活水準が高い国を指す。先進工業国，工業化国とも呼ばれる。先進国の定義に関してさまざまな説があるので，定義によってその範囲も変わる。OECDの定義によれば，狭義の先進国はアメリカ，日本，カナダ，ドイツ，フランス，イギリス，イタリア7カ国である。広義の先進国は24カ国に達する。

専制的リーダーシップ
authoritarian leadership

权威式领导

quán wēi shì lǐng dǎo

アメリカの学者ロナルド・リピット（Lippitt, R.）とラルフ・K・ホワイト（White, R.K.）によって提出されたもので，リーダーが独自で意思決定及び資源の配分を行い，具体的な業務の指示を行う。また，部下との接触が少ない。権威型リーダーシップとも呼ばれる。

選択と集中
selection and concentration

选择和集中

xuǎn zé hé jí zhōng

企業が競争戦略上，人，物，金，情報などの経営資源を得意な事業領域に集中的に投下する戦略。アメリカのGE社が選択と集中戦略を行って成功したことから有名になった。日本の大企業も選択と集中戦略を行って収益を上げ，競争上の優位を獲得を図っている。

先端技術
advanced technology

尖端技術
jiān duān jì shù

先端的な科学技術。マイクロエレクトロニクス，バイオテクノロジー，新材料技術などが代表的な例である。先端技術はミクロ化を中心とした基盤技術と，それを中心とした複合化をめざしたシステム化技術との2つの分野に分けられる。ハイテクノロジーとも呼ばれる。

先端産業
high-tech industry

前沿产业
qián yán chǎn yè

ハイテク製品の研究開発，製造などにかかわっている業種の総称。ハイテク産業とも呼ばれ，産業用ロボット，航空・宇宙，海洋開発，原子力，太陽光発電などが含まれる。

前年利益
semiannual profit

上年利润
shàng nián lì rùn

ある事業年度の1つ前の事業年度期間の利益のこと。通常，事業年度が1年であるため，1年前の期間の利益を指す。

専務
executive director

专务
zhuān wù

会社の役職の1つで，社長を補佐して会社の全般の業務執行に当たる取締役。一般に常務取締役の上位にある役職である。

専門技術（ノウハウ）
know-how

专有技术
zhuān yǒu jì shù

ある製品開発，製造に関する専門的な技術や情報，経験，また設備の完成や稼働に必要な専門的な知識を指す。

専門経営者
professional manager

专门经营者
zhuān mén jīng yíng zhě

企業の規模が大きくなると，経営機構の複雑化・高度化により，高度専門能力をもつ経営者が必要となる。それにより職業的な経営者が登場し，会社の運営を担うようになった。このような職業的な経営者は専門経営者または俸給経営者，被庸経営者と呼ばれる。専門経営者は株主との利益が必ずしも一致しないため，株主の利益を損害し，自己利益を追求し，モラル・ハザードを引き起こすことがある。このような問題を解決し，エージェンシーコストを削減するため，ストックオプションなどの制度を導入する会社が増えてきた。

戦略
strategy

战略
zhàn lüè

目標を達成するために，長期的かつ大局的視点から企業の経営資源を配分，企業行動のシナリオを決めることをいう。戦略は企業戦略，事業戦略，財務戦略，人事戦略，マーケティング戦略などに分けられる。

戦略的意思決定
strategic decision making

战略性决策

zhàn lüè xìng jué cè

企業全般にわたる長期的な意思決定で、アメリカの学者アンソフ（Ansoff, H.I.）によって、提出された。アンソフは企業の意思決定を管理的意思決定、業務的意思決定、戦略的意思決定に分けて、その中で戦略的意思決定は企業発展に非常に重要であると主張した。

戦略的投資
strategic investment

战略性投资

zhàn lüè xìng tóu zī

企業投資の一形態で、企業の将来の発展に長期的かつ重大な影響を与える資本支出を指す。戦略的投資の特徴として投資規模が大きく、投資機関が長く、企業の長期的な発展に着目して段階的に投資が行われるなどがあげられる。

戦略委員会
strategy committee

战略委员会

zhàn lüè wěi yuán huì

中国の「会社法」「上場企業統治準則」には、上場会社は取締役会内に戦略委員会、監査委員会、指名委員会、報酬・考課委員会を設立することが求められている。戦略委員会は企業の長期戦略と重大な投資に関して検討し、助言を行う機能を担っている。

早期退職
early retirement

内退

nèi tuì

バブル経済後、業績の悪化で企業が雇用調整を行うために、一定の年齢以降で定年年齢に達する前の従業員に対し、退職に関する条件を示し、従業者が自己意思で退職する制度のこと。一般的には割増退職金の支給、特別休暇制度の付与、転職、再就職の支援などの優遇措置がある。

創業段階
startup stage

创业阶段

chuàng yè jiē duàn

会社などを興し、事業を始める初期段階を指す。創業において中国では企業家教育、資本金規制の緩和、融資の支援などの支援体制が整いつつある。

総合商社
general trading company

综合商社

zōng hé shāng shè

専門商社に相対する用語で、取り扱い規模が多く、取り扱う商品が多岐にわたる会社を呼ぶ。今日になって総合商社は単なる貿易、販売だけではなく積極的に国内外の企業に投資し、業務範囲を広げている。日本で代表的な総合商社としては三井物産、三菱商事、住友商事、伊藤忠商事、丸紅などがある。

相互貿易 / 双边贸易
bilateral trade / shuāng biān mào yì

2カ国または2つの地域間で行われる物，技術，サービスの貿易を指す。2006年の統計によると中国の最大の相互貿易相手はEUで，その次がアメリカ，日本の順になっている。

総資産利益率 / 资产回报率
return on assets : ROA / zī chǎn huí bào lǜ

投下された総資産がどれだけの利益を獲得したかを示し，総資本の運用効率を表す指標である。総資本利益率，使用総資本利益率とも呼ばれる。算式は，総資産利益率＝利益÷{(期首総資本＋期末総資本)÷2}＝売上高率(利益÷売上高)×総資産回転率(売上高÷期首・期末平均総資本)。

総生産高 / 总产值
gross production / zǒng chǎn zhí

ある企業，部門，地域，国などが一定期間内で生産されたすべての製品の価値を指す。一定範囲内の一定期間のうち，生産規模を表す指標である。

総代理店 / 总代理商
general agent / zǒng dài lǐ shāng

特定の地域内で委託者との契約によって商品を販売する権限を独占的に所有する代理商を指す。

組織 / 组织
organization / zǔ zhī

特定の目標を達成するために複数の人間が集まって，協働する場である。組織の特徴として，組織メンバーの共通目標の共有，分業とメカニズムの存在などがある。アメリカの学者バーナード(Barnard, C.I.)によれば，組織の構成要素は共同目標，コミュニケーション，共同意欲の3つがあるとしていた。

組織機構 / 组织机构
organization / zǔ zhī jī gòu

ある組織や団体の構造，またはそれらの組織，団体などを代表する組織。

組織構造 / 组织结构
organizational structure ; organization structure / zǔ zhī jié gòu

組織形態とも呼ばれ，組織の目標を実現するための権限や職務などの分配形態であり，組織を構成される諸要素間の関係または諸関係のパターンを指す。代表的な組織形態はライン組織，ライン・スタッフ組織，職能別組織，事業部制組織などがある。

組織図 / 组织系统图
organization chart — zǔ zhī xì tǒng tú

組織内の部門構成とそれらの関係を表す図表である。組織図は機構図，機能図，指揮系統図に分類される。

組織的意思決定 / 群体决策
organizational decision making — qún tǐ jué cè

組織を構成される複数のメンバーが組織の意思決定過程に参加することを指す。組織的意思決定は決定する内容によって戦略的意思決定，管理的意思決定，業務的意思決定に分けられる。

組織の3要素 / 组织的三个基本要素
The three basic elements of the organization — zǔ zhī de sān gè jī běn yào sù

アメリカのバーナード（Barnard, C.I.）によって提出された組織を構成する共通目的，協働意欲，コミュニケーションの3つの要素。共通目的とは，組織のメンバーが相互に協力して達成しようとする組織の目的を指す。協働意欲（貢献意欲）は，組織のメンバーが組織の共通目的を達成するために組織に貢献しようという意欲を指す。コミュニケーション（伝達）は，組織の共通目的や個々メンバーの意思決定などの情報を他のメンバーに伝達，受容されるプロセスを指す。

組織文化 / 组织文化
organizational culture — zǔ zhī wén huà

企業文化とも呼ばれ，組織文化は企業における独特の観念，制度などの価値と規範のシステムである。20世紀80年代初期，アメリカのケネディ（Kennedy, A.）とディール（Deal, T.）らが80社の企業に対し調査した結果から，企業の成功は企業文化（組織文化）と密接な関係をもっていることを明らかにした。それ以来，企業文化（組織文化）に対する研究が盛んに行われてきた。

ソフトウェア / 软件
software — ruǎn jiàn

ハードウェアに相対して使う用語で，コンピューターシステムの特定の作業を行うプログラムの総称。ソフトウェアは，システムソフトウェアや応用ソフトウェアなどに分けられる。

ソフトウェアハウス / 软件企业
software house — ruǎn jiàn qǐ yè

コンピュータのプログラムの設計，開発，販売を行う会社。

ソフト・ランディング / 软着陆
soft landing — ruǎn zhuó lù

ある国，またはある地域の経済における高いインフレと高い利率の出

現を防ぐために，また経済が不況にならないように，経済成長を適当な水準に引き下げること。

損益　　　　　　　　　　　　　　　　　　　　　　　　盈亏
profit and loss　　　　　　　　　　　　　　　　　　　yíng kuī

損失と利益のことを指す。

損益計算書　　　　　　　　　　　　　　　　　利润表／损益表
income statement　　　　　　　　　　　　lì rùn biǎo/sǔn yì biǎo

企業などの一定期間の収益と費用を項目別に区分して表示し，純利益を示す計算書。損益計算書は貸借対照表と並ぶ重要な財務諸表である。損益計算書の表示形式には勘定方式と報告式の2種類がある。

損益自己負担　　　　　　　　　　　　　　　　　　　自负盈亏
assume sole responsibility for its profits or losses　　　zì fù yíng kuī

企業などの組織が自らの経営結果に対し全部または一部の責任を負う経営原則である。中国の国有企業改革に当たって，企業に経営権を与え国の行政的な支配から独立させ，経営結果に対して企業自身に責任を負わせることを通じて法人化を進め，経営不振に陥った国有企業に活力を与えた。

損益分岐点　　　　　　　　　　　　　　盈亏分界点／盈亏平衡点
break-even point　　　　　　yíng kuī fēn jiè diǎn/yíng kuī píng héng diǎn

損益分岐点売上高とも呼ばれ，総売上収益と総原価が等しくなる営業水準を示す指標である。企業の売上高がこの数値以上になれば収益となり，以下になれば損失となる。算式は，損益分岐点＝固定費÷｛1－（変動費÷売上高）｝＝固定費÷限界利益率＝固定費÷（1－変動比率）。

損益分岐分析　　　　　　　　　　　　　　　　　　盈亏平衡分析
break-even analysis　　　　　　　　　　　　yíng kuī píng héng fēn xī

損益分岐点を使って費用と収益との均衡関係を分析する方法で，一定の売上高とそれと同時に生じた総費用が一致するときの売上高を求める分析手法である。

タ行

第一次産業
primary industry

第一产业
dì yī chǎn yè

イギリスの経済学者クラーク (Clark, C.G.) によって提出された産業分類方法で，産業を3種類に分類した中の1つ。第一次産業は直接自然界から富を取得する産業で，農業，牧畜業，漁業，林業，鉱業，狩猟業などが含まれる。

対外直接投資
foreign direct investment ; external direct investment

对外直接投资
duì wài zhí jiē tóu zī

企業が海外で営業活動を行うために，企業の経営資源 (managerial resources) を海外に移転し，経営参加を目的とする行動。対外直接投資の実態を分析すると，企業特殊的 (firm-specific) 経営資源の企業内部での国際間の一括移転であるという見解が有力である。主な形式は，海外の既存企業の株式を取得し経営権を取得するM&Aと，新規に経営拠点を設立するグリーンフィールド式などがある。

第三次産業
tertiary industry

第三产业
dì sān chǎn yè

イギリスの経済学者クラーク (Clark, C.G.) によって提出された産業分類方法で第一次産業と第二次産業以外の産業で，サービス業を指す。第三次産業の分類は国によって若干異なるところがある。

貸借対照表
balance sheet

资产负债表
zī chǎn fù zhài biǎo

企業などの経済実態の特定時点での財産状態を資産，負債，資本を集計して示した会計書類である。損益計算書とともに財務諸表の1つで，作成方法には棚卸法と誘導法がある。貸借対照表の様式には報告式と勘定式がある。貸借対照表に記載される科目の配列は，固定性配列法と流動性配列法とに分けられる。

退職養老基金
pension funds

退休养老基金
tuì xiū yǎng lǎo jī jīn

社会保障システムを構成する重要な一環として，保険の仕組みを取って労働者の老後の基本的な生活を保障する制度である。受給者の支払う保険料，加入期間によって支給される金額も異なる。養老保険基金とも呼ばれる。中国の場合，保険料は企業，個人，国三者の共同で負担する形をとっている。

第三セクター   第三部门
third sector   dì sān bù mén

一般的に，NPOなどの民間の非営利団体を指す。日本の場合，国や地方自治体が民間との共同出資で設立し，経営する企業のこと。民間の効率的な経営手法を取り入れることで，地方自治体の経費負担が軽減される。地域振興などの目的のもとに，住宅建設，道路建設，都市開発などの公共事業に多く導入されている。

台帳   底账
ledger   dǐ zhàng

店舗などで売買金額など諸勘定を記入しておく帳簿のこと。

第二次産業   第二产业
secondary industry   dì èr chǎn yè

イギリスの経済学者クラーク（Clark, C.G.）によって提出された産業分類の1つで，第一次産業から提供された原材料などを加工する部門で，製造業，電気・ガス業，建築業などの産業が含まれている。第二次世界大戦後，第二次産業は急速に発展し，一般的に国の国内総生産の30％を占めている。世界銀行によれば，中国の2006年の第二次産業の比率は47％で，世界平均28％の約1.7倍に当たる。

第二四半期（7月〜9月）   第二季度
second quarter   dì èr jì dù

1年を4つの期間に分けたその2番目の期間。日本の場合は，7月から9月までの3カ月間のことを指す。

第二次創業   第二次创业
the second foundation   dì èr cì chuàng yè

企業が衰退から脱出し，持続的な発展を実現するために，企業の管理方式を改革し，新しい製品，市場を開拓することで再出発することを指す。

滞納勘定   呆滞账款
bad debt account   dāi zhì zhàng kuǎn

営業循環から外れた債権，いわゆる滞留債権の勘定を指すが，事実上回収の見込みがない滞納債権に関しては会計上損金として処理し，回収見込みのあるものに関しては資産として記入される。

滞納金   滞纳金
belated payment   zhì nà jīn

定められた期間内に納付すべき金銭を納付しない者に対し，指定期限の翌日から完納までの日数に応じて，滞納額に一定の割合を乗じて計算した金額。

大部門制   大部门制
greater departments system   dà bù mén zhì

政府機関の効率を高め、行政コストを削減するため、業務や職能がほぼ同じ、または近い部門を1つの部門に統合する機構改革のこと。中国政府は改革開放以来、市場経済の発展に伴い、5回の行政改革を行った。2008年には大部門制の改革を行って、政府部門の再編を行って社会、経済変革に対応しようとした。

代表取締役   董事长
representative director   dǒng shì zhǎng

委員会設置会社以外の株式会社において、取締役会の決議によって選任され、会社の機関として業務を執行し、会社を代表する権限をもつ取締役を指す。株式会社の代表取締役は1名以上でなければならない。

耐用年数   耐用年限
service life   nài yòng nián xiàn

減価償却費を計算する3つの要素の1つで、減価償却資産の使用可能年数を指す。企業環境や固定資産の利用状況の変化によって、耐用年数を個別企業が自主的に決定するものを個別的耐用年数と呼ぶ。税法上、個別企業の恣意性を防ぐために、社会平均的、画一的な法定耐用年数として、「減価償却資産の耐用年数等に関する省令」に規定された耐用年数の使用が求められている。

代理商   代办商
agent middleman   dài bàn shāng

商人のために営業に属する取引の代理をするもの、または媒介を業とするものを指す。代理商は、代理権のある契約代理商と代理権をもたない媒介代理商とに分けられる。

代理店   代理店
agent   dài lǐ diàn

外部からの委託を受けて、取引の代理または媒介をする店、会社などを指す。または代理商の別称。

代理販売網   代销网
commissioned sales network   dài xiāo wǎng

企業などの委託者が商品の販売を拡大するために、一国またはある地域に複数の代理商と代理商契約を結び、代理販売拠点を築くことを指す。

大量生産   批量生产
mass production   pī liàng shēng chǎn

品種の限られた一様な工業製品を大量に生産すること。大量生産は工程の単純化、合理化によって製品を効率的、経済的に生産することが

できる生産形態として産業革命以来，著しく発展してきた。大量生産は規模の経済の実現，すなわち生産の量の拡大によって生産コストを下げることができる。近年来，消費者の消費嗜好が変わり，メーカーは多品種少量生産の生産形態を取るようになった。

ダウ工業平均指数　　　　　　　　　　　道・琼斯工业平均指数
Dow Jones Industrial Average　　　dào qióng sī gōng yè píng jūn zhǐ shù

アメリカの代表的な株価指数で，アメリカの通信会社ダウ・ジョーンズ社が発表する30種の製造業関連の銘柄の平均株価を指す。ダウ工業平均株価は，対象となる銘柄の株価を単純に合計して銘柄数で割って求めた数値である。1884年7月3日ダウ・ジョーンズ社の創立者の一人であるチャールズ・ヘンリ・ダウ（Dow, C.H.）によって初めてつくられ，公表された。

多角化経営　　　　　　　　　　　　　　　　　　多元化经营
diversification management　　　　　　　　duō yuán huà jīng yíng

企業の事業拡大による生産効率の向上や，研究開発・生産技術などの資源の有効活用，シナジー効果の発揮をめざして企業の経営資源を再分配することである。

多角化戦略　　　　　　　　　　　　　　　　　　多元化战略
diversification strategy　　　　　　　　　　duō yuán huà zhàn lüè

企業の成長戦略の1つで，企業が新たな事業分野に進出することによって成長を図る手段である。多角化は経営活動でのさまざまなスキルの共有，コア・コンピタンスの強化，経営資源の生産性向上，事業リスクの分散，資金管理の効率化などのメリットがある。多角化戦略は既存事業とのかかわりの度合いによって関連型多角化と非関連型多角化とに分けられる。

多国間貿易　　　　　　　　　　　　　　　　　　多边贸易
multilateral trade　　　　　　　　　　　　　duō biān mào yì

→多角貿易

多角貿易　　　　　　　　　　　　　　　　　　　多边贸易
multilateral trade　　　　　　　　　　　　　duō biān mào yì

3カ国以上の多数の国が貿易収支の均衡を図る目的として，多角決済方式（多角的生産協定や多角的支払協定）に基づいて行われる貿易のこと。多角貿易は資源を効率的に配分し，参加国は国際分業のメリットを享受することができる。

多国籍企業　　　　　　　　　　　　　　　　　　跨国公司
multinational enterprise : MNE ; multinational corporation : MNC
　　　　　　　　　　　　　　　　　　　　　　　kuà guó gōng sī

複数の国に生産・販売拠点を置き，世界的に経営活動を行う企業のこと。多国籍企業の定義に関してはさまざまある。例えば，国連の定

義によれば，多国籍企業は「2カ国以上で財やサービスの生産，販売を行う企業」とされている。多国籍企業の発展に伴って，多国籍企業内で行われる取引額も年々増加し，今は世界貿易の重要な部分となっている。

多国籍銀行 / 跨国银行
multinational bank ; transnational bank
kuà guó yín hang

国内銀行を基盤として海外の2カ国以上の国で営業拠点を所有または支配し，国際業務を行う銀行のこと。代表的な多国籍銀行としてはシティグループ，バンク・オブ・アメリカ（BOA）などがある。

縦長型組織 / 高架結构组织
oblong organization
gāo jià jié gòu zǔ zhī

トップの管理職から末端のスタッフまで広がる形で，管理職が方針を決めて，その指示に基づいて各スタッフが動く組織形態。規模が大きくなって，階層が厚くなるにつれて，正確な意思が伝達されない，伝達スピードが遅いなど，急変するビジネス環境に対応することが難しいという欠点がある。

棚卸 / 盘点
inventory
pán diǎn

ある時点での企業が保有している商品，製品，原材料などの在庫を定期的に調査して数量を確かめるための作業のこと。実地棚卸とも呼ばれる。

棚卸資産回転率 / 存货周转比率
inventory turnover
cún huò zhōu zhuǎn bǐ lù

棚卸資産の販売効率を表す指標の1つで，棚卸資産が一回転するのにかかる日数を示したもの。在庫回転率とも呼ぶ。算式は，棚卸資産回転率＝在庫÷（売上原価÷365）。

ターン・キー / 交钥匙
turn key
jiāo yào shi

完成品としてすぐ利用できるような状態を指す。

短期貸付金 / 短期贷款
short-term loan
duǎn qī dài kuǎn

勘定科目では流動資産の部に記入され，返済期限が貸借対照日の翌日から起算して1年以内のものをいう。

短期借入金 / 短期借款
short-term borrowing
duǎn qī jiè kuǎn

勘定科目では流動負債の部に記入され，返済期限が貸借対照日の翌日から起算して1年以内の借入金を指す。

短期銀行借款
short-term bank borrowing

短期银行借款
duǎn qī yín háng jiè kuǎn

銀行からの借入れのうち、返済期限が1年以内のものを指す。企業が経営活動を行う際の流動資金として使われる。

短期計画
short-term plans

短期计划
duǎn qī jì huà

企業の短期経営目標を達成するために作成された具体的な行動予定を指す。一般的に、期間が1年の計画を指す。

ターン・キー契約
turn key contract

统包合同
tǒng bāo hé tong

機械や設備、プラントなどの設計から建設、調達、据置、試運転までの業務をまとめて一括で請負う契約方式。ターン・キー契約することによってスケジュールの短縮、責任の一元化、コストダウンなどの利点がある。

短期的行為
short-term behavior

短期行为
duǎn qī xíng wéi

経営者が短期的な目標を達成するために行う行動を指す。現代株式会社の大規模化によって所有と経営の分離が生じ、株主と経営者の利益が必ずしも一致するとは限らない。経営者は自己の利益のため、粉飾計算などの短期的な行為を行って株主に損失を与えることがあるため、経営者の監視・監督システムを構築し、株主、投資家などの利益をいかに確保するかが重要になってきた。

短期投資評価損失引当金
short-term investments falling price reserves

短期投资跌价准备
duǎn qī tóu zī diē jià zhǔn bèi

中国の会計基準で短期投資の市場価値が帳簿価額より低い場合、その差額を貸借対照表で減損引当金として記入し、損益計算書では損失として計上される。

短期プライムレート
short-term prime rates

短期优惠(放款)利率
duǎn qī yōu huì (fàng kuǎn) lì lǜ

銀行が取引の中で最も信用力のある企業に対して、返済期間が1年以内の資金の貸出をする際の優遇貸出金利のこと。現在は新短期プライムレートと呼ばれている。

ダンピング
dumping

倾销
qīng xiāo

不当廉売とも呼ばれ、不当に低い価格で商品を投げ売りすること。ダンピングは公正な競争を妨げる行為として独占禁止法によって禁止さ

れている。ダンピングは略奪ダンピング，散発的ダンピング，継続的ダンピングなどに分けられる。

ダンピング価格 　　　　　　　　　　　　　　　　　　　　倾销价格
dumping price 　　　　　　　　　　　　　　　　　　　　qīng xiāo jià gé

物を不当廉売する価格を指す。輸出商品の価格が輸出国内の販売価格より著しく低い場合，ダンピングと認定される基準の1つとなっている。ダンピングと認定された場合，輸入された商品に対し，当該製品について輸出元の国内販売価格と輸出向け販売価格との差を上限とするアンチダンピング関税を賦課する。

ダンピング輸出 　　　　　　　　　　　　　　　　　　　　倾销出口
dumping export 　　　　　　　　　　　　　　　　　　　　qīng xiāo chū kǒu

ダンピングは価格差別で国内市場よりも大幅に安い価格で製品を販売し，該当製品を輸入する国の産業に重大な被害を与える不当廉売のことをいう。ダンピング輸出の目的は輸入国における市場シェアを拡大し，競争相手に勝ち，独占地位を獲得することである。ダンピングかどうかは内外の価格差や輸入する国の産業が被害を受けたかどうかによって決まる。WTOは各国政府がダンピングと認定された不当廉売に対してアンチダンピング関税を課す権利を認めている。

地域経済 　　　　　　　　　　　　　　　　　　　　　　　区域性经济
regional economy 　　　　　　　　　　　　　　　　　　　qū yù xìng jīng jì

一国内の一定の地域の経済関係，または国家の範囲を超えた一定の地域の広域の経済関係を指す。

地域情報サービスシステム 　　　　　　　　　　　　　　　社区信息服务平台
community information service platform 　　　　　　　　shè qū xìn xī fú wù píng tái

一定の地域に住む住民のために，地域情報を共通基盤として位置づけ，地域住民に情報の提供，または地域住民のもつ情報を相互に利用しあえるシステムを指す。

地域統括会社 　　　　　　　　　　　　　　　　　　　　　地区总部
regional head quarter 　　　　　　　　　　　　　　　　　dì qū zǒng bù

世界をいくつかの地域に分けて，地域内の生産と販売の拠点及び地域間の統合を図る組織を指す。地域統括会社の設立によって本社機能の一部を移譲することで意思決定の迅速化，経営責任の明確化，経営構造改革の効率化，税務・資金面の効率化などのメリットがある。

地域別事業部制 　　　　　　　　　　　　　　　　　　　　区域事业部制
geographically divisionalized structure 　　　　　　　　qū yù shì yè bù zhì

本社の下に地域別に編成された自律的な事業単位を配置した組織体を指す。本社は全社的な戦略の作成，経営資源の配分，人事，財務等のサービスを提供する。各事業部は基本的な企業職能，すなわち，製品開発・生産・販売を行う利益責任を負う事業単位である。

地域優位性   区位优势
region superiority   qū wèi yōu shì

ある地域が経済発展においてもつ有利な条件または地位を指す。地域優位性の要素としては，自然資源，立地及び技術，政治，文化，教育などがある。地域優位性は総合的な概念で，1項目の優位だけで地域優位性を確立することは難しい。

チェーン店   连锁店
chain store   lián suǒ diàn

1つの企業が多数の店舗を直接運営，管理する小売業，または飲食業の組織形態。国際チェーン・ストア協会の定義では，11以上の店舗を直接所有，経営する小売業または飲食業のことを指す。本社が一括で大量仕入れすることによって仕入れ原価を安くすることができるため価格的優位性をもっている。1910年代のアメリカが発祥地とされている。

遅延利息   迟延利息
delay interest   chí yán lì xī

借主が予め定められた弁済期間内に借金を返済しなかった時，支払うべき延滞利息を指す。商事債権の場合，商法は年率6％を適用し，民事債権の場合，利息を支払う取り決めがあり，具体的な利率がない場合，年率5％を適用する。また，利息制限法で利息の上限が設けられている。具体的に元本が10万円未満の場合は年率2割，元本が10万円以上100万円以下の場合，年率は1割8分，元本が100万円以上の場合，年率は1割5分の制限高が設けられている。

地球温暖化   全球变暖
global warming   quán qiú biàn nuǎn

地球表面の大気や海洋の平均温度が上昇する現象をいい，主に人為的な温室効果ガス排出が原因とされている。地球温暖化は降水量の変化や，海水面を上昇，洪水，干ばつなどの異常気象を増加させ，農業にも影響を与え，食糧問題を引き起こすなど気候や生態系，人類の生活にも大きな影響を与える。温室効果ガス排出の削減へ向けた世界的な取り組みが行われている。その代表的なものが京都議定書で，各国の削減義務を規定し，温室効果ガスの排出を抑制し，地球温暖化の被害を最小限に抑えようとしている。

知識集約型産業   知识密集型产业
knowledge-intensive industry   zhī shí mì jí xíng chǎn yè

労働密集型産業の1種で，一般にコストに占める研究開発費の割合が高く，専門的知識など知的労働が必要とされる産業。デザイン，研究開発集約産業，ファッション産業，ソフト開発などの産業が典型的である。

遅滞貸出 / 呆滞贷款
bad loan — dāi zhì dài kuǎn

企業などが金融機関から受けた融資の返済が理由で，経営困難などで滞ること。

知的所有権 / 知识产权
intellectual property — zhī shí chǎn quán

知的財産または無体財産権とも呼ばれ，知的な創作活動によって生み出された価値に与えられる権利の総称で，実用新案権，意匠権，特許権や著作権，商標権などがある。

中央値 / 中位数
median — zhōng wèi shù

代表値の1つで，データを大きさの順に並べた時，全体の中央に位置する値。データの個数が偶数の場合，中央に近い2つの値の平均値をとる。

中核技術 / 核心技术
core technology — hé xīn jì shù

中核技術は企業が保有する中核的なスキル，ノウハウ，技術で，企業が長期的に成長し，競争優位に立つための重要な競争要因である。特に製造業の場合，中核技術の獲得によって企業のコア・コンピタンスが確立されるのである。

中間管理職 / 中层管理人员
middle managers — zhōng céng guǎn lǐ rén yuán

管理職の中で上位管理職の人物の指揮下に置かれる部門管理を担当する管理者。中間管理層，ミドルマネジメントとも呼ばれる。通常，中間管理職は次長，課長を指す。

中間財務会計報告 / 中期财务会计报告
interim financial accounting statement — zhōng qī cái wù kuài jì bào gào

1年を会計期間とする会社が，事業年度の開始日以後6カ月間における当該会社の財務状況を，投資家や債権者及びその他の利害関係者に伝達するための会計報告書のこと。

中期計画 / 中期计划
medium-term plan — zhōng qī jì huà

企業の経営管理における，目標を達成するための計画の中で，短期計画（通常1年以内）と長期計画（5年以上）の間の計画を中期計画と呼んでいる。中期計画は，長期計画を具体化させたものでもある。

中継貿易   三边贸易 / 转口贸易
entrepot trade   sān biān mào yì/zhuǎn kǒu mào yì

中間貿易とも呼ばれ，商品を輸出国から直接輸入国に輸出するのではなく，第三国を経由して輸出する貿易形態。

中国企業聯合会   中国企业联合会
China Enterprise Confederation   zhōng guó qǐ yè lián hé huì

中国企業聯合会は中国企業界で最も代表的な社団組織で，国務院の国家経済貿易委員会に所属される社団法人である。中国企業聯合会の前身は1979年3月に設立された中国企業管理協会で，1999年4月24日中国企業連合会と名前を変更した。直接所属会員企業は3,000社近く，関連会員企業は43万6,000社に達している。

中国銀行   中国银行
Bank of China   zhōng guó yín háng

全称は中国銀行株式有限会社で，中国の4大国有商業銀行の1つ。前身は1905年に清朝政府によって設立された戸部銀行で，中国で歴史が最も長い銀行である。もともとは為替業務を取り扱う専門銀行であったが，1994年の金融改革で総合商業銀行に転身。2004年には株式会社になり，2006年に香港と上海に上場をはたした。2007年12月31日の時価総額で世界大銀行のベスト4入りをはたした。

中国銀行業監督管理委員会   中国银行业监督管理委员会
China Banking Regulatory Commision
                                  zhōng guó yín háng yè jiān dū guǎn lǐ wěi yuán huì

2003年に設立され，中国の金融市場の安定，健全な発展を促進するために政府が設立した機関である。中国国内の商業銀行，金融資産管理会社，信託投資会社などの金融機関を監督，管理している。

中国建設銀行   中国建设银行
China Construction Bank   zhōng guó jiàn shè yín háng

全称は中国建設銀行株式有限会社で，中国4大国有商業銀行の1つ。前身は1954年，中国人民建設銀行という銀行として設立された。設立された当初は，国のインフラ建設に資金を提供する専門銀行であった。1980年代から商業銀行の業務を一部取り扱いはじめ，1994年金融改革で商業銀行になった。2004年9月に株式会社に転換した。

中国工商銀行   中国工商银行
Industrial & Commercial Bank of China   zhōng guó gōng shāng yín háng

正式な名称は中国工商銀行株式有限会社，中国の国有4大商業銀行の中で最大規模の銀行で，1984年に設立された。2005年株式会社に改組し，2006年に香港と上海の取引所に同時上場をはたした。2008年の時価総額は世界最大銀行となった。近年来，資本提携，買収などを通じて積極的に海外進出して海外での営業力を強化している。

中国証券取引監督管理委員会 　　　　　中国证券监督管理委员会
China Securities Regulatory Commission
　　　　　　　　　　　　　　　zhōng guó zhèng quàn jiān dū guǎn lǐ wěi yuán huì

1992年10月に設立され，全国の証券先物取引市場を監督，管理し，証券市場の運営の健全性を確保する国務院所属の機関である。中国証券取引監督管理委員会の組織構図は1名の主席，4名の副主席，3名の主席助手，18の部門，3つのセンターで構成されている。

中国農業銀行　　　　　　　　　　　　　　　　　中国农业银行
Agricultural Bank of China　　　　　　　zhōng guó nóng yè yín háng

全称は中国農業銀行株式有限会社で，中国の4大国有商業銀行の1つ。前身は1951年に設立された農業合作銀行である。農業銀行は農業の発展のために資金を提供することが主な業務であった。1997年商業銀行に転じ，2009年1月には株式会社へ改組した。

中国品質認証センター　　　　　　　　　　　　中国质量认证中心
China Quality Certification Centre
　　　　　　　　　　　　　　　zhōng guó zhì liàng rèn zhèng zhōng xīn

中国検査認証グループに所属され，中国国内の最大規模の品質認証センターである。1984年に設立されて以来，2回目の改組を経て今日にいたる。中国品質認証センターの主な業務は，品質認証と認証訓練を行うことである。当該組織は16の職能部門，その下に45の機関があり，9,000人の職員をかかえる大組織である。

中値　　　　　　　　　　　　　　　　　　　　　　中间价
midial rate　　　　　　　　　　　　　　　　　zhōng jiān jià

外貨を交換する時の基準レートのこと。金融機関は基準レートに一定の手数料を付け加えて外貨を売買する。

中長期計画　　　　　　　　　　　　　　　　　　中长期计划
mid long term plan　　　　　　　　　　　zhōng cháng qī jì huà

通常，3年から5年の会社の方向性を示したもので，企業の競争力を高め，経営資源を効率的に分配するために一定期間内に達成されるべき経営目標を指す。

注文書　　　　　　　　　　　　　　　　　　　订单／订货单
order sheet　　　　　　　　　　　　　　dìng dān/dìng huò dān

財やサービスなどの商品を購入する意思を示す書類を指す。発注書または注文状とも呼ばれる。

長期借入金　　　　　　　　　　　　　　　　　　　长期借款
long-term loan　　　　　　　　　　　　　　cháng qī jiè kuǎn

金融機関からの融資のうち，貸借対照表日の翌日から起算して1年を超えて支払期限が到来するものをいう。貸借対照表では固定負債の部

に記入する。

長期銀行借入金   长期银行借款
long-term bank loan   cháng qī yín háng jiè kuǎn

企業が銀行に借用証書や手形などを差し入れて借り入れた金額のうち，返済期限が貸借対照表日の翌日から1年を超えるものを指す。

長期手形   远期汇票
long-term notes   yuǎn qī huì piào

有価証券の1つで，通常，振出日後6カ月以上の支払期日が記載されている手形を指す。

長期投資   长期投资
long-term investment   cháng qī tóu zī

短期間内で現金化する予定がなくロングスパンでもち続ける投資手法のこと。長期投資は長期株式投資，長期債券投資及びその他長期投資に分けられる。

長期負債   长期负债
fixed liabilities   cháng qī fù zhài

貸借対照表の貸方の負債部の1つで，支払期限が1年以上を超えて到来する負債を指す。1年を超える社債や長期金銭債務，履行時期が1年を超える退職給付引当金などの長期引当金，その他の繰延税金負債などが含まれる。固定負債とも呼ばれる。

長期プライムレート   长期优惠（放款）利率
long-term prime rate   cháng qī yōu huì (fàng kuǎn) lì lǜ

金融機関が企業に対して1年以上の資金を貸付けをする際の最優遇貸出金利のこと。従来，長期プライムレートを基準にして一定の金利を上乗せして長期貸出金利を決めていたが，現在では短期プライムレートに連動する長期変動基準金利（新長期プライムレート）を導入するようになった。

長江デルタ   长江三角洲（长三角）
Yangzi River Delta   cháng jiāng sān jiǎo zhōu (cháng sān jiǎo)

中国で最も経済が発展した地域の1つで，長江の下流の三角州地域。具体的に上海市，江蘇省南部，浙江省北部が含まれる。人口は8,000万人で，2005年長江デルタ地域の一人当たりのGDPは4,000ドル余りに達した。

帳簿価格   账面价格
book value   zhàng miàn jià gé

資産，負債及び資本の各項目について，帳簿上に記載されている評価額を指す。

帳簿原価
cost of book value

账面成本
zhàng miàn chéng běn

帳簿上に記載されている原価のこと。製品を生産するに要する実際の原価と資産を獲得するに当たって発生した原価などが含まれる。

帳簿尻 (ちょうぼじり)

账目余额
zhàng mù yú'é

帳簿上,ある項目に記載された金銭または商品の残高を指す。

帳簿単価
book price

账面单价
zhàng miàn dān jià

財・サービスを購入する際,帳簿に記載される単価を指す。

帳簿面 (ちょうぼづら)
books

账面
zhàng miàn

帳簿の帳面上に記載された収支の状態を指す。

直接投資
direct investment

直接投资
zhí jiē tóu zī

民間部門における長期の国際資本の移動形態の1つで,相手国の企業に対して経営権の取得を目的とする国際投資。直接投資の形態はグリーンフィールド投資とM&A(吸収・合併)がある。

著作権侵害
copyright infringement

侵犯版权
qīn fàn bǎn quán

著作権のある著作物を,正当な権限を有しない第三者が著作者の許諾なしで無断で利用することによって,保護されている著作人格権あるいは著作財産権を侵害すること。著作権が侵害されるとき,著作者は侵害行為を行った者に対し,侵害行為の差止請求,損害賠償の請求,不当利得の返還請求,名誉回復などの措置の請求ができる。

賃金支払形態
form of payment

工资支付形式
gōng zī zhī fù xíng shì

日給制や月給制,時間給などの計算単位を定め,労働の対価としての賃金を支払うことを指す。賃金の支払い形態には月給日給制,日給月給制,完全日給制,時間給,年俸制がある。

賃金上昇率
rete of wage increase ; increase rate of wages

工资上涨率
gōng zī shàng zhǎng lǜ

毎月(あるいは毎年)労働者に報酬として支給する賃金の上昇率を指す。マクロ経済分析では名目・消費者物価上昇率に算出する実質賃金上昇率を用いる場合が多い。

賃金体系 — wage system
工资制度 gōng zī zhì dù

労働者に支払う対価としての賃金・給与について，賃金支払項目の組み合わせ，またその金額を算定する仕組み。賃金体系には年功給，職能給，職務給，業績給，歩合給などの種類がある。企業の場合，これらの賃金体系を組み合わせることによって賃金体系をつくっている。日本の場合，年功給や職能給が主流であったが，近年来職務給や業績給も増えてきた。

通貨交換レート — exchange rate
货币兑换率 huò bì duì huàn lǜ

異なった国の通貨の交換比率のこと。交換レートは一般的に市場の需給関係や経済情勢によって変動するが，場合によって各国の中央銀行が介入し，人為的に変更される場合もある。交換レートに関する理論の1つである「購買力平価説」は，各国通貨の購買力に焦点を当て研究がなされている。

通信販売 — mail order
函售 hán shòu

メディア広告やカタログ，ダイレクトメール，パソコン通信などのメディアを利用して商品を展示し，メディアにアクセスした消費者からの電話やメールなどで注文を受け，商品を消費者に届ける販売方法。通信販売は店舗に行かなくても商品が手に入る，遠隔地にある商品も購入できるなどのメリットがある。一方，消費者が購入前に実際の商品を確認することができないというデメリットもある。

月毎償却 — monthly amortization
按月摊销 àn yuè tān xiāo

建物や機械装置，車両，船舶などの固定資産の減価償却費用を耐用年数にわたり，費用として月ごとに割り当てることをいう。

接ぎ木方式による技術改造 — grafting and transformation
嫁接改造 jià jiē gǎi zào

中国の国有企業改革の一形態で，国有企業が所有している土地，建物，機械設備，従業員などの経営資源を，国内外から導入された先進的な技術，資金，優れた管理方法と融合しながら，管理制度，設備，製品などの面において新しい企業に変革することで，企業の経営資源の再利用と再分配を行う過程である。

低級品市場 — low-end market
低端市场 dī duān shì chǎng

財・サービスにおいて，価格，機能，性能，ブランドの知名度などが最も低いカテゴリーに属する一群の商品を扱う市場を指す。

定期預金　　　　　　　　　　　　　　　　　　　　　定期存款
time deposit ; fixed deposit　　　　　　　　　　　dìng qī cún kuǎn

あらかじめ満期日または据置期間を定め，満期日までまたは据置期間中には原則として払戻ができないという契約の下で，銀行などの金融機関に消費寄託される金銭。定期預金の利率は普通預金の利率より高い。

低金利政策　　　　　　　　　　　　　　　　　　　　低利率政策
cheap money policy　　　　　　　　　　　　　　　dī lì lǜ zhèng cè

中央銀行が景気後退または経済不況を克服するための政策の一環として公定歩合を引き下げ，市中金利を下げることで個人の消費，企業の設備投資を増加させ，景気回復を図るものである。2008年のアメリカ発の金融危機で世界各国が不況に陥り，不況から脱出するために各国政府は低金利政策を実施し，市中に大量の資金を供給するなどの政策によって経済の回復を図った。

定型的意思決定　　　　　　　　　　　　　　　　　　确定型决策
decision making under certainty　　　　　　　　　què dìng xíng jué cè

意思決定者が，ある客観的な条件下で，提出された各提案とそれらの効果を把握したうえで行う意思決定である。

ディスカウント　　　　　　　　　　　　　　　　　　　　貼水
discounter　　　　　　　　　　　　　　　　　　　　　tiē shuǐ

商品の通常の価格より一定の割合で値引きすること。メーカーから大量の製品を安く仕入れ，安く販売する店がディスカウント・ストアである。

ディスクロージャー　　　　　　　　　　　　　　　　　信息披露
disclosure　　　　　　　　　　　　　　　　　　　　　xìn xī pī lù

株主，債権者，投資家，取引先，従業員，消費者などのステークホルダーに対し，企業の情報を公開すること。公開株式会社は債券者，株主に対し企業情報，特に財務関係の情報を適時に開示することを証券取引法や会社法などの法律で求められている。

定年退職後の再雇用　　　　　　　　　　　　　　　　　返聘
re-employ after retirement　　　　　　　　　　　　fǎn pìn

企業が活用できる人材の確保などの目的で，定年後に希望者を一定期間再び雇用する制度のこと。2006年に定年や継続雇用の上限が65歳まで引き上げられたことに伴い，企業側は定年延長より定年退職後の再雇用を選好する傾向がある。

テイラーの科学的管理法　　　　　　　　　　　泰勒的科学管理法
Taylor's scientific management method　　　　tài lè de kē xué guǎn lǐ fǎ

アメリカのテイラー（Taylor, F.W.）によって提出された管理手法。テイラーは，時間・動作研究に基づいて標準作業量の策定，組織編成，

賃金制度を作り上げた。テイラーの科学的管理法の主な内容には課業の設定，差別的出来高給制，職能別職長制組織などがあり，管理学に多大な影響を与えた。

出稼ぎ労働　　　　　　　　　　　　　　　　　　　　　　　外出打工
migrant labor　　　　　　　　　　　　　　　　　　　　wài chū dǎ gōng

所得の低い農民たちが居住地を離れて所得の高い都市部に行って一定期間働くことを指す。日本では高度成長期に出稼ぎが多かった。中国も近年来，中西部の農民たちが東部沿海地域に行って出稼ぎをするケースが増え，出稼ぎ者に対する社会保障制度がまだ確立されていないなどの問題も出てきた。

手形引受け書類渡し　　　　　　　　　　　　　　　　　　　承兌交単
document against acceptance : D/A　　　　　　　　　chéng duì jiāo dān

期限付き荷為替の送付を受けた銀行が手形支払人に対し手形引き受けと同時に，船積書類の引渡しが行われる貿易取引決済条件をいう。

敵対的買収　　　　　　　　　　　　　　　　　　　　　　　敵意収購
hostile take over　　　　　　　　　　　　　　　　　　　dí yì shōu gòu

買収対象会社の経営者に対して友好的でない買収を指すが，通常は買収対象企業の経営陣の賛同が得られない買収をいう。敵対的買収は買収目的によって，買収対象企業の事業基盤を利用して成長を図るものと買収された会社に高い配当を要求するものなどに分けられる。

「テクノストラクチュア」論　　　　　　　　　　　　　"专家组合"理论
"technostructure" theory　　　　　　　　　　　　　"zhuān jiā zǔ hé" lǐ lùn

アメリカの経済学者ガルブレイス (Galbraith, J.) が『新しい産業国家』の中で提唱した概念。ガルブレイスは産業社会の巨大化によって，企業での意思決定は経営者という個人ではなく，広く専門的な知識・情報・才能・経験をもつ人々—テクノストラクチュアによって行われると同時に，テクノストラクチュアという集団は新産業国家の重要な構成要因の1つであると主張した。

デフレーション　　　　　　　　　　　　　　　　　　　　　通貨緊縮
deflation　　　　　　　　　　　　　　　　　　　　　　tōng huò jǐn suō

物価水準が継続的に下落していく現象で，デフレーションによって通貨の収縮，企業投資活動の停滞，消費支出の減少，失業の増加，経済活動の停滞などが生じる。デフレーションの対策として政策金利の引き下げや財政出動による経済への刺激などがある。物価下落と景気悪化がらせん状に悪循環を起こしていく現象をデフレスパイラルと呼んでいる。

デリバティブズ　　　　　　　　　　　　　　　　　　　　　派生商品
derivative security　　　　　　　　　　　　　　　　pài shēng shāng pǐn

一般に金融派生商品とも呼ばれ，株式，債券，為替などの現物市場か

ら派生したもので，スポットと金利によって価格が決定される金融取引である。デリバティブには先物為替，穀物・鉱物などの商品先物，債券先物，株式オプション，通貨スワップなどが含まれる。デリバティブはリスクヘッジ，高利回りでの資金運用などの目的で利用されている。

転換社債 可转换债
convertible bond : CB kě zhuǎn huàn zhài

株式に転換しうる権利を付与された社債で，一定の条件に基づいて株式に転換できる社債である。企業金融上において，転換社債は増資のための過渡的代替手段である。投資家にとって株価が転換社債の転換価格を超えた場合，転換権を行使して取得した株を市場に売却することによって，その差額分を利益として手に入れることができ，株価が転換社債の転換価格より低い場合，額面金額の元本が返済されるのでリスクが小さいことが特徴である。

電子行政化 电子政务平台
electronic government affair diàn zǐ zhèng wù píng tái

行政サービスの質の向上，効率化，コストの削減を目的として，コンピューターネットワークやIT（情報技術）を利用して，各種手続きや行政文書の管理など行政事務の処理を電子化した行政機構のことを指す。

電子商取引 电子商务
electronic commerce diàn zǐ shāng wù

eコマースとも呼ばれ，コンピューターネットワークを介して電子的な情報交換によって行われる商品やサービスの売買などの商取引を指す。企業間で行われる電子商取引はBtoB（Business to Business）と呼ばれ，企業対消費者間取引はBtoC（Business to Consumer）と呼ばれる。電子商取引は利便性，コストの削減などの利点のため，近年急速な発展を遂げている。

電子通貨 电子货币
electronic currency diàn zǐ huò bì

クレジットカードやキャッシュカードなどのようにサービスを提供する会社による代用通貨の一種で，電子化されたデータで取引を行う通貨のこと。

電子通関 无纸通关
electronic clearance wú zhǐ tōng guān

コンピューターシステムやインターネットを利用して，税関での輸出・輸入貨物に関する書類，各種手続きなどを電子的なデータにし，自動的に処理する通関方式。コストの削減や効率を高めるなどのメリットがある。

電子物流
electronic distribution

电子物流

diàn zǐ wù liú

インターネットを利用して物流のプロセスを管理することによって，コストの削減，輸送効率の向上，サービスの質の向上で競争力を図るものである。各種のソフトウェアと物流サービスの融合が特徴である。

展示即売会
fair

展销会

zhǎn xiāo huì

一定の期間内，特定の場所で1つまたは複数の団体が商品を展示し，現物売買または注文という形で集中的に取引を行う場所。

展示品
exhibits

展品

zhǎn pǐn

人々に見せるために陳列された品物。

伝統的組織理論
traditional organization theory

古典组织理论

gǔ diǎn zǔ zhī lǐ lùn

テイラーやファヨールなどの学者が職務の合理的編成，官僚制的秩序，組織機構構築などに焦点を当て研究を行ってきた。しかし，官僚制組織や軍隊組織に代表されるように人間を機械のように見なし，組織を構成する人間の属性を無視したことが伝統的組織理論の特徴である。

伝統的な組織原則
traditional organizing principle

古典组织原则

gǔ diǎn zǔ zhī yuán zé

伝統的な組織原則は，専門化の原則，命令一元化の原則，階層組織の原則，管理の幅の原則，責任と権限の一致の原則，例外の原則からなっている。

当期純利益
net income for the current year

本年净利润

běn nián jìng lì rùn

会計年度における企業の経営成績を示す指標で，経常利益から特別損益を加味し，法人税及び住民税を差し引いた企業の最終利益である。

当期利益
profit for the year

本年利润

běn nián lì rùn

一定の会計期間内の収益からすべての費用を差し引いた金額を指す。

統計
statistic

统计

tǒng jì

特定の事象に関するデータを収集，整理，計算分析すること。

統計学
statistics

统计学

tǒng jì xué

確率論を基盤にして統計データを処理，分析する学問。統計学は経済

学，自然科学，社会科学，心理学などの広い分野で応用されている。

投資回転率 — 投资周转率
investment turnover — tóu zī zhōu zhuǎn lǜ

一定期間内で投下された資本が何回転したのかを示す指標。

投資利益率 — 投资回报率
return on investment — tóu zī huí bào lǜ

投資額に対してどれだけの利益を生み出しているかを示す指標。投資収益率，投資回収率とも呼ばれる。算式は，投資利益率＝当期純利益÷{(期首総資本＋期末総資本)÷2}×100。

統制 — 控制
control — kòng zhì

特定の目標を達成するために，一定の方針に従って管理，指導すること。

「統制の幅」の原則（スパン・オブ・コントロール）— 管理幅度原则
span of control — guǎn lǐ fú dù yuán zé

人間のもつ管理能力には限界があるため，1人の下に部下を置く場合，人数を限定し，適正に保つことを求める原則。上司の能力，職務のレベルによって管理できる部下の人数も異なっていく。

同族企業 — 家族企业
family firms ; family business ; family enterprises — jiā zú qǐ yè

上位株主三人が同族でかつ三人の合計持ち株比率が50％を超え，一族が会社の株式と経営権をもつ企業を指す。

当年度計画 — 本年计划
year plan — běn nián jì huà

当該事業年度の目標を達成するために，人，物，金，情報といった経営資源を分配し，具体的に事業を運営するための計画を指す。

当年度減価償却額 — 本年折旧额
year depreciation — běn nián zhé jiù é

有形固定資産の取得原価の費用配分の手続きによって計上された当該事業年の累計額を指す。

当年度償却額 — 本年摊销额
amortization of the year — běn nián tān xiāo é

債務，公債などの負債を返済期間にわたり各年度に割当てた額のうち，当該年度の返済額を指す。

当年度累計売上高 本年累计销售
cumulative sale of the year　　　　　běn nián lěi jì xiāo shòu

　当期の事業年度のうち，販売されたサービス，商品の総額を指す。

当年度累計生産高 本年累计生产
cumulative production of the year　　běn nián lěi jì shēng chǎn

　当期の事業年度のうち，生産された商品の合計である。

登録資本金 注册资本
registered capital　　　　　　　　　　zhù cè zī běn

　法定資本金とも呼ばれ，会社が設立の登記を行う際記入された資本金で，企業法人の財産である。

独資企業 独资企业
foreign-owned enterprises　　　　　　dú zī qǐ yè

　全称は外商独資企業で，中国の三資企業（中外合作経営企業，中外合資企業，独資企業）の1つ。100％外国出資で設立された法人で，経営方針，管理方式，収益の分配は外国企業側独自で決めるなどのメリットがある。

独占業界 垄断行业
monopoly industry　　　　　　　　　　 lǒng duàn háng yè

　特定の産業において財・サービスの大部分が1つの企業または少数の企業によって提供されることを指す。

独占禁止法 反垄断法
anti-monopoly act　　　　　　　　　　 fǎn lǒng duàn fǎ

　消費者保護と健全な市場経済，公正な競争を維持するために，企業や事業者の事業活動における私的独占の禁止や不当な取引の禁止，不公正な取引方法の禁止によって公正・自由な取引の確保を目的とした法律。中国は2008年に独占禁止法を制定した。

独占的優位理論 垄断优势理论
monopolistic advantage theory　　　　 lǒng duàn yōu shì lǐ lùn

　独占的優位理論は，独占的優位という観点から企業の対外直接投資の動機を分析したものである。アメリカの経済学者ハイマ（Hymer, S.H.）によって1960年に初めて提唱された。ハイマは，企業が海外直接投資を行う際に，決定要因として独占的優位であると主張した。独占的優位には知的財産の優位性と規模の優位性が含まれる。投資独占的優位理論の代表的学者はアメリカの学者チャールズ・キンドルバーガー（Kindleberger, C.P.）である。

特別損失
special charge

非常损失
fēi cháng sǔn shī

企業の営業活動以外に生じた臨時的な損失のことで，有価証券の評価損失，固定資産売却による損失，地震などの災害による損失などがある。

独立採算
self-supporting accounting system

自负盈亏
zì fù yíng kuī

企業などの組織において，その運営にあたって生じた損益に対し自分で責任を負うことで，現代企業制度の特徴でもある。中国における国有企業の改革は企業に経営自主権を与え，独立採算を行う法人への変革が図られた。

独立取締役
independent director

独立董事
dú lì dǒng shì

企業のコーポレート・ガバナンスを改善し，企業経営の健全性のために経営者から独立し，監視・監督責務を遂行する取締役のこと。取締役になるには，一定期間当該会社の従業員ではない，一定の当該会社の株式を保有してはならない，などといった制約がある。

(農村) 土地請負経営権
contract use of land

土地承包经营权
tǔ dì chéng bāo jīng yíng quán

中国における土地請負制度改革の一環として農民が地方自治体組織（地方政府）と契約を結び，一定の義務を負うと同時に土地使用権を獲得することをいう。農民に土地の自主経営権を与えることで働く意欲が高まり，農民の所得増加につながって農村経済が発展するようになった。

(農村) 土地請負制度
land contract system

土地承包制度
tǔ dì chéng bāo zhì dù

中国で1980年代に実施された農業改革で，個人が土地の所有者である地方自治体組織（地方政府）と契約を結び，土地の経営を行い，毎年国家と地方政府に一定量の農作物を納付し，残ったものは個人に属するといった，個人の権利と義務を規定する制度である。

特許
patent

专利
zhuān lì

国が発明者に対し，その発明を一定期間独占的に使用する権利を付与することである。

特許権
patent right

专利权
zhuān lì quán

産業財産権の1つで，特許発明を独占的，排他的に利用できる権利を指す。保護期間は出願公告の日から15年，出願日から20年以内とさ

特許料 — 专利费 — royalty fee — zhuān lì fèi

特許使用契約に基づいて，使用期間内に一定の基準で特許の発明者に定期的に支払う費用のこと。料金の支払いは，固定金額を定期的に支払う方法と，特許使用者の営業状況に応じて一定比率を使用料として支払う方法がある。

特恵関税 — 普恵 — preferential duties ; preferential treatment tariff — pǔ huì

特定の地域，国からの輸入品に対して一般の関税率より低い関税を供与する関税上の特別優遇措置。政治的，経済的に密接な関係にある諸国間の相互主義的なものがあれば，先進国が発展途上国の輸出品に対する低い関税，いわゆる一般特恵関税もある。

特恵授与国 — 给恵国 — preference-giving country — gěi huì guó

特恵関税を提供する国を指すが，一般的に後発開発途上国に対し特恵関税を供与する国を指す。現在大部分の先進国は後発開発途上国に対して関税優遇を供与している。

頭取責任請負制 — 行长负责制 — president accountability — háng zhǎng fù zé zhì

銀行の経営者である頭取が日常的な経営活動にあたって生じたすべての問題に対し責任を負うこと。

トップマネージャー — 最高管理人员 — top manager — zuì gāo guǎn lǐ rén yuán

企業における組織管理の階層の1つで，企業活動を全般的に統括し，企業の目標，方針，全般的な戦略を作成する最高経営陣を指す。一般的には，取締役会長，社長，副社長，常務取締役，専務取締役などが含まれている。

滞り債権（とどこおりさいけん） — 呆账 — uncollectible accounts — dāi zhàng

債務返済期限を1カ月過ぎても貸付金と利息の返済が滞る債権のこと。回収できるか否かがまだ不明確な債権で，会計上では資産の項目に記入する。

ドライリース — 干租 — dry lease — gān zū

航空機などをリースする際，借りる側が航空機の機体のみをリースし，乗務員，パイロット燃料，設備点検，修理などを自己負担すること。

トラスト
trust

托拉斯
tuō lā sī

市場支配力を拡大するために，同一業種の複数の企業が株式の買収，株式の持ち合い，株式の受託などを通じて独占的な大企業を形成する企業合同で，1879年アメリカのスタンダード石油トラストが最初のトラストである。

取締役
director

董事
dǒng shì

株主総会で選出され，株主を代表して取締役会の構成員として会社の意思決定に参加し，その執行を監督する者を指す。

取締役会
board of directors

董事会
dǒng shì huì

株式会社を構成する機関の1つで，会社の業務執行に関する意思決定を行い，その執行を監督する機関である。取締役会は最高経営者の選任や解任，株・社債の発行，会社の重要な財産の処分などを決める権限をもっている。

取締役会専門委員会
board committees

董事会专门委员会
dǒng shì huì zhuān mén wěi yuán huì

日本の委員会設置会社とアメリカの会社の取締役会で構成される組織で，代表的なものとしては監査委員会，報酬委員会，指名委員会などがある。中国の場合，上場企業は監査委員会，報酬委員会，指名委員会，戦略委員会の設置を義務づけられている。

取締役会の形骸化

董事会空壳化
dǒng shì huì kōng ké huà

取締役会のメンバーの選任にあたって日本の場合，取締役会の中に内部昇進者が多いため監視・監督機能が働かないといわれている。また社外取締役の場合，会社に関する情報が限られているため，チェック機能が働かないといった形骸化現象が起きている。

取次販売店
distributor

经销商
jīng xiāo shāng

メーカーなどから商品を仕入れ，他人に販売する商行為を行う組織。

取引価格
strike price

成交价格
chéng jiāo jià gé

特定の商品に関して市場供給と需要に基づいて，買手と売手のかけ引きで決まる価格のこと。

取引銀行 　　　　　　　　　　　　　　　　　　　　　　　　往来银行
banker 　　　　　　　　　　　　　　　　　　　　　　　wǎng lái yín héng
　企業などが特定の銀行を通じて借入，預金，手形取引，国際貿易決済などの取引を行う銀行を指す。

取引先 　　　　　　　　　　　　　　　　　　　　　　　　　　　交易户
customer 　　　　　　　　　　　　　　　　　　　　　　　　　jiāo yì hù
　個人あるいは企業などとの経済関係をもつ企業あるいは個人を指す。

取引所 　　　　　　　　　　　　　　　　　　　　　　　　　　　交易所
exchange 　　　　　　　　　　　　　　　　　　　　　　　　jiāo yì suǒ
　商品の売買取引または有価証券の売買取引などが行われる場所を指す。

ナ行

内国民待遇 (ないこくみんたいぐう)
equal national treatment

国民待遇
guó mín dài yù

ある国の領域内で，輸入品（あるいは外国企業）に対して差別をせず同種の国内産品（あるいは国内企業）に与えられる待遇と同等以上の待遇を与えなければいけないこと。世界貿易機関（WTO）が課税および規則に関する内国民待遇を規定している。

内需
domestic demand

内需
nèi xū

外需に相対する用語で国内の需要のこと。内需は個人消費，住宅投資，民間企業の在庫投資，民間企業の設備投資などの民間需要と政府の公共投資などの公的需要からなっている。

内需志向型
internal-oriented

内向型
nèi xiàng xíng

外需志向と対をなす言葉で，ある国の財・サービスの生産・販売活動が国内市場需要に向けて行われることを指す。

内需主導型経済成長
domestic demand led economy

内需主导型经济发展
nèi xū zhǔ dǎo xíng jīng jì fā zhǎn

外需主導型経済成長と相対する用語で，ある国の産業構造の変化，所得，消費の増加などの要因で，経済成長が輸出拡大ではなく，国内の消費増加によって実現することを指す。内需主導型経済は国際経済変動の影響を最小限にし，比較的安定経済成長を実現しやすい。中国の経済は外需主導型経済であるが，世界不況で輸出が大きな打撃を受けたため，政府は内需拡大に向けさまざまな政策を制定し，実施している。

内部監査
internal audit

内部审计
nèi bù shěn jì

公認会計士などの外部監査と相対するもので，適法性，合理性の観点の角度から企業の内部者によって行われる監査で，自己監査ともいわれる。内部監査は企業の経営目標の達成に役立つことを目的として会計監査，業務監査，能率監査，技術監査などが含まれる。

内部告発
whistle-blowing from the inside

内部检举
nèi bù jiǎn jǔ

組織内部の人間が，その組織の違法性や不正を外部に公表すること。近年来，内部告発による企業などの不正行為の摘発が多くなり，企業

の不祥事を防ぐために重要な意味をもつようになっている。内部告発はしばしば組織内で裏切り行為とみなされ，不当解雇などの形で報復を受けることが多い。日本は 2004 年に内部告発者を保護するという趣旨で「公益通報者保護法」を成立した。

内部昇進制 　　　　　　　　　　　　　　　　　　　　　内部晋升制
internal promotion system 　　　　　　　　　　　nèi bù jìn shēng zhì

内部昇進制度は長期雇用などとともに内部労働市場の重要な特徴である。内部昇進制度では，企業の有能な人材を企業の成長と成功に最も貢献しうる役職に割り当てることができ，またインセンティブと報償として従業員のやる気を引き出すことができる。一方，日本企業の場合，取締役会のメンバーはほとんど内部昇進者で，コーポレート・ガバナンスにおける経営者に対する監督・監視の役割を果たせるかが大きな課題となっている。

内部調査 　　　　　　　　　　　　　　　　　　　　　　　内部稽核
in-house probe 　　　　　　　　　　　　　　　　　　nèi bù jī hé

特定の組織（企業，店など）の内部の事情について確認するための調査行為をいう。調査の実施主体は外部に委託する場合もあるが，組織自体が調査をする場合もある。

内部統制制度 　　　　　　　　　　　　　　　　　　　　内部控制制度
internal control system 　　　　　　　　　　　nèi bù kòng zhì zhì dù

企業の経営者が経営の有効性・効率性を高め，財務報告の信頼性の確保，法律の遵守を促すために，全社的な観点から執行の計画を行い，企業内部において違法行為や不正などが行われることなく組織が健全に運営されるよう部門で所定の基準や手続きを定め，その実施を調整し，それに基づいて管理・監視・保証を行うことをいう。

内部振替価格 　　　　　　　　　　　　　　　　　　　　内部转账价格
intra-company transfer price 　　　　　　　nèi bù zhuǎn zhàng jià gé

大企業の企業内部に，複数の事業部門間の商品及びサービスの取引を評価，また各事業部ごとの業績評価を行うために設定された取引価格のこと。内部振替価格は複数の事業部門の採算を明確に把握できるため，各事業部門の管理に使われている。価格設定には原価基準と市価原価の 2 種類の方式がある。

流れ作業 　　　　　　　　　　　　　　　　　　　　　　　流水作业
assembly-line system 　　　　　　　　　　　　　　liú shuǐ zuò yè

大量生産方式の1つで，ベルトコンベアなどに作業物を載せて流し，コンベアラインの労働者は，流れてくる作業物に部品を取り付けるなど，各自担当する単純作業を繰り返し，作業の終点で完成品ができあがる方式。

ナスダック
NASDAQ (National Association of Securities Dealers Automated Quotations)

纳斯达克
nà sī dá kè

アメリカの世界最大の新興企業向け株式市場で、1971年、全米証券業協会によって設立され、全自動化された店頭登録市場である。ナスダックは情報技術を利用し、電子取引所のシステムを導入して画期的な証券市場システムをつくり上げた。設立されて以来急速な発展を遂げ、現在はニューヨーク証券取引所に匹敵するほど成長した。現在ハイテク産業を中心に5,000社余りの企業が上場している。

ナレッジ・エコノミー（知識経済）
knowledge economy

知识经济
zhī shí jīng jì

知識を基盤とした生産、分配、消費の経済活動で、農業経済、工業経済に相対する用語である。多くの学者は知識を資源の1つとして認識し、企業の競争力ないし国家の競争力の源泉としている。国連の所属研究機関が1990年に初めてこの概念を提出して以来、世界の注目を集めた。

二国間貿易
bilateral trade

双边贸易
shuāng biān mào yì

二国間で行われる財・サービスの取引活動である。二国間の貿易の緊密度を表す指標として貿易結合度がよく使われる。

ニーズ
needs

需求
xū qiú

一定の期間、一定の地域における特定の財・サービスに対する購買欲求のこと。

ニーズ
NIES (Newly Industrializing Economies)

亚洲四小龙（指新加坡，韩国，台湾，香港）
yà zhōu sì xiǎo lóng

新興工業地域のことである。シンガポール、台湾、韓国、香港などの国・地域が1960年代から積極的に外国の資本・技術を導入し、輸出指向産業を中心として急速に工業化を遂げ、高い経済成長率を達成した。

偽・粗悪品
counterfeit products ; fake and forged products

假冒伪劣商品
jiǎ mào wěi liè shāng pǐn

偽物また質や機能などの面で劣る商品のことを指す。中国では1980年代から酒、タバコ、薬などの偽物・粗悪商品が出回るようになり、その中には安全基準を満たさない商品、有害物質の入った商品などもあり、大きな社会問題となった。国民と企業の権益を守るため、政府は偽・粗悪品を生産する地下工場に対する摘発、取り締まりを強化している。

偽ブランド製品 冒牌产品
fake designer merchandise　　　　　　　　　mào pái chǎn pǐn

高価な商品を模した製品を指す。商標権や意匠権などの権利の侵害になるので多くの国では輸入禁止となっている。

ニート 臕一族
neet　　　　　　　　　　　　　　　　　　　nì yī zú

「Not in Education Employment or Training」の略語で，イギリスで生まれた言葉といわれる。年齢が15歳から34歳までの教育機関の既卒者，未婚の者で学校にも通わない，働いていない（家事を含む）若者を指す。「中国青年報」（2007年12月12日）によれば，中国のニート人口は1,216万人で，同年齢層の約3.2％を占めている。

入金伝票 收款凭证
receipt voucher　　　　　　　　　　　　　　shōu kuǎn píng zhèng

会計上，現金の受取取引を記入する伝票で，借方勘定科目で現金として記入する。

入札価格 投标价格
bidding price　　　　　　　　　　　　　　　tóu biāo jià gé

売買・請負において複数の契約希望者が提示する金額で，その金額などを参考にして最終的な契約者を決める。その契約者の提示した金額が最終的な入札価格となる。

入札相場 投标行情
　　　　　　　　　　　　　　　　　　　　　tóu biāo háng qíng

商品の売買，工事の請負などのある時点での一般的な価格のこと。

2要因理論（動機づけ・衛生理論） 双因素理论
two factor theory　　　　　　　　　　　　　shuāng yīn sù lǐ lùn

20世紀50年代末期，アメリカの心理学者ハーズバーグ（Herzberg, F.）によって提出されたもので，職務の満足要因として動機づけ要因と衛生要因（職務不満足の要因）を提起した。動機づけ要因は仕事の達成感，昇進，評価など仕事に内在するもので，衛生要因は給料，人間関係，作業条件など仕事の環境のことである。この理論では人々の意欲を満たすためには動機づけ要因を積極的に改善しなければならないと主張している。

ニューヨーク証券取引所 纽约证券交易所
New York Stock Exchange : NYSE　　　　　niǔ yuē zhèng quàn jiāo yì suǒ

アメリカにある世界最大の証券取引所で，1792年に設立された。上場企業は世界有名企業を中心としてその数は約2,800社。ニューヨーク証券取引所の株価動向は世界の株価市場に大きな影響を与えている。

任意の責任
voluntary responsibility

自主性责任
zì zhǔ xìng zé rèn

強制的ではなく，自分の判断で行動する結果に対する責任のこと。

人間関係論
human relations : HR

人际关系论
rén jì guān xì lùn

人間の心理面や組織の中の人間関係に焦点を当てた理論の総称。レスリバーガー（Roethlisberger, F.J.）やメイヨー（Mayo, G.E.）らが1927年から1932年まで行ったシカゴのウエスタン・エレクトリック社のホーソン実験が出発点となった。この実験で作業集団の重要性，承認と安定の重要性，心の動揺と兆候としての苦情などの結論を導き出した。これらの結論は新しい人的資源管理への道を開いて，それ以降の研究に大きな影響を与えた。

抜取検査
sampling inspection

抽样检验
chōu yàng jiǎn yàn

全体商品の中から少量の商品を取り出して検査し，検査された結果を基に統計の方法で商品全体に対する不良品の割合を計算すること。

抜取測定
sampling test

抽样测试
chōu yàng cè shì

工場などで生産された製品の中で一定数量をサンプルとして取り出し，製品の性能などに対して測定し，統計の方法で全体製品の中で占める不良品の割合を計算すること。

ネゴシエーション
negotiation

洽谈
qià tán

異なる利害を有する主体間において行われる交渉のこと。

ネットバンク
net bank

网上银行
wǎng shàng yín háng

営業上必要な店舗のみを有し，電話やインターネットを介した振込や振替などの取引サービスを提供する銀行を指す。銀行側にとってコストを削減することができるため，多くの銀行がインターネットでの取引サービスを提供するようになった。

ネットワーク組織
network organization

网络型组织
wǎng luò xíng zǔ zhī

情報技術の進展によって，支配・従属関係の従来の組織とは異なって，同じ世界観や価値観を持ち自由な形を持つ自己組織である。ネットワーク組織は内部組織と組織間関係からアプローチすることができる。その特徴としては自発的に形成された関係性，相互作用によって生成された動的情報，バルネラビリティの価値などがある。

年間売上高 / 年营业额
annual sales / nián yíng yè'é

企業などが1年という期間内で販売した商品の総額を指す。

年金 / 养老金
annuity ; pension / yǎng lǎo jīn

国民の老後の生活を保障するために，一定期間内で定期的に給付される金銭。年金は公的年金，企業年金，個人年金などに分けられる。

年功序列制 / 论资排辈制
"nenko" (long service)-based remuneration system / lùn zī pái bèi zhì

終身雇用制，企業内組合とともに日本型経営の特徴で，勤続年数に応じて賃金，役職などの処遇が上がる人事制度を指す。年功序列制は組織の協同意識を高め，組織への忠誠度を高め，賃金の査定が容易などのメリットがある。しかし近年来，国際競争の激化などの要因によって年功序列を見直すべきだとの声も上がっている。

年功序列型賃金体系 / 论资排辈工资制度
system of wages based on seniority ; seniority-order wage system / lùn zī pái bèi gōng zī zhì dù

勤務年数を基準として賃金を決定する体系のこと。一般的に，勤務年数が長いほど賃金が増額するため年功賃金体系とも呼ばれる。

年度決算諸表 / 年度决算报表
annual report / nián dù jué suàn bào biǎo

企業などの組織の1年間における損益を計算し，経営成績や財政状態などを報告する書類のこと。日本の場合，4月から翌年の3月までの1年間が1つの会計年度になっているので，ほとんどの会社は3月に決算諸表を発表するのである。

年度財務諸表 / 年度会计报表
annual financial statement / nián dù kuài jì bào biǎo

企業が投資家や株主，その他の利害関係者に企業の1年度の経営状況，財務状況などを伝達するための書類のこと。年度財務諸表の中には損益計算書，貸借対照表，利益計算書，財務諸表附属明細書が含まれる。

年度の経営計画 / 年度经营计划
annual operation planning / nián dù jīng yíng jì huà

企業が年度経営目標を達成するための経営資源の配分などを示した具体的な行動予定を指す。

年俸 / 年薪
annual income ; salary / nián xīn

1年単位として支払われる賃金で，通常管理職層や専門職のインセン

ティブを高めるために導入されることが多く，職務の固定的報酬と業績や成果に応じた報酬からなっている。

農業産業化 　　　　　　　　　　　　　　　　　农业产业化
industrial agriculture 　　　　　　　　　　nóng yè chǎn yè huà

中国政府が農村経済を発展し，都市部と農村部との所得格差を解消するために実施した政策で，農業内部の社会分業を進め，農業生産を市場需要に対応して専門化生産を行うようなメカニズムのこと。農業産業化を実現する要素には農産品の商品化率，加工能力，輸送条件，販売市場などがある。

納税額上位 100 社リスト 　　　　　　　　　　納税百强排行榜
　　　　　　　　　　　　　　　　　　nà shuì bǎi qiáng pái háng bǎng

中国は毎年企業の納税額の順番付けを行うが，2007 年度の納税額が一番多い企業は大慶油田で，352.14 億元の税金を納めた。納税額上位 100 社リストには製造業の企業が大部分を占めている。また，中国は外資系企業納税額上位 100 社リスト，私営企業納税額上位 100 社リストなども作成し，公表している。

農村信用社 　　　　　　　　　　　　　　　　农村信用社
rural credit cooperatives 　　　　　　　　nóng cūn xìn yòng shè

中国の中央銀行である中国人民銀行の認可を受け，社員（農民）の共同出資で設立され，主に社員向けの融資を行う農村合作金融機関である。農村信用社は信用社の全資産を限度として債務に対し責任を負う独立な企業法人である。農村信用社は中国の金融システムの重要な構成部分として農村の遊休資本を集め，農民，農業，農村経済の発展に金融サービスを提供する役割を果たしている。

農村融資システム 　　　　　　　　　　　　　农村信用服务体系
financial credit system in rural areas 　nóng cūn xìn yòng fú wù tǐ xì

農村融資システムは中国金融システムの一環として中国の農民，農業，農村経済の発展に必要な資金を提供し，国の経済発展戦略や産業構造改革を順調に進めるうえで重要な部分である。中国政府は 1996 年以来，農業銀行，農村信用社，農業発展銀行，郵貯銀行，農業保険会社を主体として初歩的な農村融資システムを構築した。

ノウハウ 　　　　　　　　　　　　　诺豪／技术诀窍／专有技术
know how 　　　　　　　　nuò háo/jì shù jué qiào/zhuān yǒu jì shù

特定の技術の応用，営業・販売を効率よく行うための方法，技術，経験など知識の利用方法である。企業のノウハウは生産効率を高め，製品差別化などで重要な競争要因となっている。

ノウハウ使用料 　　　　　　　　　　　　　　诀窍使用费
know how royalty 　　　　　　　　　　　jué qiào shǐ yòng fèi

ノウハウは製造技術など企業の技能やスキルの形成につながるので知

的財産権の一部であるため，その使用に関しては特許と同様で，ライセンス契約した場合，ロイヤルティなどを払わなければならない。

能力考課　　　　　　　　　　　　　　　　　　　　　　　　　　　　　能力考核

competence appraisal　　　　　　　　　　　　　　　　　　　　　néng lì kǎo hé

社員などの基礎能力の伸長の度合いを確認するための人事考課のこと。能力考課を通じて従業員の長所，能力が把握でき，従業員を効果的に活用することができる。

能力主義　　　　　　　　　　　　　　　　　　　　　　　　　　　　　能力主义

meritocracy　　　　　　　　　　　　　　　　　　　　　　　　　néng lì zhǔ yì

年功序列に相対する用語で，社員の職務遂行能力を基礎として昇進，配置，賃金を決めること。能力主義の目的は人材を有効に活用することや社員が会社に対する貢献度に応じて処遇を決めることなどにある。能力主義は年功序列主義と親和的である点で成果主義と区別される。

ノックダウン　　　　　　　　　　　　　　　　　　　　　　　　　　　来件装配

knock down　　　　　　　　　　　　　　　　　　　　　　　　lái jiàn zhuāng pèi

部品を外国に輸出し，現地で部品を組み立てて販売する方式。ノックダウン方式は高い関税の回避，輸送コストの削減，現地の安い労働力の利用などの利点がある。特に自動車産業で多く利用されている。

八行

ハイエンド製品
high-end product

高端产品
gāo duān chǎn pǐn

最高級，高額・高性能の製品を指す。

買収
acquistions

收买
shōu mǎi

買い取ること。企業の買収は，企業全体の合併や売却だけではなく，一部営業譲渡や資本提携なども含めた広い意味での企業提携のことを総称していう。2000年以降，中国企業の海外進出が盛んになりつつあるが，その重要な手法の1つに企業の買収が挙げられる。

ハイテク
high-tech

高科技
gāo kē jì

ハイテクは，先端分野の技術体系のことで，主に電子回路や情報処理に関連する応用技術体系を指す。1980年代に入って盛んに使われはじめた。

ハイテク企業インキュベーター
incubator for high-tech enterprise

科企孵化器
kē qǐ fū huà qì

ハイテク企業の孵化器とも呼ばれ，ハイテク企業などの新規事業を誘致，育成するために，低コストで関連施設の提供を含めた各種の支援の仕組みや制度のことをいう。

ハイテク工業パーク
high and new technology industry park

高新技术开发区
gāo xīn jì shù kāi fā qū

工業地区の一種で，ハイテク産業が自然発生的に集積，あるいはそれが国や地方公共団体の主導的な役割により設立されているものである。例えば，中国の大連市にある大連高新技術産業園区（1991年に設立）は，中国で最初の国家級のハイテク工業パークである。

ハイテク産業
high-technology industry

高科技产业
gāo kē jì chǎn yè

研究開発に多額の投資が必要で，その製造過程において高度な技術力を必要とする産業のこと。ハイテク産業の発展は一国の国際的競争力を左右するものであって，各国政府，特に発展途上国は力を入れて育成している。現在のハイテク産業には航空・宇宙産業，電子機器産業，精密・光学機器産業，医薬品産業などがある。

ハイテク製品 高新技术产品
high and new technology product gāo xīn jì shù chǎn pǐn

先端技術を利用してつくった創造性の高い製品で、一般的に、市場での競争力や経済効果などの面で優れている。

配当 股息／红利／分红
dividend gǔ xī/hóng lì/fēn hóng

企業活動により生じた剰余部分を、株主の株式の持ち分に比例して分配する利益処分のことを指す。普通株式に対する普通配当、優先株式に対する優先配当に分けられる。

配当型保険 分红保险
dividends insurance fēn hóng bǎo xiǎn

配当型保険とは、保険会社の実際の経営状況がよく、その成果が優れて経営目標を超えた場合、保険会社が一定の比率で保険加入者に配当することを指す。配当型保険は生命保険業界における新しい産物である。

配当金 股利／股息
dividend payment gǔ lì/gǔ xī

株式会社が株主に対して配当するお金のこと。企業は経営活動の成果として得られる利益を源泉として株主に対して配当金を支払うが、利益の変動や政策的配慮などの条件により金額は常に変動する。

配当収益率 股利收益率
dividend yield ratio gǔ lì shōu yì lǜ

公表されている配当額で株価を割ったものを×100にすれば配当収益率になる。つまり、算式は、配当収益率＝1株当たりの配当額÷1株当たりの株価×100である。

配当所得 红利所得
dividend income hóng lì suǒ dé

所得税法により、法人から受ける利益の配当、剰余金の分配、基金利息、投資信託及び特定目的信託の収益の分配にかかわる所得をいう。

配当利回り 股息率
dividend yield gǔ xī lǜ

株式指標の1つで、配当金を株価で除した数値のこと。配当利回りは1株当たりの年間配当金額を、現在の株価で割って計算する。例えば、1株配当の年間配当が100円で、現在の株価が1,000円の場合、配当利回りは10％となる。

ハイブリッド車
hybrid car

混合动力车
hùn hé dòng lì chē

ガソリンエンジンと蓄電池の両方を搭載した自動車。走行の状況に応じてガソリンエンジンと蓄電池の両方を作動させることで，燃費効率がよく，また有害な排気ガスの排出を抑えることができる。トヨタのプリウスが初の市販されたハイブリッド車である。

バイヤー
buyer

买方/买主
mǎi fāng/mǎi zhǔ

買い手，買い主。

薄利多売
small profits and quick returns

薄利多销
bó lì duō xiāo

「薄利」は利益が少ないこと。「多売」は多く売ること。安く売ることで，1つの商品の利益が少なくなるが，大量に売ることで全体の利益を上げること。量販店などがその例である。

バーコード管理
barcode management

条形码管理
tiáo xíng mǎ guǎn lǐ

バーコードは，太さと間隔を変えた黒と白の線を一定の規則に従って縞模様に組み合わせ，数字や英字を表す記号のこと。バーコードで商品を管理することにより，受発注や在庫管理，POS（販売時点情報管理）などを効率化できる。1970年ごろにアメリカで本格的に活用が始まり，中国では1980年代後半にバーコードセンターが創立された。

破産
bankruptcy

破产
pò chǎn

企業や個人が経済的に破綻し債務の支払いが困難な状態になった場合，裁判所の監督のもとで債権者が債務者の総資産を分配するという最も厳しい方法。破産法，会社更生法，民事再生法などの法律に基づいて実行される。

始値（はじめね）
opening price

开盘价
kāi pán jià

株価の動きを示す用語で，ある証券が証券取引所において，1日や1週間の最初に取引された値段のこと。

バスタブ曲線
bathtub curve

浴盆曲线
yù pén qū xiàn

工場で機器や部品などの故障の発生率と時間の経過との関係を示した曲線。ここでいう故障は初期故障，偶発故障，摩擦故障などに分類される。この曲線で，縦軸は故障の故障率，横軸は時間を示す。

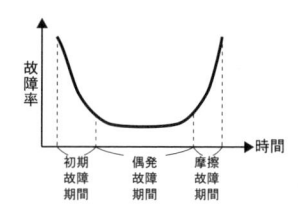

派生訴訟 衍生诉讼
derivative action　　　　　　　　　　　　　　　yǎn shēng sù sòng

株式会社において株主が取締役や監査役等の役員に対して，法的責任を追及する訴訟のことである。会社法ではこの訴訟を「責任追及等の訴え」と呼ぶ。

バーター貿易 易货贸易
barter trade　　　　　　　　　　　　　　　　　yì huò mào yì

貨幣を伴わないで直接の物々交換を行う貿易方法である。現在は純粋な物々交換というより，現金＋バーター取引という形で行われるケースが多い。バーター貿易は，1930年代の世界恐慌のとき，各国の対外収支の均衡が破壊されたため，外貨決済を節約する意味で広く行われた。第二次世界大戦後は，主に東西貿易や対発展途上国貿易において行われている。

8項目のインフラ
七通一平(道路通,上水道通,电气通,下水道通,通讯通,煤气通,蒸气通,平地要平)
　　　　　　　　　　　　　　　　　　　　　　qī tōng yī píng

8項目のインフラとは，道路，上水道，電気，下水道，通信，ガス管，蒸気管，整地の基本的な生活に必要なインフラ条件を指す。これらの条件が整えば更なる開発や建設を通じての迅速な発展を促進することができる。

バーチャル・エコノミー（仮想経済） 虚拟经济
virtual economy　　　　　　　　　　　　　　　xū nǐ jīng jì

バーチャル・エコノミーとは，実体経済（商品やサービスの生産，販売及び設備投資など金銭に対する具体的な対価が伴う）に対する概念であり，一般に，金融，不動産分野の経済活動を指す。バーチャル・エコノミーは流動性，冒険性，投機性及び不安定性が高いという特徴がある。

パーツ（部品） 零件
machine part　　　　　　　　　　　　　　　　líng jiàn

機械や器具などの部品を指す。

発行価格 发行价格
issue price　　　　　　　　　　　　　　　　　fā háng jià gé

会社が株式を発行する際に，投資者が払う1株当たりの金額を指す。

発行済み株式数 发行股票总数
outstanding stock volume　　　　　　　　　fā xíng gǔ piào zǒng shù

株式会社が定款であらかじめ定められた授権株式のうち，実際に発行した株式数のこと。

発展権 / 发展权
rights to development — fā zhǎn quán

一国が自国の経済，文化及び資源・財などを利用して国を発展させる権利を指す。発展権は人権の有機的一部であり，国際社会，特に発展途上国にとってその実現が強く求められている。経済のグローバル化が進んでいる今日，発展権実現の障害となっているのは主に国際経済体制の不公正さであるという意見が多い。例えば，アメリカはこれまで多くの国に対して経済制裁を行ってきたが，経済制裁は発展途上国の発展権実現にマイナス影響を与える大きな障害の1つであるといえる。

発展途上国 / 发展中国家
developing country — fā zhǎn zhōng guó jiā

開発途上国ともいう。従来の低開発国や後進国について，1960年代の初めごろから発展途上国と呼ぶようになった。1人当たり所得の低いアジア，アフリカ，中南米の国が大半である。これらの国では工業化が遅れており，農林水産に依存している。

パテント / 专利
patent — zhuān lì

特許，特許権を指す。

ハードウェア / 硬件
hardware — yìng jiàn

本来は金物の意。コンピューターでは関連装置や部品など機械の部分を指す。一般にコンピューターシステムはハードウェアとソフトウェアによって構成されている。

パートタイマー / 非全日制就业
part-timer — fēi quán rì zhì jiù yè

終日ではなく一定時間だけ勤める短時間労働者や非常勤勤務者などを指しており，その1週間または1月の労働日数が一般労働者より少ない。仕事の内容は一般労働者とあまり変わらないが報酬が比較的低い。

パートナーシップ企業 / 合伙企业
partnership enterprise — hé huǒ qǐ yè

営利の目的の下で，複数の者が協力しながら営む共同企業のことを指す。各主体は資金，技術，労働力などを出資する。国にもよるが法人格はないことが多い。一般的に，品質水準が高く，グローバル規模で事業を展開しやすいという特徴がある。

パートナーシップ制 / 合伙制
partnership — hé huǒ zhì

各主体間の連携を大切にする原則である。個々の主体の取り組みだけ

では困難な課題を各主体が協力することにより解決し，共同の利益を実現することができる。

バーナードの組織論　　　　　　　　　　切斯特・巴纳德组织理论
qiē sī tè·bā nà dé zǔ zhī lǐ lùn

バーナード（Barnard, C.I. 1886-1961年）は近代的組織理論の創始者である。バーナードの理論では，組織を孤立した人間の集団ではなく相互に影響を及ぼし合いながら成立する体系ととらえている。具体的に，組織の設立条件，存続条件，誘引と貢献，組織構造，権威受容説，個人的・組織的意思決定，目的と環境，戦略的要因，道徳・責任などについて論じた。

バブル経済　　　　　　　　　　　　　　　　　　泡沫经济
bubble economy　　　　　　　　　　　　　　pào mò jīng jì

バブルは英語で泡のことを指し，もともと為替などの相場の変動メカニズムを説明する用語である。バブル経済は，投機によって株式・土地などの資産価格が経済の実態以上に大幅かつ長期にわたって上昇し，それが経済活動や資産取引を活性化させる状況を指す。最近の日本では1980年代後半から金融緩和を背景に株や土地の価格が高騰したが，90年以降バブルがはじけた。

払込資本　　　　　　　　　　　　　　　　　　实收资本
contributed capital　　　　　　　　　　　shí shōu zī běn

株主が払い込んだ資本の一部で，資本金と資本準備金からなる。1950年改正前の旧商法では株式の分割払込が認められていたため，資本金と払込資本金が一致しない場合があったが，現在は貸借対照表上の資本金と一致する。

パラダイム　　　　　　　　　　　　　　　　　　范式
paradigm　　　　　　　　　　　　　　　　　　fàn shì

パラダイムの概念はアメリカの科学史家トーマス・クーン（Kuhn, T.S.）が1962年の著書『科学革命の構造』で提出したもので，「広く人々に受け入れられている業績で一定の期間，専門家に対して問いや答え方のモデルを与えるもの」と解釈した。要するに，ある時代の特定の分野において支配的な規範としての世界観やものの見方のことである。クーンは科学発展のパターンをパラダイム変化のスピードによって漸進的に発展するものと急激的に発展するものに分類した。

パラボリック　　　　　　　　　　　　　　停损抛物线 SAR
stop and reverse; SAR　　　　　　　　　tíng sǔn pāo wù xiàn SAR

トレンドフォロー系のテクニカル分析技法である。パラボリックは，「放物線状」という意であり，SARが放物線状となることからパラボリックSARと呼ばれる。上昇しているSARが下降している株価と接触した地点に「売り」，逆に，下降しているSARと上昇している株価の接触地点に「買う」とされる。

バリューチェーン（価値連鎖）
value chain

价值链
jià zhí liàn

企業活動における業務の流れを機能単位に分割し，業務の効率及び競争力を強化する経営手法の1つである。バリューチェーンは主活動と支援活動によって構成されている。主活動には購買物流，製造，出荷物流，販売マーケティング，サービスなど5つの要素がある。支援活動は主活動を支える間接部門であり，調達，技術開発，人事労務管理，全般管理など4つがある。

汎珠江三角州

泛珠三角
fàn zhū sān jiǎo

汎珠江三角州には，珠江流域の福建，江西，湖南，広東，広西，海南，四川，貴州，雲南，香港，マカオなど9つの省・区，2つの特別行政区が含まれる。汎珠江三角州は中国の三大経済圏の1つである珠江デルタ地域を拡大したものであり，中国で巨大な市場を形成しつつある。

半製品
semi-finished products ; semi-manufactured goods

半成品
bàn chéng pǐn

製品としての全製造過程を経ていないが，そのまま貯蔵・販売が可能な中間製品を指す。

ハンセン指数
Hang Seng Index

恒生指数
héng shēng zhǐ shù

香港のハンセン銀行が公表している香港の代表的な株価指数。香港の優良株30銘柄を対象に時価総額方式で計算する。1964年7月31日を基準日とするが，基準指数値は100である。

販売価格
selling price

销售价格
xiāo shòu jià gé

販売価格とは商品の価格や売値のことをいう。言い換えれば，売り主が商品の仕入価格，販売にかかわるさまざまな経費及び利益などを総合した金額をもとに，市場動向を考慮しながら決めた売値を指す。

販売経路
marketing channel ; channel of distribution

销售渠道
xiāo shòu qú dào

商品などが生産者から消費者に移動する過程。その特徴として，スタート点が生産者で終点が消費者であること。移動過程は商品の所有権の移動であること，などがある。

販売競争
sales cantest

竞相销售
jìng xiāng xiāo shòu

世界各国の市場経済が発展し，また経済のグローバル化が進むことにより，同類商品はますます似ており，その差異性が小さくなりつつある。同類商品の比較で，消費者はほんの少しでも優れている商品，あ

るいは同質の条件では安いものを選択する。販売者にとって、どのように自己商品の強み、競争力をつくるかが重要な課題となっており、販売競争で負けると販売者は生き残る道を失ってしまう。

販売原価 / 销售成本
selling cost　　　　　　　　　　　　　　　　xiāo shòu chéng běn

販売原価とは、販売する商品（製品、サービスなど）の生産原価及び販売活動にかかる費用の合計である。

販売センター / 销售中心
selling center　　　　　　　　　　　　　　　xiāo shòu zhōng xīn

企業が販売活動を行う際に、中心的な役割を果たす販売組織、または機関のこと。

販売促進 / 促销
sales promotion　　　　　　　　　　　　　　　　　　　cù xiāo

売り手が買い手の購買意欲を高めるために行う一連の活動を指す。対象は自社内向け、流通業者向け、消費者向けに分かれる。広義には、広告、販売員管理、パブリシティ、需要刺激、ディーラー・ヘルプスなどを含むが、狭義には、前の三者を除いた活動を指す。

販売代理商 / 销售代理商
selling agent　　　　　　　　　　　　　　　　xiāo shòu dài lǐ shāng

特定の会社の代理として商品の販売などの業務を行う店や会社。一般に、アメリカでは製品販売についての価格を含む取引条件の決定を大幅に委ねられているが、日本では単なる販売窓口としての意味合いで用いられている。

販売費用 / 销售费用
selling expense　　　　　　　　　　　　　　　　xiāo shòu fèi yòng

企業の販売業務に関連して発生した費用である。その費用には、販売員給料、手当、広告宣伝費、販売手数料、運搬費などさまざまな費用が含まれる。

比較財務諸表 / 比较财务报表
comparative statement　　　　　　　　　　　bǐ jiào cái wù bào biǎo

2期以上の財務諸表の各項目を対比する形で併記したものを指す。企業の財務状態や損益などの変化の分析に用いられる。

比較生産費説 / 比较成本论
theory of comparative costs　　　　　　　　　bǐ jiào chéng běn lùn

イギリスの古典経済学者リカード（Ricardo, D.）によって提唱された貿易及び国際分業に関する基礎理論。2国間の相互比較において、それぞれの国が相対的に低いコストで生産しうる財、すなわち比較優位にある財に特化し、他の財は他国から輸入するという形で貿易するの

が各国にとって最も利益がある。この説は貿易による国際分業がなぜ成立するかを明らかにする。

比較優位
comparative advantage

比较优势
bǐ jiào yōu shì

国際貿易論の基本的アイデアが比較優位である。ある国が他国より相対的に低い生産費で生産できる財を有している場合，その国は他国に対してその財について比較優位にあるという。

引受為替手形
acceptance

承兑汇票
chéng duì huì piào

為替手形の支払人が手形上に引受署名をし，手形金額の支払義務を負う手形を指す。支払人は振出人から支払人として指定されただけで支払義務を負うことにはならず，引受署名をしてはじめて支払義務を負う。

引受銀行
accepting bank

承兑银行
chéng duì yín háng

最終的な支払を銀行が引き受けることで，引受は銀行により信用度が違う。一般に，信用度の低い銀行は信用状を開設する場合が多い。

引受手形（ひきうけてがた）
acceptance bill

承兑票据
chéng duì piào jù

輸入者の引受が確実にされた手形のこと。

筆頭株主
major stockholders

显名股东
xiǎn míng gǔ dōng

ある株式会社の株式を最も多く持っている人や組織，団体のこと。その株式会社に対して最も大きな影響力をもっている。一般には，親会社，創業者一族，主要取引先銀行及び機関投資家などが筆頭株主となる場合が多い。

非定型的意思決定
unprogrammed decision-making

不确定型决策
bú què dìng xíng jué cè

1回限りの戦略的決定のような，プログラム化されていない意思決定。すなわち，定型的意思決定におけるような状況把握，問題解決の手続きや方式の組織内における経験や蓄積がないことから，新しい問題認識と解決手法の探究が必要となる意思決定。例えば，事業革新や組織や人事の革新ではこのような意思決定が必要である。

一株当たり純資産
book-value per share：BPS

每股净资产
měi gǔ jìng zī chǎn

純資産を発行済み株式数で割ったもので，企業の安定性をみる指標である。計算方式：一株当たり純資産＝純資産÷発行済み株式数。高いほどその企業の安定性が高く，投資価値も大きいといえる。「解散価

値」ともいわれる。

一株当たり利益   　　　　　　　　　　　　　　　　　每股收益
earnings per share：EPS 　　　　　　　　　　　　měi gǔ shōu yì

株式市場が企業を評価する指標の1つで，株主が持っている一株当たりの企業の利益を表す。企業の収益力をみる指標で，高いほど収益力が高い。計算方式：一株当たり利益＝税引後当期利益÷発行済み株式数。

一株一議決権   　　　　　　　　　　　　　　　　　一股一权
one share-one vote 　　　　　　　　　　　　　　　yì gǔ yì quán

株式会社において，株主は株主総会に出席して，取締役会からの提案事項を決議する権利を有する。その権利を議決権という。決議を行う際に，各株主は原則として1株につき1個の議決権を有する。

1人当たり可処分所得   　　　　　　　　　　　　　人均可支配收入
per capita disposable income 　　　　　　　rén jūn kě zhī pèi shōu rù

1人当たり可処分所得とは，個人の収入から政府に支払う諸税金，各費用などを除いた後の金額を指す。1人当たり可処分所得が高ければ高いほど生活水準も高くなる。家庭可処分所得を家庭の人数で割れば1人当たり可処分所得になる。

標準原価   　　　　　　　　　　　　　　　　　　　标准成本
standard cost 　　　　　　　　　　　　　　　　biāo zhǔn chéng běn

製造の事前段階で，科学的な能率測定に基づく目標値として設定する原価のこと。

標準原価計算法   　　　　　　　　　　　　　　　　标准成本法
standard cost accounting 　　　　　　　　　biāo zhǔn chéng běn fǎ

標準という目標値を決めて，それに基づいた管理を行う原価計算の方法。原価を製造の事前段階で，合理的・科学的に設定し，標準と実績を比較して原価の差を計算する。テイラー（Taylor, F.W.）の科学的管理法の考え方により提案された原価計算法である。実際原価計算で生ずる欠陥（計算の遅延や原価の変動性など）を克服し，作業能率を高めることを目的に導入した。普段，報告の際は実際原価でも計算を行い，その差額を求めて分析し，原価報告として報告する。

標準原価差異   　　　　　　　　　　　　　　　　　标准成本差异
standard cost variance 　　　　　　　　　biāo zhǔn chéng běn chā yì

標準原価と実際発生した原価との間に生ずる差額を指す。標準原価差異を算出するにあたってはインプット法とアウトプット法がある。

費用収益分析   　　　　　　　　　　　　　　　　　成本效益分析
cost benefit analysis：CBA 　　　　　　　chéng běn xiào yì fēn xī

事業の経済的効率を評価する手法であり，主として公共投資計画にお

いてその計画を実施すべきか否かを判断するための基礎資料である。その経済的効率は，事業が提供する社会的な価値とこれを提供するために必要な資材，エネルギー，労力等の価値との比により示される。

表決権
voting rights

表決权
biǎo jué quán

表決に参加できる権利を指す。

貧困扶助貸出
poverty alleviation loan

扶贫贷款
fú pín dài kuǎn

中国では貧富の差を解消するために打ち出した政策の1つで，所得水準が著しく低い貧困地域に対し行う貸出のこと。このような貸出は政府が金利の一部を負担するなどの優遇措置がある。

品質管理
quality control : QC

质量管理
zhì liàng guǎn lǐ

製品の品質の維持と不良品の発生防止などのため，検査を行い不良品発生の原因を統計的に分析する生産管理の手法。初期には，品質変動を統計的に把握する統計的品質管理であったが，次第に生産過程で品質の改善を行うQC運動，総合的品質管理活動（TQC）として展開されている。

品質劣化商品

冷背货
lěng bèi huò

なんらかの原因で，品質や性能が低下した商品のこと。

貧富格差
wealth disparity

贫富差距
pín fù chā jù

経済活動の過程で発生する富を築いた者とそうでない者の差を指す。貧富格差が生ずる主な原因には個人的要素と社会的要素がある。近年，世界中の多くの国や地域で貧富格差が広がっている。貧富格差はジニ係数を用いて測れる。

ファイナンス・リース
finance lease

融资租赁
róng zī zū lìn

リース会社が利用者の希望する機械・設備を購入し，それを利用者に一定期間賃貸すること。賃貸物件の管理責任は利用者にあり，中途解約はできない。リース会社はリース料を受け取る。

ファースト・フード
fast food

快餐
kuài cān

短時間で作れる，または短時間で食べられる安価な食品のことを指す。ファースト・フードは20世紀初期から流行し始めた。国際的に有名なファースト・フードチェーンはマクドナルド，ケンタッキーフライドチキンなどである。

ファーム・オファー
firm offer

实价 / 实盘
shí jià/shí pán

承諾期間を付して行う申し込み。期間内の申し込み取消はできないが，期間内に相手から承諾通知が来ないときは申し込みが失効する。

ファンクショナル（職能）組織
functional organization

职能制组织
zhí néng zhì zǔ zhī

組織内部で職能別に上位層が下位層に指示しながら職務を遂行することを指すが，下位層は複数の上位層から指示される。つまり，1人の部下と複数の上司で構成される組織である。

風力エネルギー普及運動

拉风行动
lā fēng xíng dòng

風力エネルギー発電は，風車で風を受けて風車の中に設置している発電機を回すことで電気を起こす仕組みを指す。石油危機や地球温暖化問題が注目されてから，環境に優しい（二酸化炭素を排出しない）風力エネルギーの利用は人気が高まっている。風力エネルギーの利用はアメリカ，ドイツ，スペイン，デンマークなどが盛んであるが，日本ではあまりうまく利用されていない。環境省と経済産業省によると，日本では2010年には設備容量の目標を現在の3倍に増やすと定めている。今後，風力エネルギーの利用は世界中で普及される見通しである。中国の利用可能な風力エネルギー資源は，2.53億キロワットと予測され，世界一であるといわれる。中国の初めての風力発電所は1986年に建設された。

フォーマル組織
formal organization

正式组织
zhèng shì zǔ zhī

公式組織，成文組織のこと。つまり，共通の目的達成のために意識的，理性的，合理的に形成された組織を指す。

付加価値
value-added

附加价值
fù jiā jià zhí

企業が購入した材料などに新たに付加した価値，つまり企業が新しく生み出した価値を指す。従って，付加価値は人件費，利子，利潤の合計といえる。付加価値の計算方法には，大きく加算法と控除法に分類できる。加算法は付加価値項目を加算する方法であり，控除法は売上高または生産高から非付加価値項目を差し引く方法である。

付加価値税
value-added tax : VAT ; tax on value-added : TVA

增值税
zēng zhí shuì

製品が，生産者→卸売業者→小売業者→消費者など各流通段階を経るたびに課税される消費税の一体系である。

不完全競争 / 不完全竞争
imperfect competition
bù wán quán jìng zhēng

アメリカの経済学者クラーク（Clark, J.M.）によって提出されたもので，ある商品の市場価格はそれに影響しうる売手または買手が存在するため，需要曲線が右下がりに直面し完全競争を維持することができないことを指す。不完全競争は少数の企業の寡占と多数の企業が存在する独占的競争との2種類に分けられる。

負債 / 负债
liability
fù zhài

資本とともに貸借対照表の貸方側を構成するもので，企業資本の調達源泉のうち，主に第三者に対する給付義務を表すもの。法律上明確に定められた支払義務である法的債務と，承認と金額が企業に自由裁量に任せられる擬制負債に大別される。

負債総額 / 负债总额
total liabilities
fù zhài zǒng é

企業が支払うべき債務の合計額で，会計上企業の総資本から自己資本を除いた金額である。

部署 / 岗位
section ; department ; position
gǎng wèi

それぞれに役割や分担を決めること，あるいはその役割や担当した場所を指す。例えば，企業の部や課は部署の単位であり，部長，課長などは担当する部署の長である。

不正競争 / 不正当竞争
unfair competition
bú zhèng dàng jìng zhēng

自分の商品と他人の商品を混同させたり，営業秘密にかかわる不正行為などを行うことにより利益を求める行為を指す。

不正競争防止法 / 反不正当竞争法
law on prevention of unfair competition
fǎn bú zhèng dàng jing zhēng fǎ

事業者間の公正な競争及びこれに関する国際約束の実施を確保するため，不正競争の防止を目的として設けられた法律である。日本，中国では1993年に不正競争防止法がはじめて設けられた。

付属品 / 附件
accessory
fù jiàn

主となる物と一体となってはじめて機能する物を指す。例えば，マウスはパソコンの付属品である。

普通預金
ordinary deposit

活期存款
huó qī cún kuǎn

期間の定めがなく，1円単位でも預入ができる。利率は定期預金より低いが払戻しが自由である。

物価上昇率
percentage change in prices

物价上涨率
wù jià shàng zhǎng lǜ

一定期間内での物価水準が基準となる年の物価水準に比べどのくらい上昇（または下落）したかを示すもので，一国の景気を判断するにあたって重要な材料となっている。

物価スライド制定期預金
inflation-proof bank savings

保值储蓄
bǎo zhí chǔ xù

銀行が国民経済及び物価上昇の状況に応じて，定期預金の期限によって一定の補助金を与える制度である。例えば，物価が上昇すると定期預金額が相対的に目減りし，預金の実質価値が少なくなる。その定期預金の価値を維持するために銀行が補助金を支払う。

プッシュ戦略
push strategy

推动策略
tuī dòng cè lüè

メーカーが卸売業者や小売業などの流通業者に対して販売支援を行うことで，自社製品を強力に販売し，消費者に商品を購入させる販売促進活動のこと。

物流
physical distribution : PD

物流
wù liú

商品の生産者から産業用需要家や消費者までの物的移動及びその過程を指す。

物流コスト
physical distribution cost

物流成本
wù liú chéng běn

企業などで生産された商品が消費者までの流通過程で発生した費用のこと。

不動産管理
property administration

物业管理
wù yè guǎn lǐ

不動産管理業者が不動産所有者から委託され，また不動産管理委託の契約を結び，その後不動産の家屋及びその設備，衛生，交通，治安などについて維持，修繕を行うことを指す。中国では不動産管理の歴史が短く，20年ぐらいしかないが，イギリスやアメリカでは100年以上の歴史をもっている。

部品
parts

配件 / 零部件
pèi jiàn/líng bù jiàn

部分品、パーツともいう。機構や器具の一部分を成している品を指す。

ブーメラン効果
boomerang effect

飞反效应
fēi fǎn xiào yīng

先進国が発展途上国に対し、直接投資、技術援助などを行った結果、発展途上国の現地企業の技術力が高くなり、商品の価格、性能、質などの面で競争力をもつようになって、逆に先進国に輸出し、先進国と同種の製品と競合する現象。

部門間取引
inter-office account

内部往来
nèi bù wǎng lái

企業グループ内における本社と支社の間の取引を指す。支社が設立する際の本社からの投資や本社と支社の間で行われる商品の移動などは部門間取引である。このような取引は決済が必要である。

部門原価
departmental cost

部门成本
bù mén chéng běn

一般にある製品を製造する際、その過程が複数の部門や工程に分かれている。それらの部門、工程別にかかる原価を部門原価という。

部門損益表
departmental income statement

部门损益表
bù mén sǔn yì biǎo

部門活動の結果による利益、損失を計算し、それを一定の表にまとめて示したものである。一般に、この用語は企業でよく使われており、部門損益表は企業の財務状況を示す基準の1つでもある。

フランチャイズ契約
franchise agreement

特许加盟契约
tè xǔ jiā méng qì yuē

製品やサービスに独自性をもつフランチャイジャーが地域展開を図るに当たって、フランチャイジー(加盟社)と結ぶ契約で、フランチャイジャーがフランチャイジーに製品やサービスを販売する権利を与えるとともに支援を行い、それの対価として一定額の加盟料や手数料を受け取ることである。

フランチャイズ・チェーン経営
franchise chain

特许经营
tè xǔ jīng yíng

特定商品の製造や販売を行う企業が、一定の条件のもとに他の業者に対して一定地域内での独占的な販売権を与える代わりに販売努力を義務づけ、着実に市場を開拓していく経営方法である。

ブランド   品牌
brand   pǐn pái

商標，銘柄のことを指す。

ブランド効果   品牌效应
brand effect   pǐn pái xiào yìng

ブランドが企業にもたらす経済効果のことを指す。企業間競争の激しい今日，ブランド効果は企業が生き残り，また，さらに市場を広げる手法の1つでもある。

ブランド商品   名牌商品
branded goods   míng pái shāng pǐn

特定の生産者や販売業者によって単一のブランドが付された商品。

ブランド戦略   品牌战略
branding strategy   pǐn pái zhàn lüè

製品に付与されているネーミング，マーク，ロゴタイプなどを総称してブランドという。ブランド戦略とは，特定の商標を売り込み，他の競合商品との差別化を図って，有利な地位を築こうとする企業戦略である。貿易大国である中国の工業製品の輸出のほとんどは加工貿易で，中国にとってはブランド商品の育成が急務になっている。2004年現在，「世界著名ブランド」に認められている企業は海爾（ハイアール）の1社のみである。

プラント   成套设备
plant   chéng tào shè bèi

生産設備や機械などを指す。

プラント設備の導入   引进成套设备
     yǐn jìn chéng tào shè bèi

➡プラント

プラント輸出   成套设备出口
plant export   chéng tào shè bèi chū kǒu

完成品の輸出ではなく，生産設備や機械及び生産ノウハウをセットにして輸出する場合を指す。契約から引渡しまでの期間が普通の商品の輸出より長くかかる。プラント輸出は先進国から途上国への技術移転の方式として一般的になっている。例えば，改革開放以降，中国ではこの方式により先進国の設備や技術を取り入れ，経済発展を図った。

フリーオファー   虚价/虚盘
free offer   xū jià/xū pán

販売促進のために消費者に無料でノベルティーやサービスを提供する方式をいう。

振替伝票 / 转账凭证
transfer voucher — zhuǎn zhàng píng zhèng

会社や店舗などの事業者が金銭の出入や取引内容などを記入する際に使う伝票の一種であるが，すべての取引勘定科目について使用することができる。振替伝票を使うことにより，金銭を保管管理しやすくなり，また書式が統一されることで利便性が高い。

不良債権 / 不良债权 / 呆账
bad debt ; doubtful account — bù liáng zhài quán / dāi zhàng

金融機関がもつ債権のうち名目的には資産であっても，実際には回収が著しく困難な貸出金を指す。融資先が倒産した破綻先債権，利息や元本の返済が遅れている延滞債権などが代表的な例である。また，返済の期限が過ぎており，支払いを催促したにもかかわらず結局回収できず，停滞の状態になっている債権のことも指す。

フル稼働 / 全面开工
full capacity — quán miàn kāi gōng

すべての能力を用いて稼動し，その働きが限界に達していることを意味する。

ブルーカラー / 蓝领职员
blue-collar — lán lǐng zhí yuán

生産作業に直接従事する労働者階層。ブルーの作業衣を着ることからきた言葉である。

フル・ターンキー方式 / 启钥匙成套设备方式
full turnkey — qǐ yào shi chéng tào shè bèi fāng shì

設備の運転に必要なすべての条件（キーを回せば設備が稼動する状態）を含めた受注または発注のこと。

ブルーチップス / 蓝筹股
blue chips — lán chóu gǔ

優良株のことをいう。業績（収益性，成長性など）がよく，財務的基盤も磐石とした企業の株を指す。優良株のこのような呼び方は最初アメリカから始まり，その後，他の国にも広がるようになった。

プレミアム / 贴水佣金 / 溢价
premium — tiē shuǐ yòng jīn / yì jià

オプションの価格ともいう。将来の価格不確実な原資産を将来の一定期間に，一定価格で「買う権利」あるいは「売る権利」を購入する価格のことを指す。プレミアムは，本質的価格（現時点での利益）と時間価格（今後得られる利益）の2つの要素により決まる。

プレミアム発行 溢价发行
premium issue yì jià fā xíng

額面を上回る価額(その超過部分がプレミアム)で債権や株式を発行すること。時価発行もこれに該当するが,多くは株式の中間発行を指す。

プロセス 程序／工艺
process chéng xù/gōng yì

①仕事を進める手順,方法。ビジネス現場では手順に従って行われる作業や組織運営の手法などを指す場合が多い。②コンピューターで実行されている個々のプログラム。

プロダクト・ライフ・サイクル理論 产品生命周期理论
Product Life Cycle Theory : PLC 理論　chǎn pǐn shēng mìng zhōu qī lǐ lùn

アメリカ経済学者バーノン(Vernon, R.)によって提起された理論である。商品が市場に投入されてから姿を消すまでの過程であり,商品を生物の一生に例える考え方。製品のライフサイクルは導入期,成長期,成熟期,衰退期という4つの段階に進むに従って,当該製品の生産技術が模倣され,生産コストが低下する。これに対して,当該企業は自社の競争優位が失われないように,海外に進出する。

分業(ないし専門家)の原則 分工协调原则
principle of division fēn gōng xié tiáo yuán zé

ある全体をなす総労働を一連の相異なる部分労働に分割し,労働者や各集団が専門的な機能としてそれらを分担,完成することによって生産性を高めるという生産の原則。

ベア 熊市
bear market xióng shì

株取引における弱気または弱気筋のことを指す。

平均原価法 平均成本法
average-cost method píng jūn chéng běn fǎ

平均原価法とは,棚卸資産の取得原価(単価)の算定法の1つで,異なる単価での棚卸資産の受け入れがある際の種類,品質,形などが同一の棚卸資産について,その取得原価を平均して平均原価を算出し,この平均原価によって期末棚卸資産の価額を算定する方法である。

北京・天津・唐山経済圏 京津唐都市经济圈
Beijing-Tianjin-Tangshan urban economic bloc
jīng jīn táng dōu shì jīng jì quān

北京・天津・唐山(環渤海)経済圏は遼寧,河北,北京,天津及び山東など3つの省,2つの直轄市を含む。北京・天津・唐山経済圏,珠江デルタ経済圏,長江デルタ経済圏は中国で三大経済圏と呼ばれる。

北京・天津・唐山経済圏は中国の東側の沿海地域の北部に位置しており、日本、韓国、朝鮮に近く、大連港、天津港は中国の経済発展に重要な役割を果たしている。この経済圏には天然資源が豊富で、人材が多く、文化や科学技術も発展している。

ベースマネー（ハイパワード・マネー）　　基础货币
base money　　jī chǔ huò bì

マネタリーベースあるいはハイパワード・マネーともいう。民間部門の保有する現金と民間金融機関の中央銀行預け金の合計。ベースマネーの供給量によってマネーサプライの量も変化する。マネーサプライとは金融機関以外の法人や個人、地方公共団体などが保有する通貨、貨幣の量のことを指す。

ペッグ制（リンク制）　　连锁制
peg system　　lián suǒ zhì

一定の輸出を条件として輸入を許可し、輸出と輸入を数量や金額の面で関連づける貿易制度である。主に輸出奨励のために行われる。

ヘッジファンド　　对冲基金
hedge fund　　duì chōng jī jīn

少数の投資家から大口の資金を集め、株式、債券、為替など多様な変動商品を投資対象として、空売り・空買いなどをしながら投機的に運用して高利潤を得るファンド。米国の投資家ジョージ・ソロス氏が運用する「クオンタム・ファンド」が有名。運用資金が巨額で、為替相場などがかく乱される可能性もある。

ペーパー・レス取引　　无纸化交易
paperless trading　　wú zhǐ huà jiāo yì

資料の作成や手続きなどを電子機器のみで行い、紙を使わない取引のことを指す。

変形マルチ商法　　变相传销活动
disguised multi-level marketing　　biàn xiàng chuán xiāo huó dòng

マルチ商法は、連鎖販売取引あるいはそれに類似した販売形態の通称である。変形マルチ商法は、詐欺などの行為により集金し、人員募集・ネットワークを拡大し、募集した人数によりメンバーの報酬を決める。変形マルチ商法は違法行為であり、マルチ商法とほぼ同じ時期に生じた。

ベンチャーキャピタル　　风险投资
venture capital : VC　　fēng xiǎn tóu zī

ベンチャー・ビジネスを対象とした資本金あるいはその投資・融資をする会社のこと。一般に、未上場企業に対してその株式を取得し、出資先ベンチャー企業の経営に深く携わる場合が多い。

ベンチャー・ビジネス
venture business

冒险事业

mào xiǎn shì yè

新技術や高度な知識を軸に，大企業では実施しにくい創造的・革新的な経営を展開する中小企業のこと。冒険的要素はあるが，新しい市場を開拓しながら急成長している。

変動費用
variable cost

变动费用

biàn dòng fèi yòng

一定の生産能力や販売能力のもとで，生産量や販売量に応じて変動する費用，言い換えれば製品を1つ作るたびに増える費用のことを指す。一般に，製造業では材料費，外注加工費，販売業では仕入原価などが変動費用にあたる。

貿易
trade

贸易

mào yì

国と国が商品などを売買することを指す。商品などを相手国へ送り出すことを輸出といい，逆に相手国から受け入れることを輸入という。輸出額と輸入額を合計した金額を貿易額という。

貿易赤字
unfavorable balance of trade

贸易逆差

mào yì nì chā

一国の貿易収支で総輸出額よりも総輸入額のほうが多い状態を指す。

貿易黒字
favorable balance of trade

贸易顺差

mào yì shùn chā

一国の貿易収支で総輸入額より総輸出額のほうが多い状態を指す。

貿易収支バランス
balance on goods

贸易平衡

mào yì píng héng

貿易収支は一定期間内における一国の輸入と輸出の差額のことを指す。輸出が輸入を上回ると貿易収支バランスが良い（貿易黒字）といい，逆に，輸入が輸出を上回れば貿易収支バランスが悪い（貿易赤字）という。

貿易障壁
trade barrier

贸易壁垒

mào yì bì lěi

一国が外国の商品や労務などの輸入について制限する各種措置。一般に，関税による障壁と非関税による障壁の2つに分けられる。

貿易不均衡
trade imbalance

贸易不平衡

mào yì bù píng héng

貿易インバランスともいう。外国との貿易で輸入，輸出のバランスがとれず，不均衡な状態になっていることを指す。貿易不均衡が長く続くと失業や不況を招き，2国間の関係が悪化する場合もある。例えば，

米中貿易不均衡の拡大が続くなか，2006年米国の対中貿易赤字は2,325億ドルを記録し，アメリカは中国人民元の切り上げを強く要求した。

貿易保護主義　　　　　　　　　　　　　　　　貿易保护主义
protectionism　　　　　　　　　　　　　　mào yì bǎo hù zhǔ yì

輸入の制限，関税の引き上げなどを通じて自国の産業を保護しようとする行為や考え方などを指す。

貿易摩擦　　　　　　　　　　　　　　　　　　貿易摩察
trade friction　　　　　　　　　　　　　　　　mào yì mó chá

個々の商品の輸出入において，輸出（輸入）が一方に大きく偏ることから関係国間で発生する紛争のこと。日本とは逆にアメリカの貿易収支が著しく悪化した1960年代後半から始まった日米貿易摩擦が1つの例である。

報酬委員会　　　　　　　　　　　　　　　　　薪酬委员会
remuneration committee　　　　　　　　　xīn chóu wěi yuán huì

取締役や執行役が受ける報酬を決定する株式会社の機関である。日本では，2002年の商法改正で「委員会等設置会社」制度を導入し，2006年の会社法施行により「委員会設置会社」に変更した。

法人格　　　　　　　　　　　　　　　　　　　法人资格
juridical person　　　　　　　　　　　　　　　fǎ rén zī gé

法律上の人格を指しており，権利・義務の主体となることのできる資格である。財団法人，社団法人，公益法人及び営利法人などに分類される。

法人株　　　　　　　　　　　　　　　　　　　法人股
institutional shares　　　　　　　　　　　　　　fǎ rén gǔ

企業法人や法人の資格を有した社会団体が取得した株式を指す。所有主体によって発起人法人株，海外法人株，本土法人株に分けられる。

法人株主　　　　　　　　　　　　　　　　　　法人股东
institutional stockholders　　　　　　　　　　fǎ rén gǔ dōng

個人株主に対して，金融機関や機関投資家，商社，メーカーなどが法人として会社の株主になっているものを指す。世界経済のグローバル化が進むことにより，法人株主における外国人投資家が増えつつある。

法人税　　　　　　　　　　　　　　　　　　　公司税
enterprise tax on corporation　　　　　　　　　gōng sī shuì

法人の収益所得に課せられる税金のこと。個人の所得が所得税法の対象であるのに対して，法人の所得は法人税法の対象となる。法人税法では特有のルールがあるため，ここでいう収益は必ずしも企業会計上の利益とは一致しない。

法定最低資本金
legal minimum capital

法定资本最低限额
fǎ dìng zī běn zuì dī xiàn é

債権者保護を目的として，法律で定められた最低資本金。日本において，2006年の会社法では株式会社に関して最低資本金制度を廃止し，資本金1円でも株式会社を設立することができるようにした。中国の会社法では，有限責任公司と株式有限公司の登録資本の最低限度額をそれぞれ3万人民元と500万人民元と定めている。また，法律，行政法規に有限責任公司，株式有限公司の登録資本の最低限度額について比較的高い規定がある場合は，その規定に従うとしている。

法定代表者
legal representative

法定代表人
fǎ dìng dài biǎo rén

法定代表者とは，法律で定められた規定により，法人を代表する責任者を指す。例えば，一般に，中国の企業では董事長（日本の代表取締役に相当）あるいは総経理（日本の社長に相当）が法定代表者である。

法定代理人
legal representative

法定代理人
fǎ dìng dài lǐ rén

法律の規定に基づいて代理人となる者を法定代理人という。未成年者の親権者・後見人など。法定代理人は本人に対して善良なる管理者の注意義務や誠実義務を負い，その権限が法律によって決められる。

法的責任
legal responsibility

法律责任
fǎ lǜ zé rèn

法定義務あるいは契約義務を違反し，または法的権利，権力の行使が中止された主体が担うべき責任，結果を指す。一般に，法的責任には補償と制裁の2つの方式がある。

簿価
book value

账面价值
zhàng miàn jià zhí

帳簿残高ともいう。一般に，資産または負債について適正な会計処理の結果として帳簿に記入されている数値の純額をいう。

簿外資産
off-balance-sheet asset

账外资产
zhàng wài zī chǎn

会計帳簿に記載されていない資産をいう。例えば，工場の工具類などは支給されたとき帳簿上では消耗したものとして処理されるが，実際物品も会社の資産である。

簿外収益
unlisted profit

帐外收益
zhàng wài shōu yì

企業の本業の営業活動以外の収益のことで，土地，有価証券の売却，受け取る配当などが該当する。

北米ドル
dollar

美元
měi yuán

アメリカの通貨単位。別名として米ドル，US ダラーがある。記号は＄，弗。2009 年 8 月 9 日の為替レートでは，1 米ドル＝97.55 円＝6.84 人民元である。

保護関税
protective duties ; protective tariff

保护关税
bǎo hù guān shuì

国内産業保護のため，輸入商品に課する関税。輸入制限に比べ，より一般的な産業保護の方法である。

保護貿易
protective trade

保护贸易
bǎo hù mào yì

貿易収支の改善や国内産業の保護，育成を目的に，政府が保護関税や非関税障壁により，輸入に制限を課する貿易政策。

保護貿易政策
protectionism

保护贸易政策
bǎo hù mào yì zhèng cè

自国の産業を保護するために輸入を制限する政策。

補償貿易
compensation trade

补偿贸易
bǔ cháng mào yì

一国が外国から技術や機械設備を輸入し，それらの技術や機械設備を使用して生産した生産物でその代金を支払う貿易方式である。中国は 1980 年代に，経済発展のために先進国から技術や設備を広範に導入するなど補償貿易を積極的に活用した。

保税加工貿易

保税加工贸易
bǎo shuì jiā gōng mào yì

輸入した原材料を保税地域で加工して輸出することを指す。

保税区
bonded area

保税区
bǎo shuì qū

一国が国境線近く（あるいは他の地域）に，税関の監督のもとで特殊な区域をつくり，その区域内では，輸出入の商品について免税するだけではなく輸出入製品の加工や国際貿易を行うなどさまざまな機能がある。上海外高橋保税区は中国で一番目の保税区である。中国の経済発展に倣って，インド，韓国，フィリピンなどの国でも保税区を設置した。

保税倉庫
bonded warehouse

保税关栈
bǎo shuì guān zhàn

輸入手続きをせずに外国貨物を保管できる場所。保税地域の 1 つであるが，指定保税地域に比べ長期間（2 年間）蔵置できる。

ホーソン工場の実験 　　　　　　　　　　　　　　　　霍桑工厂试验
Hawthorne experiment 　　　　　　　　　　　　　huò sāng gōng chǎng shì yàn

　1924年から1932年までアメリカのウェスタン・エレクトリックのホーソン工場（Hawthorne plant）で行われた一連の調査実験である。心理学教授レスリスバーガー（Roethlisberger, F.J.）と精神科医師のエルトン・メイヨー（Mayo, E.）によって行われた。従業員の中に共通の感情をもとに思考慣行を同じくする非公式組織の存在が見出され，人間関係論の人事管理経営の契機となった。

ボトルネック 　　　　　　　　　　　　　　　　　　　　　　瓶颈
bottleneck 　　　　　　　　　　　　　　　　　　　　　　píng jǐng

　①隘路，②難関，支障。システム全体の処理性能の大部分を決める部位のことであり，その部位が性能低下の要因となっている場合に使われる。

ボトルネックインフレーション 　　　　　　　　　　　瓶颈式通货膨胀
bottleneck inflation 　　　　　　　　　　　píng jǐng shì tōng huò péng zhàng

　インフレーションとは，経済全体の財やサービスの価格が継続的に上昇する現象で，貨幣価値の下落を意味する。そのなかで，特定の生産要素（労働力・土地・資本など）の不足から隘路（ボトルネック）が生じ，生産が需要に追いつかず，物価が上昇するインフレをボトルネックインフレーションという。

ポートフォリオ 　　　　　　　　　　　　　　　　　　　　投资组合
portfolio 　　　　　　　　　　　　　　　　　　　　　　tóu zī zǔ hé

　原意は紙挟みとか携帯用書類入れのこと。転じて経済主体（企業・個人）によって保有される各種の金融資産の集合。収益性の異なる方向をもつ商品を組み合わせることで，リスクを分散させることができる。

ボーナス 　　　　　　　　　　　　　　　　　　　　　　　　奖励金
bonus 　　　　　　　　　　　　　　　　　　　　　　　　　jiǎng lì jīn

　年末あるいは夏期，正規の給料以外に特別に与えられる賞与，特別手当のこと。

ホワイト・カラー 　　　　　　　　　　　　　　　　　　　白领职员
white collar 　　　　　　　　　　　　　　　　　　　　bái lǐng zhí yuán

　主に事務に従事する労働層・職種を指す言葉である。一方，現場で作業する肉体労働者はブルー・カラーと呼ばれる。一般に，ホワイト・カラー職種はオフィス内での活動が中心のため，快適で比較的楽な仕事であるというイメージがある。白襟の服を着ていることからきた言葉である。

本社

head office

总公司／本公司

zǒng gōng sī/běn gōng sī

支社に対して，会社の業務を行う本拠となっている事業所のこと。

本社勘定

公司拨入资金

gōng sī bō rù zī jīn

会計単位として工場会計や支店会計を設定した場合，工場や支店の総勘定元帳に本社勘定を設ける。また，本社では工場勘定を設け，相互間の取引を記入する。本社勘定と工場勘定は照合勘定の一種で貸借逆に記入される。

マ行

マイクロチップ産業　　芯片行业
micro chip industry　　xīn piàn háng yè

マイクロチップとは，小型集積回路が入っているシリコンで，電子機器の製造に欠かせないものである。マイクロチップの設計，開発，製造，販売に携わる企業の集まりをマイクロチップ産業と呼ぶ。

前受金　　预收货款／预收账款
advance received　　yù shōu huò kuǎn/yù shōu zhàng kuǎn

商品売買，建設工事などを行う際に，売る側または受注者が先に代金の一部を受け取った場合に使用する負債の勘定科目。

前渡金　　预付账款
advances　　yù fù zhàng kuǎn

商品売買，建設工事などを行う際に，買う側や発注者が商品を受け取る前，または工事が完成する前に代金の一部を支払った場合に使用する資産の勘定科目。前払金ともいう。

マクロ経済学　　宏观经济学
macroeconomics　　hóng guān jīng jì xué

国民所得，投資や消費などさまざまな集計概念を用いて一国経済全体の活動及び動向を分析する経済学。その集計量として，国民所得，失業率，投資，貿易収支，インフレーションなどがある。

マクロコントロール　　宏观调控
macro control　　hóng guān tiáo kòng

政府が国民経済に対し，調整とコントロールを行い，経済発展の是正を図ること。つまり，政府がマクロ経済の運行に関与と調整を行い，一定の目標の達成を図ることである。

マクロコントロール政策　　宏观调控政策
macro control policy　　hóng guān tiáo kòng zhèng cè

政府が国民経済に対し，経済発展の是正を図るために調整とコントロールを行う政策。

マーケット　　市场
market　　shì chǎng

マーケットには後者の「場所」と「取引行動の総称」の２つの意味がある。いわゆるマーケットとは商品交易関係の総称で，売る側と買う側の関係が含まれ，社会分業と商品経済がある程度発展した会社の産

物である。社会主義計画経済体制の下では，マーケットは認められなかった。中国では1992年第14回中国共産党全国大会で社会主義市場経済を確立した。

マーケット・コントロール　　　　　　　　　　　市场调控
market control　　　　　　　　　　　　　　　　shì chǎng tiáo kòng

市場に対する政府の関与である。財政政策，金融政策などが含まれる。

マーケット・シェア　　　　　　　　　市场份额／市场占有率
market share　　　　　　　　shì chǎng fèn é/shì chǎng zhàn yǒu lǜ

ある商品やサービスの市場に対し，特定の企業の商品またはサービスがどの程度の割合を占めているかを示す指標。マーケットシェアが高ければそれだけその企業の優位性を表す。一般的に，中国企業はマーケット・シェア志向であるのに対し，日本企業は利益率志向であるといわれている。市場占有率，市場シェアとも呼ばれる。

マーケット・プライス　　　　　　　　　　　　市场价／时价
market price　　　　　　　　　　　　　　　　　shì chǎng jià/shí jià

マーケットによって決められる商品やサービスの価格のこと。

マーケット・メカニズム　　　　　　　　　　　　市场机制
market mechanism　　　　　　　　　　　　　　　shì chǎng jī zhì

市場の変化によって，需要と供給が調整されていくこと。価格が上昇すると供給が需要を上回り，価格が下落すると需要が供給を上回る。このように価格の変動を通じて需要と供給が均衡になる。

マーケット・リサーチ　　　　　　　　　市场调查／市场调研
market research　　　　　　　shì chǎng diào chá/shì chǎng diào yán

一般的に市場調査を指す。商品の販売促進，及び商品の販売過程に存在する問題とチャンスの解決などの目的で市場に関する情報を体系的に調査・分析すること。

マーケティング　　　　　　　　　　　　　　　　市场营销
marketing　　　　　　　　　　　　　　　　　　shì chǎng yíng xiāo

商品やサービスの「売れる仕組みづくり」のことで，製品の企画から生産，販売の一切の企業活動のことをいう。「マーケティングの4P」として，製品(Product)，価格(Price)，流通(Place)，プロモーション(Promotion)が知られる。

マーケティング戦略　　　　　　　　　　　　　　营销策略
marketing strategy　　　　　　　　　　　　　　　yíng xiāo cè lüè

企業や事業体が標的市場に自社の商品やサービスを販売促進するために行う活動計画のこと。マーケティング戦略には，主に販売戦略，製品戦略，コミュニケーション戦略がある。

マージン
margin

边际利润
biān jì lì rùn

粗利益。算式は，マージン＝販売価格－製造原価（製造業）。

マックス・ウェーバーの支配の類型

马克斯・韦伯的权利的分类
mǎ kè sī・wéi bó de quán lì de fēn lèi

マックス・ウェーバー（Weber, M.）の支配の類型には，伝統的支配，カリスマ的支配，合理合法的支配がある。合理合法的支配を行う組織を官僚制組織と呼ぶ。

マトリックス組織
matrix organization

矩阵制结构组织
jǔ zhèn zhì jié gòu zǔ zhī

製品別，職能別，地域別，顧客別など，編成している部門をヨコ組織とタテ組織に折衷し，タテ軸の指揮命令系統とヨコ軸の指揮命令系統の二元的な命令系統を同時に採用した組織形態である。1960年代にアメリカの航空宇宙産業で最初に採用された組織形態といわれる。命令系統の複雑化，意志決定の遅れなどの短所が指摘される。

マネーサプライ
money supply

货币供应／通货供给量
huò bì gōng yìng/tōng huò gōng jǐ liàng

民間非金融機関によって保有される通貨の総量。マネーサプライは普通，M1（現金通貨と要求払い預金の合計），M2（M1と定期性預金），M3（M2と郵便局・農協などの預貯金などの合計）の3種類に分けられる。日本では譲渡性預金も加える。物価や景気動向と密接に関係する。

マネー・ロンダリング
money laundering

洗钱
xǐ qián

犯罪や不正取引によって得た資金を，証券会社や金融機関の口座取引等を通じて，資金の出所や受益者がわからないようにして，合法的な資金に見せかけること。

マルチ商法
multi-level marketing system

传销
chuán xiāo

連鎖販売取引のこと。特定の商品，またはサービスの販売を目的に，販売員が新規販売員を誘い，その販売員がさらに同じやり方で他の販売員を誘引することで販売組織を拡大する販売方式。販売員を増やした者は紹介料や販売マージン，ボーナスが与えられる。ピラミッド式販売方式。中国政府は連鎖方式によるマルチ商法を1998年に法律で禁止している（一定の条件を満たした企業は例外）。

未完成品
semi-finished products

半成品
bàn chéng pǐn

完成していない品物。

ミクロ経済学
microeconomics

微观经济学
wēi guān jīng jì xué

個別経済主体の家計(消費者)や企業(生産者)の行動や経済現象をミクロ的に分析することを通じて,市場及び経済全体の分析に到る経済学。「価格分析」とも呼ばれる。

未処分利益
unappropriated retained

未分配利润
wèi fēn pèi lì rùn

損益計算書の当期利益に前期繰越利益と任意積立金の目的取り崩し額を加算し,中間配当と中間配当に伴う利益準備金積立額を差し引いたもの。

見積書
estimate

报价单
bào jià dān

商品販売の際に,必要となる費用を各項目ごとに算出し記載する書式。

未発達地域
undeveloped area

欠发达地区
qiàn fā dá dì qū

一定の経済力と潜在力を保持しながら,生産力発展において発展地域と一定の格差が存在し,技術レベル,経済レベルが遅れている地域。例えば,中国の中・西部地域である。

未払配当金
dividends payable

应付股利
yìng fù gǔ lì

株主に未払いの配当金を管理する勘定科目。

見本加工貿易
processing trade

来料加工贸易
lái liào jiā gōng mào yì

外国側が原材料,および規格・品質の見本を提供し,中国側が加工し,外国側が販売する方式である。中国側は加工賃を受け取る。1970年代末から1980年代初めに中国で最も多く採用された貿易方法であった。

ミューチュアルファンド
mutual fund

互惠信托基金
hù huì xìn tuō jī jīn

アメリカにおけるオープン型エンド型投資信託のことを指す。「会社型」と「契約型」に分かれるが,大半は会社型である。

民営企業
private enterprises

民营企业
mín yíng qǐ yè

民間から提供される資本を基に事業活動を営み,利潤の獲得を目的とする企業。中国の民営企業は個人独資企業,パートナーシップ企業,有限責任公司と株式有限公司に分けられる。

民主的リーダーシップ
democratic leadership

民主式领导
mín zhǔ shì lǐng dǎo

リーダーシップの1種類で，レビン（Lewin, K.），リピット（Lippitt, R.），ホワイト（White, R.）らが提起したものである。彼らはリーダーシップを専制的リーダーシップ，民主的リーダーシップ，自由放任的リーダーシップの3種類に分類している。その中で，民主的リーダーシップがモチベーション効果，組織構成員の積極性，集団擬集性などの点で最も優れているとされる。

無過失責任
liability without fault

无过错责任
wú guò cuò zé rèn

故意・過失の有無を問わず損害の発生についてその損害賠償責任を負うという原則。

無記名株券
bearer stock ; uninscribed stock

无记名股票
wú jì míng gǔ piào

株券に株主の氏名が記載されていない株券。日本では1990年の商法改正により無記名株券が廃止された。

無形資産
intangible assets

无形资产
wú xíng zī chǎn

経営資源は有形資産と無形資産に分けられる。無形資産とは目に見えない経営資源を指す。情報，ノウハウ，企業文化，ブランドなどが含まれる。

無形資産譲渡
intangible assets transferring

无形资产转让
wú xíng zī chǎn zhuǎn ràng

情報，ノウハウなどの無形資産を他人に譲渡する行為。

無形貿易
invisible trade

无形贸易
wú xíng mào yì

貿易外取引を指す。運輸，保険，海外旅行，証券の輸出入などが含まれる。

無欠陥生産
zero defect production

零缺陷生产
líng quē xiàn shēng chǎn

製造全般にわたって不良品や欠品などを徹底的になくしゼロをめざす生産方式。

無限責任
unlimited liability

无限责任
wú xiàn zé rèn

会社の債務に対して無限に負う責任。会社が債務を弁済できなかった場合，自己の財産をもって弁済しなければならない。合名会社は無限責任の社員のみから成り，合資会社は有限責任と無限責任の社員から

無償株　　　　　　　　　　　　　　　　　　　　　　　　　　　　干股
bonus stock　　　　　　　　　　　　　　　　　　　　　　　　　gān gǔ

出資せず配当だけ受ける権利株を指す。

無償支給設備　　　　　　　　　　　　　　　　　　　　　　　不作价设备
　　　　　　　　　　　　　　　　　　　　　　　　　　　bú zuò jià shè bèi

加工貿易を行う際に，加工を依頼する外国側が加工を請け負った中国国内企業に無償で提供する加工生産設備。

名目国民総生産　　　　　　　　　　　　　　　　　　　名目国民生产总值
nominal GNP　　　　　　　　　　　　　　　míng mù guó mín shēng chǎn zǒng zhí

ある一国内で，一定期間に新しく生み出したモノ・サービスの付加価値の合計（国内総生産）にその企業のおよび国民が海外で得た利益などを加えたものを国民総生産という。そして，物価上昇率を考慮していないものを名目国民総生産という。

メイン・バンク　　　　　　　　　　　　　　　　　　　　　　主要银行
lead bank ; main bank　　　　　　　　　　　　　　　　　　zhǔ yào yín háng

主力取引銀行のことをいう。長く取引関係が存在し，企業にとって最大の債権者である銀行のこと。

メインバンク制度　　　　　　　　　　　　　　　　　　　主办银行制度
main bank system　　　　　　　　　　　　　　　　zhǔ bàn yín háng zhì dù

アメリカ企業の株式所有構造は個人と機関投資家が大部分を占めているのに対し，日本企業の株式所有構造（1990年代前半まで）を見ると法人株の割合が高く，その中でもメインバンクを中心とする銀行が大株主であるケースが多いことが特徴であった。また，メインバンクは当該企業に役員を派遣するなど当該企業への経営の参加を図った。

目玉商品　　　　　　　　　　　　　　　　拳头产品 / 王牌商品 / 减价商品
leader　　　　　　　　　quán tóu chǎn pǐn/wáng pái shāng pǐn/jiǎn jià shāng pǐn

多くの顧客を獲得することを目的に，通常の値段より安くする特価品などの商品，または特に強調して売り出す商品。

メンテナンス　　　　　　　　　　　　　　　　　　　　　维修 / 整修 / 保养
maintenance　　　　　　　　　　　　　　　　　　　wéi xiū/zhěng xiū/bǎo yǎng

維持。管理。保守。

メンテナンス・センター　　　　　　　　　　　　　　　　　　维修中心
maintenance center　　　　　　　　　　　　　　　　　　　wéi xiū zhōng xīn

維持，管理，保守を行う場所，または組織を指す。

目論見書 (もくろみしょ) 　　　　　　　　　　　　招股说明书
prospectus 　　　　　　　　　　　　　　　　　zhāo gǔ shuō míng shū

証券取引法の規定により，株式，債券など有価証券を発行する場合，投資家に提供する当該有価証券の発行者の事業内容を記載したもの。目論見書は投資家の投資判断の基準となる情報を提供することが目的である。中国では，1997年に「目論見書の内容及び様式」を発布した。

モーゲージ 　　　　　　　　　　　　　　　　　抵押贷款
mortgage 　　　　　　　　　　　　　　　　　　dǐ yā dài kuǎn

担保，担保物，抵当，抵当権等を指す。

持株会社 　　　　　　　　　　　　　　　　　　控股公司
holding company 　　　　　　　　　　　　　　　kòng gǔ gōng sī

経営支配を目的として，他の複数の企業の株式を保有する会社。持株会社には純粋持株会社（他の会社の支配権を握るのみで，自らは生産，販売を営まない会社：pure holding company）と事業持株会社（他の会社の支配権を握ると同時に自らも経営を営む会社：operating holding company）がある。

持株比率 　　　　　　　　　　　　　　　　　　持股比率
share holding ratio ; holding ratio for a company's stock 　　chí gǔ bǐ lǜ

発行済み株式総数（潜在株式も含む場合がある）に対して，どのくらいの株式を保有しているかを示す比率。

持場 　　　　　　　　　　　　　　　　　　　　岗位
post ; position 　　　　　　　　　　　　　　　　gǎng wèi

担当する部門，部署のこと。

持分譲渡 　　　　　　　　　　　　　　　　　　股权转让
assignment of equity interest 　　　　　　　　　　gǔ quán zhuǎn ràng

株主が法律に沿って，保有している株式を他人に譲渡すること。

モチベーションメカニズム 　　　　　　　　　　激励机制
motivation mechanism 　　　　　　　　　　　　　jī lì jī zhì

人や組織が行動を起こし，組織の目的に積極的に貢献するよう給与や昇進などを含め設けられた一連の制度をいう。モチベーションシステムとも呼ばれる。

モノポリー 　　　　　　　　　　　　　独家包销／独家经销
monopoly 　　　　　　　　　　　dú jiā bāo xiāo/dú jiā jīng xiāo

商品・事業などの独占，専売，または独占権，専売権のこと。

モラルハザード 道义危害
moral hazard dào yì wēi hài

 道徳的危険，または倫理の欠如と訳される。危険回避の仕組みを整えることで，逆に注意力が低下し，意識・責任感が薄れて危険や事故などの発生確率が高まるなど逆効果が生じる現象に対し用いられる。もともとは保険用語で，近年は企業または個人をめぐる不祥事にも使われている。

モラルリスク 道德风险
moral risk dào dé fēng xiǎn

 入院給付金や保険金の不正取得など，保険制度を悪用する道徳的危険のこと。

ヤ行

約束手形
promissory note

期票
qī piào

手形の1種類で，振出人が一定の金額を一定の期日に支払うことを約束する手形。

闇取引
black-market

黑市买卖
hēi shì mǎi mài

違法，または正常な経路によらずに取引すること。

ヤンキー・ボンド
Yankee bond

杨基债券
yáng jī zhài quàn

アメリカの債券市場で，外国政府（カナダを除く），地方自治体・民間企業，国際機関などがドル建てで発行する債権の通称。

有価証券
negotiable securities ; negotiable instrument ; valuable papers (instrument)

有价证券
yǒu jià zhèng quàn

私法上の財産権を表示する証券で，その移転により権利の譲渡または行使ができるもの。株式，社債，銀行券，小切手，船荷証券，貨物引換券などが含まれる。

有機的組織
organic system of management

有机式组织
yǒu jī shì zǔ zhī

イギリスの学者バーンズ（Burns, T.）とストーカ（Stalker, G.）が提起した組織構造の類型である。権限が十分委譲され，流動的で柔軟性が高い組織のことである。不安定で市場や技術変化が激しい企業環境に適合する。ライン組織，マトリックス組織が有機的組織に属する。

有給休暇制度
paid vacation system

带薪休假制度
dài xīn xiū jià zhì dù

年次有給休暇とも呼ぶ。労働者が休日以外に，権利として有給で年間一定日数の休暇をとることができる制度。中国では2007年12月7日国務院第198回常務会議で「従業員有給年休暇条例」が採択され，2008年1月1日から実施された。

遊休資産
leave unused property

闲置资产
xián zhì zī chǎn

正式には稼働休止資産と呼ぶ。なんらかの理由で，事業使用目的で取得した資産のうち稼働・使用が休止されている資産を指す。

遊休資産の整理清算 — 盘活存量
revitalize stock assets — pán huó cún liàng

資産の有効活用を目的に、資産の整理を行い、遊休資産について売却など措置を講じること。

遊休資本 — 闲置资本
idle capital — xián zhì zī běn

運用・利殖を目的とする資金でありながら、活用されていない資本。

遊休設備 — 闲置设备
idle equipment — xián zhì shè bèi

企業において、減産などなんらかの原因で稼働・使用が休止されている設備のこと。

優遇税制 — 税收优惠
preferential tax measures — shuì shōu yōu huì

政府が税収面において、納税者と徴税対象に与える優遇である。政府が税収制度を通じて、一定の政策目的の実現を図ることを目的として設けられ、課税の減免で納税者の負担を軽減することである。

有形固定資産 — 有形固定资产
tangible fixed assets — yǒu xíng gù dìng zī chǎn

企業の通常の経営活動に長期にわたって利用される実体がある資産で、固定資産の一種である。建物、機械装置、船舶、土地などが含まれる。

有形貿易 — 有形贸易
visible trade ; visible export and import — yǒu xíng mào yì

無形貿易に対する用語で貿易取引を指す。商品は目に見える有形実物で、その商品の輸出入を有形貿易と呼ぶ。

有限責任 — 有限责任
limited liability — yǒu xiàn zé rèn

会社の債務に対し、出資者または社員がその出資額を限度として債務の返済の責任を負うこと。株式会社において、株主は有限責任である。

有限責任公司 — 有限责任公司
limited liability campany — yǒu xiàn zé rèn gōng sī

中国の企業形態の1種で有限公司とも呼ぶ。一定人数の株主によって構成され、株主は出資額を限度に会社の債務に対し責任を負い、会社はすべての資産をもって会社の債務に対し責任を負う企業法人である。中国の「会社法」では有限責任公司の株主人数を2名から50名以下に定めている。1人有限公司は1名の株主で構成される。

友好的買収   善意收购
friendly mergers and acquisitions   shàn yì shōu gòu

買収する側と買収される側が事前に同意を経て進められる買収を友好的買収という。第三者割当増資などはこれに当てはまる。日本で行われる M&A のほとんどは友好的 M&A である。

ユーザー   用户
user   yòng hù

使用者。利用者。

融資   贷款
financing   dài kuǎn

会社・個人などの資金を必要とする者に対し，金融機関が資金の貸付けをすること。

有償讓渡   有偿让出
compensable transfer   yǒu cháng ràng chū

有償で資産を譲り渡すことをいう。

優先株   优先股
preference share ; preferred stock   yōu xiān gǔ

利益配当または残余財産などの分配を，普通株よりも優先的に受け取る権利を有する株式。一般的に議決権が付与されていない。優先株には，参加的優先株，非参加的優先株，累積的優先株，非累積的優先株，及びこの4つの組合せによる数種類がある。

優良株   蓝筹股
blue chip   lán chóu gǔ

株式相場を左右するほど影響力の強い株で，他の会社に比べ企業業績が好調で，財務内容が健全で，株の配当率が高い会社の株をいう。アメリカではブルーチップと呼んでいる。

輸出   出口
export   chū kǒu

一般的に一国の製品，資源またはサービスなどの財を，国境を越えて他国に売ることをいう。

輸出依存度   出口依存度
degree of dependence on exports   chū kǒu yī cún dù

一国の経済が輸出に依存する割合のことで，国民総生産や国民所得に対する輸出額の比率で表す。

輸出加工区
export processing zone

出口加工区 / 加工出口区
chū kǒu jiā gōng qū/jiā gōng chū kǒu qū

関税，税制，外資比率の規制緩和など様々な優遇を与え，外資系企業の誘致で輸出向けの生産が行われる特定地域のこと。主に発展途上国に設置されている。1959年アイルランドのシャノン空港で世界最初の輸出加工区が開設され，その後，1960年代には台湾高雄が輸出加工区を設置するなどアジア諸国にも普及された。

輸出主導型成長
export led growth

出口主导型成长
chū kǒu zhǔ dǎo xíng chéng zhǎng

輸出の増大で経済全体が成長すること。経済の発展には「輸出主導型成長」以外に「投資主導型成長」もある。近年のアジア諸国の経済発展は輸出主導型成長の好例である。

輸出代替効果
export substitution effect

出口替代效果
chū kǒu tì dài xiào guǒ

海外への生産移転などで，本来本国から輸出されていた製品が輸出されなくなったり，減少したりすることである。あるいは，工業化の進展により，本来本国から輸出されていた一次産品が加工品として輸出されることにより，一次産品の輸出がなくなったり減少したりすることである。

輸出入
import & export

进出口
jìn chū kǒu

輸出と輸入の総称。

輸出割当制
export quota system

出口配额制
chū kǒu pèi é zhì

一国政府が自国の利益を保護するため，または政府間の貿易協定によって，一定期間内における特定商品の輸出を制限するため，当該商品を輸出する各メーカーに輸出量の枠を与える制度。

輸入
import

进口
jìn kǒu

外国の製品，資源，サービスなどの財が一国へ流入すること。

輸入依存
depends on import

依赖进口
yī lài jìn kǒu

一国内で使用される資源など特定のものに関して，輸入で賄うこと。

輸入依存度
degree of dependence on imports

进口依存度
jìn kǒu yī cún dù

一国の経済が輸入に依存する割合。国民所得あるいは国民総生産に占める輸入の割合で示される。

輸入制限   进口限制
import restrictions   jìn kǒu xiàn zhì

特定の財貨の輸入を一定の価格または数量内に制限すること。

輸入代替   替代进口
import substitution   tì dài jìn kǒu

これまで輸入されていたものを自国生産によって代替しようとすることである。または，そのために自国市場を保護することを指す。発展途上国の工業化戦略の1つである。

輸入割当制度（IQ 制）   进口配额制
import quota system   jìn kǒu pèi é zhì

国内産業の保護などのため，特定品目の輸入数量を輸入国別に割り当てる制度。先進国で IQ 枠を設けているのは日本だけである。

ユーロ   欧元
Euro   ōu yuán

1999 年の欧州通貨統合により生まれた欧州通貨単位が「ユーロ」である。「ユーロ」の紙幣と硬貨が流通したのは 2002 年 1 月である。ユーロ紙幣は各国共通で，硬貨も基本的なデザインは各国共通であるが，裏面は各国が独自にデザインしている。2009 年 1 月 1 日現在まで，ユーロを公式に採用している国は 16 カ国である。

ユーロ円債   欧洲日元债券
Euro-yen bond   ōu zhōu rì yuán zhài quàn

ユーロ市場で発行される円建て債券。

ユーロクリア   欧洲银行票据交换所
Euroclear   ōu zhōu yín háng piào jù jiāo huàn suǒ

無記名式のユーロ債，ユーロ CD 等を中心に，各国の国債等の預託や取引，決済などを行う目的で，1968 年 12 月にモルガン・ギャランティ・トラストが設立した国際証券決済機関。本社はベルギーの首都ブリュッセルにある。

ユーロ市場   欧洲市场
Euromarket   ōu zhōu shì chǎng

自国市場以外で取引される通貨の国際金融市場のこと。ユーロ市場で取引されている通貨を「ユーロマネー」と呼ぶ。ドル，円などが取引され，それぞれユーロダラー，ユーロ円と呼ぶ。ユーロ市場の起源は欧州であることから「ユーロ（欧州）市場」という名前になった。通貨は欧州統一通貨「ユーロ」とは関係ない。

要求払預金
demand deposit

往来存款
wǎng lái cún kuǎn

通貨性預金ともいう。一定の期間中原則として払戻しができない定期性預金に対して,預金者の要求に応じていつでも払戻しができる預金の総称。

要素賦存説
factor endowment theory

要素禀赋论
yào sù bǐng fù lùn

ヘクシャーとオリーン (Heckscher, E.F. & Ohlin, B.G.) によって提起された,貿易パターンの説明原理である。ヘクシャー=オリーンの定理とも呼ばれる。主な内容としては相互依存の価格体系の分析を通じて,要素賦存の差異に基づいて,国際貿易と各国の輸出入の貿易パターンを解釈したものである。一国において,比較的の優位性をもっている生産物は輸出するもので,その生産物は,当該国で相対的に豊富かつ低廉に賦存する要素をより集約的に使用して生産したものである。他方,輸入する生産物は,当該国で相対的に欠乏かつ高価に賦存する要素をより集約的に使用して生産したものである。例えば,労働力が豊富な国は労働集約型産品を輸出し,資本集約型産品を輸入する。

幼稚産業
infact industry

幼稚产业
yòu zhì chǎn yè

発展初期段階で,将来は成長することが期待されるが,まだ十分な競争力をもっていない産業を指す。保護貿易の対象になることが多い。

養老年金
old-age pension

退休养老金
tuì xiū yǎng lǎo jīn

若い時期から掛け金を払い込み,ある年齢に達してから支給を受ける年金。

預金準備金
deposit reserve

存款准备金
cún kuǎn zhǔn bèi jīn

民間金融機関が預金高に応じて,中央銀行に預ける強制力をもつ預金。

横広型組織
flat type organism

扁平结构组织
biǎn píng jié gòu zǔ zhī

中間層をできるだけ削減し,組織の下位階層まで権限が移譲され,各社員が高い自律性をもって活動する組織。

予算編成
compilation of the budget

编制预算
biān zhì yù suàn

各省庁からの年度予算要求書を財務省が査定して政府予算案を作成し,国会に提出するまでの過程を指す。

予算を切りつめる 缩减预算
 suō jiǎn yù suàn

収入の減少,財政赤字などの原因によって予算を減らし,支出を抑えること。

余剰労働力 剩余劳动力
surplus labor shèng yú láo dòng lì

余剰利益 盈余
surplus yíng yú

欲求階層説 需要层次理论
need hierarchy theory xū yào céng cì lǐ lùn

アメリカ心理学者マズロー(Maslow, A.H.)によって提唱された理論である。マズローは,人間はさまざまな欲求をもち,低い次元の欲求が充足されると,次はより高い次元の欲求によって動機づけられるとする。彼が分類する5つの階層の欲求は,次のようなものである。低い次元から①生理的欲求,②安全欲求,③社会的欲求,④尊厳の欲求,⑤自己実現の欲求。

ラ行

ライセンス   专利
license   zhuān lì

許諾契約のこと。

ライセンス使用料   专利使用费
license fee   zhuān lì shǐ yòng fèi

特許や実用新案をはじめとする知的財産の使用に対し，支払う費用。

来料加工・来様（図）加工・来件装備・補償貿易   三来一补
"three-plus-one" trading-mix（custom manufacturing with materials designs or samples supplied and compensation trade）   sān lái yī bǔ

来料加工・来様（図）加工・来件装備の3つの「三来」形態の委託加工貿易と補償貿易（一補）を合わせた中国における加工貿易の言葉である。来料加工とは，海外の委託者が原材料，加工品などを無償で中国企業に提供し，中国企業はそれを加工し，加工製品すべてを海外の委託者に輸出する貿易方式。来様（図）加工とは，海外の委託者が中国企業に図面・デザイン・型紙・サンプルを提供し，中国企業はそれに基づいて加工し（基本的に原材料などは中国で調達），加工品を海外の委託者に輸出する貿易方式。来件装備とは，海外の委託者が部品・半製品を中国企業に提供し，中国企業を組立てて，完成品を海外に輸出する貿易方式。補償貿易とは，外国企業から提供された機械設備・技術などに対し，中国企業は生産された製品で支払う貿易方式。「三来一補」は中国の改革・開放初期である1978年に中国の広東省東莞で試験的に行われ，その後，最も多く行われた貿易方式である。

ライン   生产部门
line   shēng chǎn bù mén

組織形態上は命令形態であり，組織が目的とする業務を直接担当する部門または職位。元来はアメリカの軍隊組織の用語である。

ライン・アンド・スタッフ組織   直线职能制组织
line and staff organization   zhí xiàn zhí néng zhì zǔ zhī

命令一元性の原則をもつライン組織に，専門の知識・技能をもつスタッフから構成されたスタッフ部門を結合した組織形態である。スタッフの役割は助言・助力・勧告に限られ，ラインに対し命令権は通常もっていない。

ライン・コンベヤー
line conveyer

流水作业线

liú shuǐ zuò yè xiàn

大量生産方式の1つで，ベルトコンベヤーによって流れてくる部品を加工したり，組立てしたりする作業ライン。

ライン組織（直系式組織）
line organization

直线制组织

zhí xiàn zhì zǔ zhī

組織内における指揮・命令系統が上位者から下位者まで直線的・一元的に結ばれている組織形態。組織の構成員は直属の1人の上司のみから指揮・命令を受けることになる。命令系統が明確であるため，権限・責任がはっきりしているのが特徴である。

落札
successful bid

得标／中标

dé biāo/zhòng biāo

競争入札で，物や権利を入手すること。

ランダム・サンプリング
random sampling

随机抽样

suí jī chōu yàng

無作為抽出，任意抽出とも呼ぶ。母集団から無作為に標本を抽出する方法。

ランチェスター戦略
Lanchester strategy

蓝契斯特战略

lán qì sī tè zhàn lüè

イギリスのランチェスター（Lanchester, F.W.）が発見した航空戦の損害率を武器の性能と兵力の力関係で計算する法則である。現在はマーケティング戦略に応用されている。

利益
profit ; income

盈利

yíng lì

一般的に当期純利益を指す。当期純利益は一会計期間における企業活動の成果で，企業の最終利益を示す数字。算式は，当期純利益（税引後利益）＝税引前当期利益－税金。税引前当期利益＝経常利益±特別損益。

利益配当
distribution of profits

分红

fēn hóng

株式会社などが株主や社員に利益を分配すること。配当の実施には株主総会の決議を必要とする。

利益率
profitability

盈余率

yíng yú lǜ

利益に関する比率の総称。売上高利益率，投資利益率，内部利益率，総資本経常利益率などがある。

利益留保
profit reservation

保留利润
bǎo liú lì rùn

当期未処分利益は配当と内部留保に分けることができる。利益留保は内部留保のことを指す。内部留保は当期純利益から配当金，役員の賞与などを差し引いた残りの部分である。内部留保には「利益準備金」「任意積立金」「未処分の利益」がある。

リサイクルできる資源
renewable resources

可更新资源
kě gēng xīn zī yuán

循環型社会システムの構築と資源の節約を目的とする再使用・再生利用が可能な資源。

利子
interest

利息
lì xī

貸し借りにおいて，借手が一定期間一定額の資金を借りることに対し貸手に支払う対価のこと。利息とも呼ぶ場合がある。

利潤
profit

利润/盈余
lì rùn/yíng yú

企業の総売上額から総生産費を差し引いた残額。企業は利潤最大化を追求して経営活動を行う。

利潤上納から納税制への改革
switch from profit delivery to tax payment

利改税
lì gǎi shuì

中国の国有企業改革の1つの内容で，国有企業の利潤上納制度を所得税の納付制度に転換したもので，政府が国有企業の純収入分配制度に関わった一種の改革である。1983年に第1回利潤上納から納税制への改革が行われ，1984年に第2回利潤上納から納税制への改革が行われた。

リース
lease

租赁
zū lìn

資産の使用権を一定期間所有者から利用者に譲り渡す行為。リースにはファイナンス・リース (capital or finance lease) とオペレーティング・リース (operating lease) の2種類がある。

リスク
risk

风险
fēng xiǎn

リスクの定義はさまざまであるが，経済学においては「ある事象の変動に関する不確実性」を指す。一般的にリスクは純粋リスクと投機的リスクに分類できる。

リスク管理／リスクマネジメント   风险管理
risk management   fēng xiǎn guǎn lǐ

1950年代にアメリカで生まれた理論で、企業の経営活動中に発生するリスクの影響の最小化をめざし、企業価値の最大化を図る経営管理手法。リスク管理の内容には企業の経営活動におけるリスクの把握、コントロール、リスクの回避や分散、リスクによる損害の予防、透明な経営管理仕組みづくりなどがある。企業経営におけるリスクとして、「災害リスク」「経営リスク」「カントリーリスク」「技術情報セキュリティリスク」が挙げられる。

リスクプレミアム   风险费
risk premium   fēng xiǎn fèi

ある危険資産の期待収益率と、同じ投資期間の無リスク資産の収益率との差の部分で、リスクを負担することに対する報酬部分をいう。

リース契約   租赁合同
lease contract   zū lìn hé tóng

資産の使用権を一定期間所有者から利用者に譲渡する契約。

リストラクチャリング   重整结构／重组机构
restructuring   chóng zhěng jié gòu/chóng zǔ jī gòu

既存事業を見直したり新事業を開発したりするために、事業構造を再構築することである。事業部門の撤退・縮小・統廃合や人員削減などに使われる場合も多い。1980年代、アメリカの産業界は日本企業との遅れを取り戻すため、リストラクチャリングを行い、日本のカンバン生産方式を積極的に取り入れはじめた。

リース貿易   租赁贸易
lease trade   zū lìn mào yì

商品を媒介にした賃貸形式で、所有者は利用者に一定期間商品を使用させ、それに対する使用料を受け取る貿易方式。

リーダーシップ論   领导理论
leadership theory   lǐng dǎo lǐ lùn

リーダーシップ論の代表的なものとして以下のものが挙げられる。①資質理論（特性理論），②行動科学的リーダーシップ論，③リーダーシップのコンティンジェンシー理論，④その他のリーダーシップ論（バーナードの「道徳的リーダーシップ論」，セルズニックの「制度的リーダーシップ論」，シャインの「文化的リーダーシップ論」）。

リーディング・カンパニー   龙头企业
leading company   lóng tóu qǐ yè

業界で影響力をもち、業界を主導する企業。

リベート
rebate

佣金
yòng jīn

割戻しまたは歩戻し。販売促進などの目的で製造業者が一定期間の取引高に対する報奨として代金の一部を取引先（販売業者など）に支給するもの。

リーマンショック
Lehman shock

雷曼休克
léi màn xiū kè

アメリカのサブプライムローン問題で大量の損失を計上したアメリカの証券会社リーマン・ブラザーズ（Lehman Brothers）は，2008年9月15日に負債総額64兆円で破綻した。この影響が世界的な金融危機へと発展し，世界全体が不況に陥った。

流通経路
distribution channel ; trade channel

流通途径
liú tōng tú jìng

生産者から末端の消費者までに到るルート。一般的に生産者，卸売業者，小売業者，消費者の順番で経由する。中間業者である卸売業者または小売業者を経由しない場合もある。

流通コスト
distribution cost

流通成本
liú tōng chéng běn

商品が生産者から消費者まで到るために必要となる費用。

流動資金
current asset

流动资金
liú dòng zī jīn

企業が経営活動の中で，流動資産に投じた資金のこと。算式は，流動資金＝流動資産－流動負債。

流動資金回転率
working capital turnover

流动资金周转率
liú dòng zī jīn zhōu zhuǎn lǜ

会社の流動資金の生産性を表す。算式は，流動資金回転率＝売上高÷流動資産。流動資産回転率は高いほど好ましいといえる。

流動資産
current assets

流动资产
liú dòng zī chǎn

現金及び比較的短期間に現金化または費用化される資産。流動資産には現金，預金（1年以内），受取手形，売掛金などの当座資産，商品，製品などの棚卸資産，決算日から1年以内に費用化する前払費用，及び1年以内に回収される未収入金，前払金などが含まれる。

流動資本
circulating capital

流动资本
liú dòng zī běn

生産資本のうち，1回の生産過程でその価値全部が作られた生産物に移転する資本部分。原材料，労働力など。

流動比率
current ratio　　　　　　　　　　　　　　　　　　　　流动比率 liú dòng bǐ lǜ

企業の短期的な支払能力を示す指標で，財務安全性をみるために使われている。算式は，流動比率(％)＝流動資産÷流動負債×100。流動比率が200％以上が理想とされている。

流動負債
current liability　　　　　　　　　　　　　　　　　　流动负债 liú dòng fù zhài

企業の通常の営業活動によって発生した債務として決算の翌日から1年以内に支払期限が到来する負債の総称。流動負債には，支払手形，買掛金，短期借入金，未払金，未払法人税などが含まれる。会計上は貸借対照表上の負債の部に表示される。

留保利益
retained earnings　　　　　　　　　　　　　　　　　　留存收益 liú cún shōu yì

利益余剰金ともいう。税引後利益から配当金や役員賞与を支払った余剰金。貸借対照表では，当期未処分利益，利益準備金，任意積立金の項目として表示される。

両替
change ; exchange　　　　　　　　　　　　　　　　　　　兑换 duì huàn

異なる貨幣の交換，あるいは同種類の貨幣をそれと等しい貨幣で交換すること。また有価証券またはその他の物品を貨幣と交換すること。

量産
mass production　　　　　　　　　　　　　　　　　批量生产 pī liàng shēng chǎn

大量生産ともいう。同じ規格の製品を多量に生産すること。量産することで，製品のコストを下げることができる。

稟議制度
Ringi system　　　　　　　　　　　　　　　　　　　凛议制度 lǐn yì zhì dù

日本企業の典型的な意思決定プロセスの仕組みである。重要な問題または業務などに関して，下部部署の担当者がつくった「稟議書」を関係部署の同意を求めながら最終的に上部部署の「決済」を得た後に，下位部署に回付され，執行される意思決定方式である。決定の非効率化や責任の不明確化などの欠点が指摘されるが，情報の共有化や実施の早さなどのメリットもある。

リーン生産方式
lean production　　　　　　　　　　　　　　精益生产方式 jīng yì shēng chǎn fāng shì

トヨタ生産方式とも呼ばれ，日本企業がとる生産システムを「リーン（贅肉のない）生産方式」と名づけている。リーン生産方式は徹底的な無駄の排除を追求し，以下のような特徴をもっている。①カンバン方式，②小集団による改善活動，③多能工化，④自動化。

倫理的責任
ethics responsibility

伦理责任
lún lǐ zé rèn

倫理的責任は企業の社会的責任（CSR）の1つの内容である。企業は市場経済における経営活動において，利益を追求するだけではなく，正義及び公平で倫理的に行動し，ステークホルダーの利益を損なうことを避ける倫理的責任が求められる。

レイオフ
layoff

下岗
xià gǎng

経営状態の悪化による操業短縮や事業構造の再構築などで雇用調整を行う際に従業員を一時解雇する制度。レイオフは再雇用されることが前提となっている。中国の国有企業改革に伴って2003年末まで260万人がレイオフされ，再就職問題が大きな社会問題の1つとなった。

レジャー産業
leisure industry

休闲产业
xiū xián chǎn yè

生活水準や余暇の増大によって，余暇を過ごすために利用されるレジャーに関する産業。遊園地，映画館，スポーツセンター，娯楽，レジャー用品の販売店などが含まれる。

レッテル
letter（蘭）

标签
biāo qiān

商品に貼る商品名や内容，あるいは内容などを書いた小札のこと。または人や物事に対する評価，固定観念，見方。

レッド・チップス
red chips

红筹股
hóng chóu gǔ

法人登記を香港で行い，香港株式市場に上場している中国系企業をレッド・チップスと呼ぶ。これらの企業は主に中央政府機関や地方政府，国有企業集団などの傘下にある企業である。香港市場に上場されたこれらの企業の株式を香港レッド・チップス株と呼ぶ。レッド・チップスは1990年代初めに香港株式市場に登場した。

連結財務諸表
consolidated financial statements

合并会计报表
hé bìng kuài jì bào biǎo

支配従属関係にある親会社・子会社の2つ以上の会社からなる企業集団を単一の組織体とみなして，当該企業集団の財政状態及び経営成績を総合的に報告するために作成する財務諸表である。

連結損益計算書
consolidated income statement

合并损益表
hé bìng sǔn yì biǎo

連結財務諸表の1つで，企業集団の総合的な経営成績を報告するために作成される計算書。

連結貸借対照表 　　　　　　　　　　　合并资产负债表
consolidated balance sheet 　　　　　hé bìng zī chǎn fù zhài biǎo

連結財務諸表の1つで，企業集団の総合的な財政状況を報告するために作成されるものである。

連結利益処分計算書 　　　　　　　　合并利润分配表
　　　　　　　　　　　　　　　　　　　hé bìng lì rùn fēn pèi biǎo

企業集団の一定期間内における経営成果分配状況を表すために作成される計算書。

連鎖債務 　　　　　　　　　　　　　三角債
triangular debts 　　　　　　　　　　sān jiǎo zhài

企業間での原材料・半製品・製品などの購入代金の債務返済の連鎖的な繰り延べ。中国では，1980年代後半から連鎖債務が発生しはじめ，1991年から1992年までの一時期はその規模が銀行貸付総額の3分の1まで占めるようになった。

ロイヤリティ 　　　　　　　　　　　专利权使用费
royalty 　　　　　　　　　　　　　　zhuān lì quán shǐ yòng fèi

ライセンス契約に基づき，特許権・著作権やノウハウを使用する際に所有者に支払う使用料。

労災保険 　　　　　　　　　　　　　工伤保险
workmen's accident compensation insurance 　gōng shāng bǎo xiǎn

労働者の業務中の災害，通勤途中の災害に対して労働者やその遺族に補償される保険給付制度。正式名称は労働者災害補償保険という。中国では，2003年4月27日に国務院が「労災保険条例」を発布し，2004年1月1日から実施した。

労資関係 　　　　　　　　　　　　　劳资关系
industrial relations 　　　　　　　　láo zī guān xì

労働と資本，または労働者と資本家の関係。

労働組合 　　　　　　　　　　　　　工会
trade union ; labor union 　　　　　gōng huì

労働者の労働条件の維持・改善その他経済的地位・社会的地位の向上を目的として組織された労働者の団体。労働組合の組織形態をみると，欧米の場合は職業別，産業別組合が一般的であるが，日本の場合は基本的に企業別組合である。中国の労働組合は中国共産党指導の労働者階級組織で，重要な社会政治団体であり，中国共産党と労働者を結ぶ架け橋であると同時に企業の従業員の利益を代表する。このように中国の労働組合は複雑な地位に置かれている。中国の労働組合のトップは，一般的に企業の上級管理者または共産党の主要責任者が兼任する。

労働時間 — working hours
工时 — gōng shí

使用者の指揮・命令の下で，労働をしなければならない時間。休憩時間は労働時間に含まない。

労働集約型産業 — labor-intensive industry
劳动密集型产业 — láo dòng mì jí xíng chǎn yè

労働力に対する依存度が他の生産要素に比べ高い産業。繊維や雑貨，サービス業などに多く見られる。

労働生産性 — labor productivity ; productivity of labor
劳动生产性 — láo dòng shēng chǎn xìng

企業の生産過程における労働の効率のことで，従業員1人当たりの労働力が生み出す付加価値を表す指標。算式は，労働生産性＝付加価値÷従業員数。

労働力人口 — labor force
劳动力人口 — láo dòng lì rén kǒu

一定年齢以上の人口のうち，就業者と完全失業者の合計を指す。一般的に労働力人口の年齢は15歳以上の年齢である。

労務管理 — personnel management and industrial relations
劳务管理 — láo wù guǎn lǐ

企業という組織体が労働者に対する管理のことで，労使関係，労働一般条件，福祉厚生制度などが含まれる。

ローエンド消費者 — low-end consumer
低端用户 — dī duān yòng hù

低価格，低性能の商品を求める消費者のこと。

ローカル・エリア・ネットワーク — local area network
企业内部网络 — qǐ yè nèi bù wǎng luò

構内情報通信網のこと。企業（オフィスや学校を含む）など限られた場所に，特定ユーザのために設立された通信ネットワーク設備のこと。

ロジスティクス — logistics
后勤工作 — hòu qín gōng zuò

もともと軍事技術として利用された兵站の意味で，必要な物資を効率よく補給する仕組みのことである。今日では企業の生産活動の保障や生産活動を効率的に行うために用いられる企業の物流システムの用語として用いられている。

ロス率   损耗率
loss rate   sǔn hào lǜ

  全体売上高に占めるロス額の割合。算式は，ロス率＝ロス額÷売上高×100。

ワ行

ワーキングプア   穷忙族
working poor   qióng máng zú

働いても生活を維持するのが困難な状況にある労働者のことを指す。非正規雇用者の増大によって企業側にとっては人件費の上昇を抑えられることができるが，非正規雇用者の所得は正社員に比べ低く，いわゆる低賃金労働者が増え，所得格差が拡大し，社会問題にもなっている。

ワークシェアリング   工作岗位分享
worksharing   gōng zuò gǎng wèi fēn xiǎng

仕事を分かち合うという意味。雇用維持のため，従業員1人当たりの労働時間の短縮または仕事量を減少し，多数の従業員間で分かち合うこと。1970年代のオイルショックを契機に欧州諸国で取り入れられた制度で，近年韓国でも積極的に取り入れている。

割当   摊派
rationing ; quota   tān pài

比例して分配すること。通常，強制的に行われることが多い。

割引債   贴现债券
discount bond   tiē xiàn zhài quàn

額面金額より割引いて発行される債権。券面に利札がなく，額面金額から一定額を控除した価格で発行しており，額面金額と発行価格の差が利息相当分である。割引債には割引国債，割引金融債，政府短期証券などがある。

欧文

ACM : Asian Common Market   亚洲共同市场
アジア共同市場   yà zhōu gòng tóng shì chǎng

ADB ; Asian Development Bank   亚洲开发银行
アジア開発銀行   yà zhōu kāi fā yín háng

 アジア・太平洋地域の経済発展，及び経済協力に貢献し，開発途上加盟国の経済開発を促進するために1966年に設立された国際開発金融機関。本部はフィリピンのマニラで，加盟国は2005年9月で域内46カ国・地域，地域外18カ国の計64カ国・地域である。最大の出資国は日本である。

A/S : at sight   见票即付
一覧払い   jiàn piào jí fù

 手形の支払方法の1つ。手形や小切手の所持者が支払者に手形を提示したときを満期とすること。

ASEAN : Association of Southeast Asian Nations   东南亚国家联盟
東南アジア諸国連合   dōng nán yà guó jiā lián méng

 東南アジア地域の経済，社会，文化，技術の相互交流と発展を主な目的として，1967年8月にタイ，インドネシア，マレーシア，フィリピン，シンガポールにより創設された地域協力機構。2008年現在加盟国は10カ国（1984年ブルネイ，1995年ベトナム，1997年ラオスとミャンマー，1999年カンボジアが加盟）である。

ASEAN Free Trade Zone   东盟自由贸易区
ASEAN自由貿易地域   dōng méng zì yóu mào yì qū

 1992年1月のASEAN首脳会議で合意されたASEAN内での自由貿易圏構想のこと。その主な目的は関税の撤廃または引き下げ，積極的な海外直接投資の受け入れ，地域内での相互投資や貿易の活性化などである。

A share   A股
A株   Agǔ

 中国株式の1種類。中国の上海，深圳の証券取引所に上場された中国企業の株式で，人民元建てで取引される株式を指す。原則として中国国内居住者投資家向けである。2005年11月5日中国証監会と中国人民銀行が「適格国外機関投資家国内証券管理暫定規則」を発布し，A株に関する海外機関投資家による限定的な投資が可能になった。2007年末現在，A株のみ発行している上場株式会社数は1,396社である。

Bank for International Settlements banking regulation
BIS 規制

巴塞尔协议
bā sāi ěr xié yì

世界の銀行の経営の健全性と安全性を強化するため，国際決済銀行が定めた銀行の自己資本規制である。BIS は国際業務を行う銀行の自己資本比率を 8％以上にするように求めている。

B/B : buying bill
買い手形

买入汇票
mǎi rù huì piào

B/C : bill for collection
代金取り立て手形

托收汇票
tuō shōu huì piào

取立依頼人に銀行が支払地銀行からの取引代金が送付されてから支払う代金取立の対象となっている手形や小切手のこと。主に輸出入代金の決済に使用される。

B/E : bill of exchange
為替手形

汇票
huì piào

有価証券の1つで，発行者である手形の振出人が支払人である第三者に委託し，受取人またはその指図人に対して一定の金額を支払ってもらう手形。為替手形は現金を直接送る必要なく国際間の決済によく利用されている。

B.O : branch office
支社

分公司
fēn gōng sī

会社，団体などで，本社から分離して設けられる事務所。

BOT : build operate transfer

建设・运用・移交
jiàn shè·yùn yòng·yí jiāo

外国の民間企業または国内の民間企業が公共施設を建設 (build) し，運営 (operate) して投資資金及び収益を回収した後に，相手国または政府にその施設を譲渡 (transfer) する事業の形態。

BRICs

金砖四国
jīn zhuān sì guó

高い経済成長を実現する国で，ブラジル (Brazil)，ロシア (Russia)，インド (India)，中国 (China) の4カ国を指す。s は複数形の意味。2003 年ゴールドマン・サックス社が初めて使用した用語である。4カ国は豊富な資源，広大な市場，人材が多いため経済成長が著しく，世界経済に大きな影響を与えている。

B share
B 株

B股
B gǔ

中国株の1種類。上海，深圳の証券取引所に上場された中国企業の株式で，中国国内以外の投資家向けに発行するもの。上海証券取引市場

では米ドル、深圳証券取引市場では香港ドルで取引される。B株市場は1992年に確立され、2001年2月19日からは規制緩和により、中国国内投資家にも開放された。2007年末現在、B株のみ発行している上場企業数は23社で、A株とB株両方を発行している上場企業数は86社である。

CEO：chief executive officer　　　　　　　　　　首席执行官
最高経営責任者　　　　　　　　　　　　　　　　shǒu xí zhí xíng guān

一般的にアメリカの企業で使われる職務上の肩書で、会社全体の経営方針・経営戦略を決定する最高責任者である。経営に関して最も大きな権限と責任をもっている。CEOは日本の代表取締役社長に相当するが、アメリカ企業ではCEOが取締役会長を兼務することが一般的である。1990年代から日本企業でもCEOという肩書が用いられるようになった。CEOの下にはCFO（最高財務責任者）、COO（最高執行責任者）、CIO（最高情報責任者）などがある。

C&F（cost and freight）　　　　　　成本加运费价格／运费在内价格
C&F価格　　　　　　　chéng běn jiā yùn fèi jià gé/yùn fèi zài nèi jià gé

船積渡価格に運賃を加えた貿易の取引条件。保険は買主が負担する。1990年からはCFRという名称に変更された。

CFO：chief financial officer　　　　　　　　　　首席财务官
最高財務責任者　　　　　　　　　　　　　　　　shǒu xí cái wù guān

一般的にアメリカの企業で使われる職務上の肩書で、企業の財務上の最高責任者。企業経営の財務における最高の権限と責任を負う。

CIF（cost insurance）　　　　　到岸价格／成本保险费加运费价格
CIF価格　　　　　dào àn jià gé/chéng běn bǎo xiǎn fèi jiā yùn fèi jià gé

C&F価格に船荷保険料を加えた価格。つまり、運賃保険料込の貿易の取引条件。CIFの変形として、CIF&C、CIF&I、CIF&E、CIF&CIがある。日本の貿易統計では、輸出はFOB価格、輸入はCIF価格で計上される。

CIO：chief information officer　　　　　　　　　首席信息官
最高情報責任者　　　　　　　　　　　　　　　　shǒu xí xìn xī guān

情報システムの複雑化・専門化に伴って、企業の競争力を左右する情報の重要性から企業内部に設けられた役職で、企業の情報戦略の策定や実行に関する最高責任者。日本企業の「情報担当取締役」または「情報担当理事」に相当する。

COD：cash on delivery　　　　　　　　　　　　　货到付款
着払い　　　　　　　　　　　　　　　　　　　　　huò dào fù kuǎn

代金引換渡し。現金着払い。

COO : chief operating officer 　　　　　　　　　　　　　首席运营官
最高執行責任者　　　　　　　　　　　　　　　　　　　shǒu xí yùn yíng guān

　一般的にアメリカの企業で使われる職務上の肩書きで，企業経営の業務
　執行の最高責任者である。COO は CEO が決定した経営方針や経営
　戦略のもとで，実際の業務を執行する責任者である。実質企業におい
　て CEO に次ぐ2番目のポストである。近年，日本でも COO という
　ポストを設置する企業が増えている。

D/A : document against acceptance　　　　　　　　　　　承兑交单
決済，引受（書類）渡し　　　　　　　　　　　　　　　chéng duì jiāo dān

　信用状なしの荷為替手形を利用した貿易決済方法の1つ。荷為替手形
　の送付を受けた銀行が，荷受人が期限付きの手形を引き受けるだけで，
　手形に付属した船積書類を引き渡す条件。D/A による貿易取引は，
　売り手である輸出業者にとってはリスクが伴う。

D/D : demand draft　　　　　　　　　　　　　　　　　　即期汇票
一覧払為替手形　　　　　　　　　　　　　　　　　　　　jí qī huì piào

　参着払為替手形。手形の所持者が，支払者が委託した銀行または支払
　人に手形を提示することで支払いを受ける手形。

D/P : document against payment　　　　　　　　　　　　付款交单
支払渡し　　　　　　　　　　　　　　　　　　　　　　fù kuǎn jiāo dān

　信用状なしの荷為替手形を利用した貿易決済方法の1つ。荷受人に対
　し，船積書類の引渡しを荷為替手形の支払いと引換に行う決済条件。

EC : Europe Community　　　　　　　　　　　　　欧洲共同体／欧共体
　　　　　　　　　　　　　　　　　　　　　　　ōu zhōu gòng tóng tǐ/ōu gòng tǐ

　1967年に ECSC（欧州石炭鉄鋼共同体，1952年発足），EEC（欧州経
　済共同体，1958年設立），EURATOM（欧州原子力共同体，1958年
　設立）の3つの共同体の統合によって発足した。主な目的は，加盟国
　の経済の保護と協力関係の強化である。

EU : Europe Unit　　　　　　　　　　　　　　　　欧洲联盟／欧盟
欧州連合　　　　　　　　　　　　　　　　　　　ōu zhōu lián méng/ōu méng

　1993年に発足した欧州の国家連合体のこと。EC が前身である。EU
　の主な目的は，経済・通貨の統合，共通の外交・安全保障政策の実現，
　司法内務協力である。EU の組織として，欧州理事会，EU 閣僚理事会，
　欧州委員会，欧州議会，欧州司法裁判所，欧州会計検査院などがある。
　本部はベルギーの首都ブリュッセルに置かれている。2007年現在加
　盟国は27カ国である。

F/S : feasibility study　　　　　　　　　　　　　　　　可行性研究
フィージビリティ・スタディ　　　　　　　　　　　　kě xíng xìng yán jiū

　複雑多変な外部環境及び企業内部環境に対し，プロジェクト・計画が

実行可能性または採算性を調査・検証することである。F/Sは現地調査，資料収集，解析検討，報告書作成の手順で進められる。

FOB (free on board) 离岸价格／船上交货
FOB 価格　　　　　　　　　　　　　　　lí àn jià gé/chuán shàng jiāo huò

指定積出港の本船甲板渡しの貿易の取引条件。売主は荷物を買主が指定した船積港の本船に積み込むまで責任をもつ。国際収支統計では，輸出，輸入をFOB価格で計上する。

GNI : gross national income 国民总所得
国民総所得　　　　　　　　　　　　　　　　　guó mín zǒng suǒ dé

一国の国民がある一定期間に新たに生み出した財・サービスの付加価値の合計。国民総所得は国内総生産に海外からの純所得受取を加えたものである。2007年の中国の1人当たり国民総所得は2,360ドルに達し，低収入国家から中等収入国家の下位に位置するようになった。

H.O. (head office) 总公司
本社　　　　　　　　　　　　　　　　　　　　　　　zǒng gōng sī

会社の主たる業務を行う事務所。

H share H股
H株　　　　　　　　　　　　　　　　　　　　　　　　　Hgǔ

Hは「HONGKONG」の頭文字から取ったもので，中国大陸で法人登録している中国企業が香港市場に上場した中国企業株を指す。香港ドルで取引される。1993年に中国国有企業として青島ビールが初めて上場した。中国大陸以外の投資家も投資可能である。

IT : information technology 信息技术
情報技術　　　　　　　　　　　　　　　　　　　xìn xī jì shù

情報技術の訳で，コンピューター，インターネットなどの通信，情報処理など幅広い分野に使用され，こうした分野の技術，ノウハウを表す用語。ほぼ同義として，EUではICT (information & communication technology) の用語が使われている。

ILO : International Labor Organization 国际劳工组织
国際労働機関　　　　　　　　　　　　　　　guó jì láo gōng zǔ zhī

1919年に設立され，その後の1946年に国連の専門機関となった。主な目的は加盟国の労働条件や社会保障の改善である。総会と理事で構成される理事会では，各加盟国の政府，使用者，労働者が2：1：1の割合の三者構成で代表を送る。本部はジュネーブで，2009年5月現在加盟国は183カ国・地域である。

IMF : International Monetary Fund 国际货币基金
国際通貨基金　　　　　　　　　　　　　　　guó jì huò bì jī jīn

国際通貨と金融体制を安定させるために世界銀行とともに1945年に

発足した国連の専門金融機関。本部はワシントンDC。国際収支不均衡または経済危機に直面した加盟国への資金の融資，開発途上国への資金援助などの役割をはたしている。2007年現在180以上の国・地域が加盟している。日本は1952年に加盟，中国は1980年に加盟した。

ISO : International Organization for Standardization　　国際标准化组织
国際標準化機構　　　　　　　　　　　　　　　　　　　guó jì biāo zhǔn huà zǔ zhī

工業分野（電気技術は除く）の規格の国際協調と標準化のため，国際規格の発行機関として1947年に設立された非政府組織である。ISO規格は法的な強制権はない。本部はジュネーブ。2007年1月現在，157の国・地域が加盟している。ISOはギリシャ語の「isos」（均等，均質）という言語が起源。

ISO9000 series　　　　　　　　　　　　　　　　ISO9000国际质量体系
ISO9000シリーズ　　　　　　　　　　　　　ISO9000 guó jì zhì liàng tǐ xì

製品の品質管理と品質保証に関する国際規格で，ISOが1987年に発行した。

JIT : just in time　　　　　　　　　　　　　　　　　　　即时制管理
ジャスト・イン・タイム　　　　　　　　　　　　　　　jí shí zhì guǎn lǐ

トヨタ生産方式の柱の1つで，「必要なものを必要な時に必要なだけ，調達・生産する」生産方式である。生産設備・部品・製品の在庫ゼロと需要・品種の変化に迅速に対応できることが主な特徴である。「丁度（just）」，「間に合う（in time）」の意味で，トヨタの創業者豊田喜一郎の造語である。

L/C : letter of credit　　　　　　　　　　　　　　　　　　　信用证
信用状　　　　　　　　　　　　　　　　　　　　　　　　xìn yòng zhèng

荷為替手形決済を円滑に行うために，銀行（取引銀行）が買主の依頼と指図に応じて，買主の支払いに責任をもつことを保障するために発行する確約書。信用状発行銀行は信用状条件に合致した書類の提示を条件とする。買主が支払不能になった際には，信用状発行銀行が支払に対して責任を負う。信用状には，荷為替信用状（documentaryL/C），無担保信用状（cleanL/C），取消不能信用状（irrevocableL/C），取消可能信用状（revocableL/C）など多種類があるが，最も一般的に使われるのが取消不能信用状である。

M&A : merger and acquisition　　　　　　　　　　　　购并/并购
合併・買収　　　　　　　　　　　　　　　　　　　　gòu bìng/bìng gòu

合併（merger）と買収（acquisition）の略語で，企業の合併・買収のこと。合併は複数の会社が1つになること，買収は1社が他の1社の一部あるいは全部を買い取ることである。事業再構築や経営の多角化の経営手法として用いられる。M&Aの手法として，「友好的M&A」と「敵対的M&A」がある。M&Aによるデメリットして，合併・買

収後組織・企業文化間の摩擦や混乱が指摘される。

MBA : master of business administration 工商管理硕士
gōng shāng guǎn lǐ shuò shì

もともとはアメリカを中心に発展したビジネススクール (business school) を修了した者に与えられる修士課程学位である。ケースを中心に経営全般に必要とされる知識を体系的に学ぶ授業内容で,専門経営者の養成が目的である。近年は日本を含めたアジア,欧州にも広がっている。

NGO : non-governmental organization 非政府组织
非政府組織 fēi zhèng fǔ zǔ zhī

国連憲章に起源をもつ言葉で,民間団体による国際協力に従事する国際機関。代表的な NGO に,赤十字社,アムネスティ・インターナショナル,グローバルアライアンス,グリーン・ピースなどがある。

NPO : nonprofit organization 非盈利组织
民間非営利団体 fēi yíng lì zǔ zhī

民間非営利組織のことで,営利組織と異なって利益追求が第一目的ではない。市民参加型の公益的活動を行う民間組織である。1998 年に制定された NPO 法によって NPO 組織に法人格を付与するようになった。日本では 1980 年代から,中国では 1998 年から急速に台頭した。

OECD : Organization for Economics Cooperation and Development
経済協力開発機構 经济合作与发展组织
jīng jì hé zuò yǔ fā zhǎn zǔ zhī

先進諸国が経済成長,貿易自由化,途上国への支援を目的として1961 年 9 月に発足した国際機関。本部はパリ。前身は OEEC (ヨーロッパ経済協力機構) である。最高議決機関は理事会で,その下に「三大委員会」と呼ばれる経済政策委員会,開発援助委員会,貿易委員会が設けられている。日本は 1964 年に加盟。現在,30 カ国が加盟している。

OEM : original equipment manufacturing 定牌生产
dìng pái shēng chǎn

相手先ブランドで製品または部品を生産する戦略的提携の 1 つの形態である。製品または部品の設計や仕様規格は委託した企業が決めるのが一般的である。OA 機器,家電製品,自動車及びその部品,機械部品,アパレルなどで多く見られる。

OJT : on-the-job-training 在职培训
zài zhí péi xùn

企業での従業員教育の基本形態で,従業員が業務を行いながら,上司または先輩による教育・訓練を受け,必要なノウハウや技能の習得を図る方法である。日本企業の典型的な人材育成の方法ともいわれてい

PR : public relations 公共关系
gōng gòng guān xì

個人，行政機関，企業がステークホルダーまたは一般社会に対して，良好な関係を確保するために行う活動のこと。

Quality control circle QC小组
QCサークル QCxiǎo zǔ

日本企業の典型的な品質管理の1つで，全社的品質管理の一環である。同じ職場内で品質管理活動を自主的に行う小集団のこと。企業全体の生産性やグループ全体の能力・自主性の向上，従業員の経営への参加意識の促進などが期待できる。1960年代初頭から日本に導入され，1960年代末から1970年代に急速に普及された。

R&D : research & development 研发（研究与开发）
研究開発 yán fā (yán jiū yǔ kāi fā)

研究開発は基礎研究，応用研究，開発研究に分けられる。いかなるものを研究開発し，それをどのように商品化するかは企業の長期的発展を左右する重要な要素である。

S&P500 : Standard & Poor's 500 Stock Index futures 标准普尔500
biāo zhǔn pǔ ěr 500

アメリカの有力投資情報会社であるスタンダード・アンド・プアーズ(S&P)社が発表しているアメリカの代表的な株価指数の1つ。「ニューヨーク証券取引所」「アメリカ証券取引所」「NASDAQ」に上場している銘柄の中から工業株400種，運輸株20種，公共株40種，金融株40種の合計500銘柄で構成されている。アメリカで最も広く利用されている株式指数である。

SWOT SWOT矩阵
SWOT分析 SWOT jǔzhèn

企業が持続的発展を図るためには，経営戦略の策定が必要である。経営戦略の策定の1つのステップとしてSWOT分析が取り上げられる。SWOT分析とは，企業自身の「強み(Strengths)と弱み(Weaknesses)」，企業を取り巻く外部環境における「機会(Opportunities)と脅威(Threats)」を分析することである。そして，企業は弱みを克服し，脅威を回避すると同時に，強みを活かし，機会を活用する経営戦略を策定しなければならない。

TOT : transfer-operation-transfer TOT（转让－运营－转让）
TOT (zhuǎn ràng-yùn yíng-zhuǎn ràng)

UNDP : United Nations Development Programme　联合国开发计划署
国連開発計画　　　　　　　　　　　　　　　　　lián hé guó kāi fā jì huà shǔ

1966年に設立された国連機関の1つで，開発途上国に技術協力活動を行う国連の技術援助機構である。本部はニューヨークに置かれている。

WTO : World Trade Organization　　　　　　　世界贸易组织
世界貿易機構　　　　　　　　　　　　　　　　　　shì jiè mào yì zǔ zhī

自由・多角・無差別の下で貿易を促進するための国際貿易機関である。国家間の貿易に関する世界的ルールの決定，協定の実施，円滑な運用などを主な任務としている。1995年1月に設立され，本部はスイスのジュネーブにある。2005年12月現在149カ国・地域が加盟している。前身はGATT (General Agreement on Tariffs and Trade；関税・貿易に関する一般協定)。中国は2001年12月にWTOに加盟した。

和 文 索 引

ア 行

IMF 198
ISO 199
ISO9000 series 199
アウトソーシング 1
アウトソーシングサービス 1
赤字 1
アジア太平洋経済協力会議 1
アフターサービス 1
天下り 1
粗利益 1
R&D 201
アンチ・ダンピング 2
安定株主 2
EC: Europe Community 197
意思決定 2
意思決定機関 2
意思決定権 2
意思決定メカニズム 2
意匠特許 2
委託加工 3
委託加工材料 3
委託加工貿易 3
委託代理販売商品 3
委託販売 3
委託販売先 3
委託販売清算書 3
委託販売手数料 3
一時帰休 4
一次製品 4
一手販売 4
一覧払為替手形 4
一括償却 4
一般会計原則 4
一般株 4
移転価格 5
異文化経営 5
イメージキャラクター 5
EU: Europe Unit 197
医療保険 5
インフォーマル組織 5
インフラストラクチュア 5

インフレーション 5
ウィン・ウィン 6
ウェアハウス・ストア 6
ウォーターフロント 6
請負 6
請負工事 6
請負メーカー 6
受取手形 6
売上原価 7
売上高 7
売上高利益率 7
売上割戻し 7
売掛金 7
売掛金回転率 7
売手市場 7
運転資金 7
運転資本 8
営業外支出 8
営業外収益 8
営業外費用 8
営業収入 8
営業損益 8
営業費用 8
営業利益 8
ILO 198
エクイティ・ファイナンス 9
A share 194
ACM 194
エージェンシー・コスト 9
エージェンシー理論 9
ADB 194
A/S 194
ASEAN 194
ASEAN Free Trade Zone 194
エスクロー・バーター貿易 9
F/S 197
FOB 198
L/C 199
M&A 199
MBA 200
NGO 200
NPO 200
エンゲル係数 9

エンジニア 10
円高 10
円・ドルのスワップ 10
エンドユーザー 10
円安 10
欧州中央銀行 10
OECD 200
OEM 200
OJT 200
大株主 10
大手企業 10
大部屋制 11
オーダー 11
オープン型ファンド 11
オプション 11
オペック（石油輸出国機構） 11
オペレーティング・リース 11
親会社 11
卸売業 12
卸売市場 12
終値 12

カ 行

外貨 13
海外勤務手当 13
海外シンジケート・ローン 13
買掛金 13
外貨取引 13
外貨負債 13
外貨預金 13
会計監査 14
会計コンサルタント業務 14
会計士 14
会計士事務所 14
会計制度 14
会計帳簿 14
会計年度 14
会計報告書 15
外国籍従業員 15
外国投資企業 15
外資側当事者配当金 15
外資政策 15
外資導入 15
会社規程／会社定款 16
会社払込資金 16
海賊版 16
買手市場 16
買取銀行 16

開放経済 16
カウンター・オファー 16
係長 17
各種棚卸資産全年度平均残高 17
格付専門機構 17
加工賃 17
加工貿易 17
飾り物の社外重役 17
貸し渋り 17
貸倒債権 18
貸倒準備金 18
貸倒償却 18
貸倒損失 18
貸倒引当金 18
貸倒リスク・アラーム 18
貸出業務 19
加重平均法 19
課長 19
合作企業 19
合併・買収ブーム 19
合併・破産 19
稼働 20
稼働率 20
過熱 20
株価収益率 20
株価操作 20
株価操作をしている者 20
株券 20
株式 20
株式オプション 21
株式会社 21
株式市況 21
株式市場 21
株式指数 21
株式資本金 21
株式資本金総額 21
株式上場 22
株式譲渡 22
株式所有構造 22
株式制商業銀行 22
株式相互持合制度 22
株式相場 22
株式持分 22
株主 23
「株主至上」モデル 23
株主資本利益率（自己資本利益率） 23
株主総会 23
株主総会議決権 23

和文索引

株主代表訴訟　23
株主割当　23
貨幣　24
貨幣価値の下落　24
貨幣供給量 M2　24
貨幣資金　24
上半期　24
借入金　24
カルテル　24
過労死　25
為替基準レート　25
為替裁定取引　25
為替先渡し　25
為替相場　25
為替手形　25
為替フロート・レート　25
為替リスク　26
為替レート　26
為替レート形成メカニズム　26
官から実業界に転身　26
環境許容量　26
環境保全産業　26
環境リスク　27
環境リスクアセスメント　27
環境倫理　27
監査委員会　27
監査機関　27
監査役　27
監査役会　28
監査役報告書　28
関税　28
完成品（製品）　28
関税割当量　28
間接投資　28
間接部門　28
カンパニー制　29
カンバン方式　29
元本　29
管理会計　29
管理過程論　29
管理職の買い取り（マネジメント・バイアウト）　29
管理費用　30
官僚制組織　30
機械的組織　30
企画部門　30
期間オーバー型貸出　30
機関投資家　30

企業家精神　31
企業化調査報告書　31
企業グループ　31
企業資源計画　31
企業戦略　31
企業内国際分業　31
企業の社会的責任　32
企業の信用調査　32
企業発展基金　32
企業パフォーマンス　32
企業文化　32
企業法人　32
企業目的一元論　33
企業目的多元論　33
企業倫理　33
基金留保　33
議決権　33
技術　33
技術移転　34
技術革新　34
技術ギャップ　34
技術協力　34
技術集約型産業　34
技術の空洞化　34
技術パラメータ　34
技術文書　35
技術貿易障壁　35
規制メカニズム　35
期待理論　35
技能工　35
規模の経済　35
記名株式　35
QC　201
吸収合併　36
給料明細　36
業界　36
狭義の貨幣 M1（現金残高＋当座預金＋普通預金）　36
供給過剰　36
供給先　36
供給不足　36
供給量　36
行政と企業の分離　37
業績給　37
競争入札　37
競争力ある優れた製品　37
共同経営　37
共同決定制度　37

協働体系（協働システム） 37
協力パートナー 38
銀行確認済信用状 38
銀行貸付 38
銀行頭取 38
銀行預金 38
銀行預金出納帳 38
勤務先 38
勤務地手当 38
金融監督 39
金融緩和 39
金融危機 39
金融先物取引 39
金融市場（短期金融市場） 39
金融市場（短期金融市場＋資本市場） 39
金融のグローバリゼーション 39
金融引締め 40
金融リスク 40
組合経費 40
組合せ販売 40
グリーン障壁 40
クリーン生産 40
グリーンツーリズム（観光農業） 40
クールビズ 41
グループ精神 41
黒字 41
クローズドエンド型投資信託 41
グローバル企業 41
グローバル戦略 41
訓練センター 42
経営 42
経営会議 42
経営学 42
経営権 42
経営資源 42
経営者革命 42
経営情報システム支配人 42
経営陣 43
経営戦略 43
経営哲学 43
経営方針 43
経営メカニズム 43
経営理念 43
計画経済 43
景気 44
景気対策 44
景気停滞 44

経済援助 44
経済（技術）開発区 44
経済詐欺 44
経済収益 44
経済人 45
経済成長率 45
経済的効果 45
経済的責任 45
経済特区 45
経済のグローバリゼーション 45
経済発展 46
ケイ線 46
経費削減 46
契約 46
契約違反 46
契約栽培 46
契約書 46
経理部門 47
決済 47
決算財務諸表 47
欠損 47
限界費用 47
限界利益 47
限界利益率 47
原価会計 48
原価管理 48
原価基準法（CP法） 48
原価計算 48
減価償却 48
減価償却年率 48
減価償却費 49
減価償却累計額 49
原価配分 49
原価報告書 49
原価利益率 49
現金出納帳 49
権限・責任一致の原則 49
権限の移譲 50
原材料 50
原材料提供型委託加工 50
現先市場 50
原産地 50
研修 50
源泉徴収個人所得税 51
現地化 51
現地化経営 51
現物出資 51
現物寄付 51

現有資産　51
県レベルの地域経済　52
コア・コンピタンス　52
公開競争方式　52
公開競売　52
公開入札　52
好況　52
高級品市場　52
広告法　52
鉱業　53
工業　53
工業所有権　53
工業団地　53
工業品製造の工程（プロセス）　53
口座開設銀行　53
工場長　53
交替勤務　54
郷鎮企業　54
公定歩合　54
公定レート　54
行動科学　54
公認会計士　54
購買力　55
購買力平価　55
合弁企業　55
公有制企業　55
小売　55
小売業　55
子会社　56
顧客　56
国債　56
国際会計基準　56
国際資本移動　56
国際シンジケート債権　56
国際生産の折衷理論　57
国際通貨基金　57
国際分業　57
小口投資家　57
国有企業　57
国有資産管理機構　57
国有資産管理公司　58
国有独資公司　58
国連経済社会理事会　58
国連貿易開発会議　58
焦付き貸出　58
焦付き帳簿　58
個人株主　59
個人財産運用サービス　59

個人所得税源泉徴収　59
個人的意思決定　59
個人投資家　59
コスト　59
コストダウン　59
コストパフォーマンス　59
コスト・リーダーシップ戦略　60
国家株　60
国境貿易　60
固定原価　60
固定資産　60
固定資産回転率　60
固定資産償却台帳　61
固定資産台帳　61
固定資産棚卸収益　61
コーポレートガバナンス　61
コミュニティ　61
コミュニティサービス　61
コール市場　61
コールレート　62
コルレス銀行　62
コングロマリット　62
コンサルティング会社　62
コンセンサス　62
コンツェルン　62
コンビナート　62

サ 行

債権　64
債券格付け　64
債権者　64
債券収益率　64
債券利息　64
在庫回転率　64
在庫ゼロ方式　65
在庫品　65
財産権　65
財産譲渡　65
財産譲渡収益　65
財産権取引　65
在宅勤務　65
再投資　66
service-area allowance　39
債務　66
財務委員会　66
財務会計　66
財務管理　66
財務検査　66

和文索引　　　　　　　　208

債務者　66
財務諸表　67
財務諸表分析　67
債務の株式化　67
債務不履行　67
財務分析　67
財務レバレッジ　67
材料原価　67
材料購入原価　68
材料原価差異　68
先物　68
先物市場　68
先物相場　68
先物取引　68
先物取引所　68
作業者　69
作業仕様書　69
作業ノルマ　69
作業場　69
作業場長　69
作業持場　69
サービス業　69
サービス貿易　69
サブプライムローン　70
サプライヤー　70
差別化経営　70
差別化サービス　70
差別化戦略　70
サミット　70
サラリーマン階層　71
三角債　71
残業　71
産業空洞化　71
産業構造の高度化程度　71
産業組織論　71
産業内貿易理論　72
産業リンケージ　72
三資企業　72
残存簿価　72
サンプリング検査　72
サンプリング誤差　72
サンプル　72
サンプル提供型委託加工　73
残余財産分配請求権　73
JIT　199
CIF　196
CIO　196
C&F　196

CEO　196
CFO　196
COD　197
COO　197
試運転　73
GNI　198
時価会計　73
仕掛品　73
時間給労働者　73
事業戦略（競争戦略）　73
事業部制組織　73
資金調達　74
自己資本　74
自己資本比率　74
自己責任　74
資産再建信託公司　74
資産再評価　74
資産集約型産業　74
資産評価　75
資産負債率　75
資産リストラ　75
支社　75
自社株買い　75
自主経営　75
自主知的財産権　75
市場経済　76
市場参入　76
市場シェア率　76
市場主導型雇用システム　76
市場障壁　76
市場占有率　76
市場ニーズ　76
市場ポテンシャル　77
市場メカニズム　77
市場リスクヘッジ　77
指数ファンド　77
持続可能な発展　77
下請企業　77
失業保険　78
執行委員会　78
執行機関　78
執行取締役　78
実用新案権　78
自動車リコール制度　78
ジニ係数　78
老舗　79
指名委員会　79
指名入札　79

和文索引

下半期　79
支払為替手形　79
支払確認銀行　79
支払通知書　79
支払手形　80
四半期　80
四半期財務諸表　80
四半期報告　80
資本回転率　80
資本金　80
資本充足率　80
資本集約的産業　80
資本剰余金　81
資本増強　81
資本積立金　81
社会主義市場経済　81
社会的責任投資　81
社外取締役　81
社会保険　81
社債　82
社長　82
借款利息　82
斜陽産業　82
上海証券取引所　82
上海証券取引所総合指数　82
収益性　83
従業員　83
従業員奨励金　83
従業員奨励・福利基金　83
従業員提案制度　83
従業員持株会　83
従業員持株制度　83
就業機会　84
終身雇用　84
囚人のジレンマ　84
集団／コロニー　84
集団所有制企業　84
集団訴訟　84
集団的意思決定　85
需給アンバランス　85
需給関係　85
需給バランス　85
熟練工　85
珠江デルタ　85
受託銀行　86
受託代理販売商品　86
出荷形態　86
出荷検査　86

出金伝票　86
出資額　86
出資者　86
出資比率　86
自由放任　87
自由放任的リーダーシップ　87
需要　87
純資産額　87
純資産収益率　87
純支出　87
準新株　87
純利益　88
償還責任　88
償却費　88
状況適合論（コンティンジェンシー理論）　88
証券会社　88
証券取引所　88
商社　89
上場会社　89
上場予定企業　89
昇進機会　89
焦点化戦略　89
商標権　89
商品回転率　90
情報公開　90
情報産業　90
情報の非対称性　90
常務取締役　90
常務会　90
剰余金　90
剰余金計算書　91
剰余金対純資産率　91
少量生産　91
奨励金　91
初期資金　91
職能別戦略（機能別戦略）　91
職能別組織　91
職場　92
職場いじめ　92
職務がらみの犯罪　92
「職務遂行志向型（課業志向型）リーダーシップ」と「対人関係志向型（従業員志向型）リーダーシップ」理論　92
職務発明　92
職名　92
職歴　92
ショック療法　93

所有権　93
所有と経営の分離　93
事例分析　93
人員削減　93
新株引受権付社債　93
新株予約権　94
シンクタンク　94
人件費　94
人事異動　94
人事管理　94
シンジケートローン　95
人事考課　95
人事考課委員会　95
人事採用　95
人事ファイル　95
新設合併　95
人的資源　95
信用組合（信用金庫）　96
信用公示の制度　96
信用担保　96
衰退段階　96
垂直的国際分業　96
垂直分業　96
垂直貿易　96
水平的国際分業　97
水平分業　97
スカウト　97
スタッフ　97
ステークホルダー　97
ストックオプション　97
ストライキ　98
スーパーマーケット　98
スピンオフ　98
スペアパーツ　98
税込売上高　98
政策金利　98
清算　98
生産高　99
生産ライン　99
生産力　99
正常貸出　99
成熟段階　99
成熟―未成熟理論　99
製造技術　100
製造原価　100
製造プロセス　100
成長　100
成長株　100

成長産業　100
成長段階　100
税引前利益　101
税引後利益　101
製品　101
製品売上原価　101
製品売上高　101
製品原価差異　101
製品サイクル　101
製品差別化　102
製品製造原価　102
製品販売粗利益　102
製品販売利益　102
製品ライフサイクル　102
製品ライフサイクル原価法　102
政府円借款　103
政府開発援助　103
政府債先物取引　103
西部大開発　103
世界銀行　103
責任原価制度　104
セクター　104
ゼネラル・エージェント　104
ゼネラル・マネージャー　104
セル生産方式　104
ゼロクーポン債　104
全額出資子会社　104
前期　105
全国インターバンク・コール市場　105
漸進型改革モデル　105
先進国　105
専制的リーダーシップ　105
選択と集中　105
先端技術　106
先端産業　106
前年利益　106
専務　106
専門技術（ノウハウ）　106
専門経営者　106
戦略　106
戦略的意思決定　107
戦略的投資　107
戦略委員会　107
早期退職　107
創業段階　107
総合商社　107
相互貿易　108
総資産利益率　108

総生産高　108
総代理店　108
組織　108
組織機構　108
組織構造　108
組織図　109
組織の意思決定　109
組織の3要素　109
組織文化　109
ソフトウェア　109
ソフトウェアハウス　109
ソフト・ランディング　109
損益　110
損益計算書　110
損益自己負担　110
損益分岐点　110
損益分岐分析　110

タ　行

第一次産業　111
対外直接投資　111
第三次産業　111
貸借対照表　111
退職養老基金　111
第三セクター　112
台帳　112
第二次産業　112
第二四半期（7月～9月）　112
第二次創業　112
滞納勘定　112
滞納金　112
大部門制　113
代表取締役　113
耐用年数　113
代理商　113
代理店　113
代理販売網　113
大量生産　113
ダウ工業平均指数　114
多角化経営　114
多角化戦略　114
多国間貿易　114
多角貿易　114
多国籍企業　114
多国籍銀行　115
縦長型組織　115
棚卸　115
棚卸資産回転率　115

WTO　202
ターン・キー　115
短期貸付金　115
短期借入金　115
短期銀行借款　116
短期計画　116
ターン・キー契約　116
短期的行為　116
短期投資評価損失引当金　116
短期プライムレート　116
ダンピング　116
ダンピング価格　117
ダンピング輸出　117
地域経済　117
地域情報サービスシステム　117
地域統括会社　117
地域別事業部制　117
地域優位性　118
チェーン店　118
遅延利息　118
地球温暖化　118
知識集約型産業　118
遅滞貸出　119
知的所有権　119
中央値　119
中核技術　119
中間管理職　119
中間財務会計報告　119
中期計画　119
中継貿易　120
中国企業聯合会　120
中国銀行　120
中国銀行業監督管理委員会　120
中国建設銀行　120
中国工商銀行　120
中国証券取引監督管理委員会　121
中国農業銀行　121
中国品質認証センター　121
中値　121
中長期計画　121
注文書　121
長期借入金　121
長期銀行借入金　122
長期手形　122
長期投資　122
長期負債　122
長期プライムレート　122
長江デルタ　122

帳簿価格　122
帳簿原価　123
帳簿尻（ちょうぼじり）　123
帳簿単価　123
帳簿面（ちょうぼづら）　123
直接投資　123
著作権侵害　123
賃金支払形態　123
賃金上昇率　123
賃金体系　124
通貨交換レート　124
通信販売　124
月毎償却　124
接ぎ木方式による技術改造　124
D/A　197
D/D　197
TOT　202
低級品市場　124
定期預金　125
定型的意思決定　125
低金利政策　125
ディスカウント　125
ディスクロージャー　125
定年退職後の再雇用　125
テイラーの科学的管理法　125
出稼ぎ労働　126
手形引受け書類渡し　126
敵対的買収　126
「テクノストラクチュア」論　126
D/P　197
デフレーション　126
デリバティブズ　126
転換社債　127
電子行政化　127
電子商取引　127
電子通貨　127
電子通関　127
電子物流　128
展示即売会　128
展示品　128
伝統的組織理論　128
伝統的な組織原則　128
当期純利益　128
当期利益　128
統計　128
統計学　128
投資回転率　129
投資利益率　129

統制　129
「統制の幅」の原則（スパン・オブ・コントロール）　129
同族企業　129
当年度計画　129
当年度減価償却額　129
当年度償却額　129
当年度累計売上高　130
当年度累計生産高　130
登録資本金　130
独資企業　130
独占業界　130
独占禁止法　130
独占的優位理論　130
特別損失　131
独立採算　131
独立取締役　131
（農村）土地請負経営権　131
（農村）土地請負制度　131
特許　131
特許権　131
特許料　132
特恵関税　132
特恵授与国　132
頭取責任請負制　132
トップマネージャー　132
滞り債権（とどこおりさいけん）　132
ドライリース　132
トラスト　133
取締役　133
取締役会　133
取締役会専門委員会　133
取締役会の形骸化　133
取次販売店　133
取引価格　133
取引銀行　134
取引先　134
取引所　134

ナ　行

内国民待遇　135
内需　135
内需志向型　135
内需主導型経済成長　135
内部監査　135
内部告発　135
内部昇進制　136
内部調査　136

和文索引

内部統制制度　136
内部振替価格　136
流れ作業　136
ナスダック　137
ナレッジ・エコノミー（知識経済）　137
二国間貿易　137
ニーズ　137
偽・粗悪品　137
偽ブランド製品　138
ニート　138
入金伝票　138
入札価格　138
入札相場　138
2要因理論（動機づけ・衛生理論）　138
ニューヨーク証券取引所　138
任意の責任　139
人間関係論　139
抜取検査　139
抜取測定　139
ネゴシエーション　139
ネットバンク　139
ネットワーク組織　139
年間売上高　140
年金　140
年功序列制　140
年功序列型賃金体系　140
年度決算諸表　140
年度財務諸表　140
年度の経営計画　140
年俸　140
農業産業化　141
納税額上位100社リスト　141
農村信用社　141
農村融資システム　141
ノウハウ　141
ノウハウ使用料　141
能力考課　142
能力主義　142
ノックダウン　142

ハ　行

ハイエンド製品　143
買収　143
ハイテク　143
ハイテク企業インキュベーター　143
ハイテク工業パーク　143
ハイテク産業　143
ハイテク製品　144
配当　144
配当型保険　144
配当金　144
配当収益率　144
配当所得　144
配当利回り　144
ハイブリッド車　145
バイヤー　145
薄利多売　145
バーコード管理　145
破産　145
始値　145
バスタブ曲線　145
派生訴訟　146
バーター貿易　146
8項目のインフラ　146
バーチャル・エコノミー（仮想経済）　146
パーツ（部品）　146
発行価格　146
発行済み株式数　146
発展権　147
発展途上国　147
パテント　147
ハードウェア　147
パートタイマー　147
パートナーシップ企業　147
パートナーシップ制　147
バーナードの組織論　148
バブル経済　148
払込資本　148
パラダイム　148
パラボリック　148
バリューチェーン（価値連鎖）　149
Bank for International Settlements
　banking regulation　195
汎珠江三角州　149
半製品　149
ハンセン指数　149
販売価格　149
販売経路　149
販売競争　149
販売原価　150
販売センター　150
販売促進　150
販売代理商　150

販売費用　150
PR: public relations　201
比較財務諸表　150
比較生産費説　150
比較優位　151
引受為替手形　151
引受銀行　151
引受手形　151
筆頭株主　151
非定型的意思決定　151
一株当たり純資産　151
一株当たり利益　152
一株一議決権　152
1人当たり可処分所得　152
B share　195
B/E　195
BOT　195
B/B　195
B/C　195
標準原価　152
標準原価計算法　152
標準原価差異　152
費用収益分析　152
表決権　153
貧困扶助貸出　153
品質管理　153
品質劣化商品　153
貧富格差　153
ファイナンス・リース　153
ファースト・フード　153
ファーム・オファー　154
ファンクショナル（職能）組織　154
風力エネルギー普及運動　154
フォーマル組織　154
付加価値　154
付加価値税　154
不完全競争　155
負債　155
負債総額　155
部署　155
不正競争　155
不正競争防止法　155
付属品　155
普通預金　156
物価上昇率　156
物価スライド制定期預金　156
プッシュ戦略　156
物流　156

物流コスト　156
不動産管理　156
B/B: buying bill　195
B/C: bill for collection　195
部品　157
ブーメラン効果　157
部門間取引　157
部門原価　157
部門損益表　157
フランチャイズ契約　157
フランチャイズ・チェーン経営　157
ブランド　158
ブランド効果　158
ブランド商品　158
ブランド戦略　158
プラント　158
プラント設備の導入　158
プラント輸出　158
フリーオファー　158
振替伝票　159
BRICs　195
不良債権　159
フル稼働　159
ブルーカラー　159
フル・ターンキー方式　159
ブルーチップス　159
プレミアム　159
プレミアム発行　160
プロセス　160
プロダクト・ライフ・サイクル理論　160
分業（ないし専門家）の原則　160
ペア　160
平均原価法　160
北京・天津・唐山経済圏　160
ベースマネー（ハイパワード・マネー）　161
ペッグ制（リンク制）　161
ヘッジファンド　161
ペーパー・レス取引　161
変形マルチ商法　161
ベンチャーキャピタル　161
ベンチャー・ビジネス　162
変動費用　162
貿易　162
貿易赤字　162
貿易黒字　162
貿易収支バランス　162

貿易障壁　162
貿易不均衡　162
貿易保護主義　163
貿易摩擦　163
報酬委員会　163
法人格　163
法人株　163
法人株主　163
法人税　163
法定最低資本金　164
法定代表者　164
法定代理人　164
法的責任　164
簿価　164
簿外資産　164
簿外収益　164
北米ドル　165
保護関税　165
保護貿易　165
保護貿易政策　165
補償貿易　165
保税加工貿易　165
保税区　165
保税倉庫　165
ホーソン工場の実験　166
ボトルネック　166
ボトルネックインフレーション　166
ポートフォリオ　166
ボーナス　166
ホワイト・カラー　166
本社　167
本社勘定　167

マ　行

マイクロチップ産業　168
前受金　168
前渡金　168
マクロ経済学　168
マクロコントロール　168
マクロコントロール政策　168
マーケット　168
マーケット・コントロール　169
マーケット・シェア　169
マーケット・プライス　169
マーケット・メカニズム　169
マーケット・リサーチ　169
マーケティング　169
マーケティング戦略　169

マージン　170
マックス・ウェーバーの支配の類型　170
マトリックス組織　170
マネーサプライ　170
マネー・ロンダリング　170
マルチ商法　170
未完成品　170
ミクロ経済学　171
未処分利益　171
見積書　171
未発達地域　171
未払配当金　171
見本加工貿易　171
ミューチュアルファンド　171
民営企業　171
民主的リーダーシップ　172
無過失責任　172
無記名株券　172
無形資産　172
無形資産譲渡　172
無形貿易　172
無欠陥生産　172
無限責任　172
無償株　173
無償支給設備　173
名目国民総生産　173
メイン・バンク　173
メインバンク制度　173
目玉商品　173
メンテナンス　173
メンテナンス・センター　173
目論見書　174
モーゲージ　174
持株会社　174
持株比率　174
持場　174
持分譲渡　174
モチベーションメカニズム　174
モノポリー　174
モラルハザード　175
モラルリスク　175

ヤ　行

約束手形　176
闇取引　176
ヤンキー・ボンド　176
UNDP　202

有価証券　176
有機的組織　176
有給休暇制度　176
遊休資産　176
遊休資産の整理清算　177
遊休資本　177
遊休設備　177
優遇税制　177
有形固定資産　177
有形貿易　177
有限責任　177
有限責任公司　177
友好的買収　178
ユーザー　178
融資　178
有償譲渡　178
優先株　178
優良株　178
輸出　178
輸出依存度　178
輸出加工区　179
輸出主導型成長　179
輸出代替効果　179
輸出入　179
輸出割当制　179
輸入　179
輸入依存　179
輸入依存度　179
輸入制限　180
輸入代替　180
輸入割当制度（IQ制）　180
ユーロ　180
ユーロ円債　180
ユーロクリア　180
ユーロ市場　180
要求払預金　181
要素賦存説　181
幼稚産業　181
養老年金　181
預金準備金　181
横広型組織　181
予算編成　181
予算を切りつめる　182
余剰労働力　182
余剰利益　182
欲求階層説　182

ラ　行

ライセンス　183
ライセンス使用料　183
来料加工・来様（図）加工・来件装備・補償貿易　183
ライン　183
ライン・アンド・スタッフ組織　183
ライン・コンベアー　184
ライン組織（直系式組織）　184
落札　184
ランダム・サンプリング　184
ランチェスター戦略　184
利益　184
利益配当　184
利益率　184
利益留保　185
リサイクルできる資源　185
利子　185
利潤　185
利潤上納から納税制への改革　185
リース　185
リスク　185
リスク管理／リスクマネジメント　186
リスクプレミアム　186
リース契約　186
リストラクチャリング　186
リース貿易　186
リーダーシップ論　186
リーディング・カンパニー　186
リベート　187
リーマンショック　187
流通経路　187
流通コスト　187
流動資金　187
流動資金回転率　187
流動資産　187
流動資本　187
流動比率　187
流動負債　188
留保利益　188
両替　188
量産　188
稟議制度　188
リーン生産方式　188
倫理的責任　189
レイオフ　189

レジャー産業　189
レッテル　189
レッド・チップス　189
連結財務諸表　189
連結損益計算書　189
連結貸借対照表　190
連結利益処分計算書　190
連鎖債務　190
ロイヤリティ　190
労災保険　190
労資関係　190
労働組合　190
労働時間　191
労働集約型産業　191
労働生産性　191
労働力人口　191
労務管理　191
ローエンド消費者　191
ローカル・エリア・ネットワーク　191
ロジスティクス　191
ロス率　192

ワ 行

ワーキングプア　193
ワークシェアリング　193
割当　193
割引債　193

中 国 語 索 引

A

A股 194
案例分析 93
岸线 6
按月摊销 124

B

B股 195
罢工 98
巴塞尔协议 195
白领职员 166
半成品 149, 170
板块 104
半制品 73
保兑信用证 38
保兑银行 79
保护关税 165
保护加工贸易 165
保护贸易政策 165
保护贸易 165
报价单 171
保留利润 185
保税关栈 165
保税区 165
包销 3,4
保养 173
保值储蓄 156
备件 98
本公司 167
本金 29
本年计划 129
本年净利润 128
本年累计生产 130
本年累计销售 130
本年利润 128
本年摊销额 129
本年折旧额 129
本土化经营 51
本土化 51
比较财务报表 150
比较成本论 150
比较优势 151

变动费用 162
边际成本 47
边际利润 170
边际收益 47
边际收益率 47
边境贸易 60
扁平结构组织 181
变相传销活动 161
编制预算 181
贬值 24
表决权 153
表决权 33
标签 189
标准成本差异 152
标准成本法 152
标准成本 152
标准普尔500 201
并购 199
并购热潮 19
波动汇率 25
薄利多销 145
补偿贸易 165
不良债权 159
部门成本 157
部门损益表 157
不确定型决策 151
不完全竞争 155
不正当竞争 155
不作价设备 173

C

财产转让 65
财产转让收益 65
财会部门 47
材料采购成本 68
材料成本差异 68
材料成本 67
财务报表分析 67
财务报表 67
财务分析 67
财务杠杆 67
财务管理 66
财务会计 66

财务委员会 66
裁员 93
仓储式商场 6
差异化服务 70
差异化经营 70
差异化战略 70
拆借市场 61
产地 50
产量 99
产品 101
产品差异化 102
产品成本差异 101
产品生产成本 102
产品生命周期成本法 102
产品生命周期理论 160
产品生命周期 102
产品寿命 101
产品销售成本 101
产品销售利润 102
产品销售毛利 102
产品销售收入 101
产权 65
产权交易 65
产业空心化 71
产业链 72
产业内贸易理论 72
产业梯度 71
产业组织论 71
偿还责任 88
长江三角洲（长三角） 122
长期负债 122
长期借款 121
长期投资 122
长期银行借款 122
长期优惠（放款）利率 122
常务董事 90
常务会 90
厂长 53
超市 98
车间 69

中国語索引

车间主任 69	出口加工区 179	道德风险 175
承包 6	出口配额制 179	道·琼斯工业平均指数 114
承包厂家 6	出口替代效果 179	道义危害 175
承包工程 6	出口依存度 178	得标 184
承包企业 77	出口主导型成长 179	低端市场 125
成本 59	出资比例 86	低端用户 191
成本报表 49	出资额 86	第二产业 112
成本保险费加运费价格 196	出资人 86	第二次创业 112
成本分摊 49	船上交货 197	第二季度 112
成本管理 48	传销 170	低利率政策 125
成本核算 48	创业阶段 107	地区津贴 38
成本加成法 48	垂直贸易 96	地区总部 117
成本加运费价格 196	垂直型分工 96	第三部门 112
成本降低 59	垂直型国际分工 96	第三产业 111
成本会计 48	纯利 88	抵押贷款 174
成本利润率 49	次级贷款 70	第一产业 111
成本领先战略 60	次新股 87	敌意收购 126
成本效益分析 152	促销 150	底账 112
承兑汇票 151	存货 65	电子货币 127
承兑交单 126	存货周转比率 115	电子商务 127
承兑交单 197	存货周转率 64	电子物流 128
承兑票据 151	存款准备金 181	电子政务平台 127
承兑银行 151	存量资产 51	订单 121
成交价格 133		订单农业 46
成品 101,28	**D**	订货 11
成熟阶段 99	大办公室制 11	订货单 121
成熟—不成熟连续流 99	大部门制 113	定牌生产 200
成套设备 158	大股东 10	定期存款 124
成套设备出口 158	大企业 10	东盟自由贸易区 194
程序 160	搭售 40	东南亚国家联盟 194
成长股 100	代办商 113	董事 133
成长阶段 100	代扣个人所得税 51	董事会空壳化 133
持股比率 174	贷款 178	董事会专门委员会 133
迟延利息 118	代理成本 9	董事会 133
重整结构 186	代理店 113	董事长 113
重组机构 186	代理银行 62	独家包销 174
筹措资金 74	代销清单 3	独家经销 174
抽紧银根 40	代销手续费 3	独立董事 81,131
抽样测试 139	代销网 113	独资企业 10
抽样检验 139,72	带薪休假制度 176	短期贷款 115
抽样误差 72	呆账 132,159,58	短期计划 116
筹资 74	呆账贷款 58	短期借款 115
出厂检验 86	呆账核销 18	短期投资跌价准备 116
出货形态 86	呆账准备金 18	短期行为 116
初级制品 4	呆滞贷款 119	短期银行借款 116
出口 178	呆滞账款 112	短期优惠（放款）利率 116
	到岸价格 196	
	盗版 16	

中国語索引

短
短期折放利率 62
对冲基金 161
兑换 188
对外直接投资 111
多边贸易 114
多元化经营 114
多元化战略 114

E
恩格尔系数 9

F
发达国家 105
法定代表人 164
法定代理人 164
法定汇率 54
法定资本最低限额 164
发行价格 146
法律责任 164
法人股东 163
法人股 163
法人资格 163
发行股票总数 146
发展权 147
发展中国家 147
反不正当竞争法 155
反垄断法 130
返聘 125
反倾销 2
繁荣 52
范式 148
泛珠三角 149
放任式领导 87
放松银根 39
非常损失 131
飞反效应 157
非全日制就业 147
非盈利组织 200
非政府组织 200
非正式组织 5
分拆 98
分公司 75,195
分工协调原则 160
分红保险 144
分红 144,184
封闭式基金 41
峰会 70
风险 185

风险费 186
风险管理 186
风险投资 161
附加价值 154
附件 155
付款交单 197
付款凭证 86
扶贫贷款 153
服务行业 69
服务贸易 69
负债 155
负债总额 155
赋有认购权证公司债 93

G
干股 173
干租 132
岗位 155,174
高端产品 143
高端市场 52
高架结构组织 115
高科技 143
高科技产业 143
高新技术产品 144
高新技术开发区 143
个人股东 59
个人决策 59
个人理财服务 59
各项存货全年平均余额 17
给惠国 132
供不应求 36
工程师 10
供大于求 36
工费 94
公共关系 201
供过于求 36
工会 190
工会经费 40
供给量 36
工缴费 17
公开竞价方式 52
公开拍卖 52
公开投标 37
公开招标 52
供求关系 85
工伤保险 190

工商管理硕士 200
工时 191
共识 62
公司拨入资金 16,167
公司税 163
公司债 82
公司战略 31
公司章程 16
公司治理 61
共同决定制度 37
工薪阶层 71
供需平衡 85
供需失调 85
工业 53
工业产权 53
工业园区 53
工艺 160
工艺流程 53
供应单位 36
供应商 70
公有制企业 55
工资表 36
工资上涨率 123
工资制度 124
工资支付形式 123
工作单位 38
工作岗位 69,91
工作岗位分享 193
工作履历 92
"工作中心领导"与"员工中心领导"理论 92
购并 199
购买力 55
购买力平价 55
股本 21
股本总额 21
古典组织理论 128
古典组织原则 128
固定成本 60
固定资产 60
固定资产登记簿 61
固定资产盘盈 61
固定资产折旧登记簿 61
固定资产周转率 60
股东 23
股东大会 23
股东大会决议权 23

股东回报率　23
股东权益回报率　23
股东诉讼制度　23
"股东至上"模式　23
股份　20
股份公司　21
股份回购　75
股份制商业银行　22
股份转让　22
股价操纵　20
顾客　56
股利　144
股利收益率　144
股民　59
股票　20
股票行情　22
股票期权　21
股票期权　97
股票认购权发行　94
股票上市　22
股权结构　22
股权融资　9
股权转让　174
股市　21
股市行情　21
股息　144
股息率　144
股长　17
股指　21
观光农业　40
管理层　43
管理层收购　29
管理程序论　29
经营方针　43
管理费用　30
管理幅度原则　129
管理会计　29
管理理念　43
管理学　42
管理哲学　43
官僚集权组织　30
关税　28
关税配额量　28
广告法　52
规模经济　35
国际标准化组织　199
国际分工　57
国际货币基金　198

国际货币基金组织　57
国际会计准则　56
国际劳工组织　198
国际生产折中理论　57
国际辛迪加贷款　56
国际资本移动　56
国家股　60
国库券(公债)　56
过劳死　25
国民待遇　135
国民总所得　198
过热　20
国外银团贷款　13
国有独资公司　58
国有企业　57
国有资产管理公司　58
国有资产管理机构　57
国债期货交易　103

H

H股　198
函售　124
含税销售额　98
行业　36
行长负责制　132
合并会计报表　189
合并利润分配表　190
合并损益表　189
合并资产负债表　190
合伙企业　147
合伙制　147
合同　46
合同书　46
核心技术　119
核心竞争力　52
合资经营企业　55
合作伙伴　38
合作经营企业　19
黑市买卖　176
恒生指数　149
红筹股　189
宏观经济学　168
宏观调控政策　168
宏观调控　168
红利　144
红利所得　144
后勤工作　191
互惠信托基金　171

花瓶董事　17
坏账　18
坏账损失　18
坏账准备　18
坏账准备金　18
环保产业　26
还价　16
环境承载力　26
环境风险　27
环境风险评价　27
环境伦理　27
还盘　16
回购市场　50
汇率　26
汇款单　79
汇率风险　26
汇率生成机制　26
汇票　25,195
混合动力车　145
货币　24
货币兑换率　124
货币供应量M2　24
货币供应　170
货币市场　39
货币资金　24
货到付款　197
活期存款　156
霍桑工厂试验　166

J

季报　80
基础货币　161
基础设施　5
季度　80
季度会计报表　80
机构投资者　30
机关领导派　1
计划经济　43
激励机制　174
记名股票　35
基尼系数　78
即期汇币　197
即期汇票　4
即时制管理　199
技术　33
技术参数　34
技术差距　34
技术创新　34

技术合作 34
技术诀窍 141
技术空心化 34
技术蓝领 35
技术密集型产业 34
技术文件 35
技术性贸易壁垒 35
技术转让 34
集体所有制企业 84
集团诉讼 84
绩效工资 37
机械式组织 30
记账贸易 9
基准汇价 25
加班 71
加班加点 71
加工出口区 179
加工贸易 17
嫁接改造 124
假冒伪劣商品 137
加权平均法 19
价值链 149
家族企业 129
兼并破产 19
监督机构 27
尖端技术 106
减价商品 173
间接部门 28
间接投资 28
渐进式改革模型 105
见票即付 194
建设・运用・移交 195
监事(员) 27
监事会 28
监事会报告书 28
奖金 91
奖励金 166
交钥匙 115
交易户 134
交易所 134
借款 24
借款利息 82
结算 47
激励机制 174
进出口 179
进口 179
进口配额制 180
进口限制 180

进口依存度 179
金融风险 40
金融监管 39
金融期货交易 39
金融全球化 39
金融市场 39
金融危机 39
金砖四国 195
经费削减 46
经济对策 44
经济发展 46
经济合作与发展组织 200
经济技术开发区 44
经济全球化 45
经济人 45
经济特区 45
经济萧条 44
经济效益 44,45
经济援助 44
经济责任 45
经济增长率 45
经济诈骗 44
京津唐都市经济圈 160
经理革命 42
净利 88
景气 44
竞相销售 149
经销商 133
精益生产方式 188
经营 42
经营会议 42
经营机制 43
经营权 42
经营学 42
经营战略 43
经营资源 42
经营租赁 11
净支出 87
净资产额 87
净资产收益率 87
就业机会 84
矩阵制结构组织 170
决策 2
决策机构 2
决策机制 2
决策权 2
诀窍使用费 141

K

K线图 46
卡特尔 24
开动率 20
开放经济 16
开放式基金 11
开户银行 53
开盘价 145
看板管理方法 29
康采恩（垄断的联合企业） 62
考核委员会 95
可持续发展 77
可更新资源 185
科企孵化器 143
可行性报告 31
可行性研究 198
科长 19
可转换债 127
控股公司 174
控制 129
扣交个人所得税 59
库存品 65
跨国公司 114
跨国银行 115
跨文化管理 5
快餐 153
会计报告 15
会计决算报表 47
会计年度 14
会计师事务所 14
会计师 14
会计帐簿 14
会计制度 14
会计咨询业务 14
矿产业 53
亏损 1,47

L

拉风行动 154
来件装配 142
来料加工贸易 171
来料加工贸易 3
来料加工 50
来料加工 73
蓝筹股 159,178
蓝领职员 159

蓝契斯特战略　184
劳动定额　69
劳动力人口　191
劳动密集型产业　191
劳动生产性　191
劳务管理　191
劳资关系　190
老字号　79
累计折旧　49
雷曼休克　187
冷背货　153
离岸价格　197
利改税　185
利润　185
利润表　110
利息　185
利益相关者　97
联合大企业　62
联合国经济与社会理事会　58
联合国开发计划署　202
联合国贸易发展会议　58
联合经营　37
联合企业　62
连锁店　118
连锁制　161
猎头　97
凛议制度　188
零部件　157
领导理论　186
零件　146
零库存　65
零票息债券　104
零缺陷生产　172
零售　55
零售业　55
领域　36
留存收益　188
流动比率　188
流动负债　188
流动资本　187
流动资产　187
流动资金周转率　187
流动资金　187
流动资金　7
流水作业　136
流水作业线　184

流通成本　187
流通途径　187
垄断行业　130
垄断优势理论　130
龙头企业　186
绿色壁垒　40
轮班工作　54
伦理责任　189
论资排辈工资制度　140
论资排辈制　140

M

马克斯·韦伯的权利的分类　170
买方　145
买方市场　16
卖方市场　7
买入汇票　195
买主　145
毛利　1
冒牌产品　138
冒险事业　162
贸易　162
贸易保护主义　163
贸易壁垒　162
贸易不平衡　162
贸易摩察　163
贸易逆差　162
贸易平衡　162
贸易顺差　162
每股净资产　151
每股收益　152
美元　165
民营企业　171
民主式领导　172
名目国民生产总值　173
名牌商品　158
MIS经理　42
目标集聚战略　89
母公司　11

N

纳税百强排行榜　141
纳斯达克　137
耐用年限　113
内部稽核　136
内部检举　135
内部晋升制　136

内部控制制度　136
内部审计　135
内部往来　157
内部转账价格　136
内退　107
内向型　135
内需　135
内需主导型经济发展　135
能力考核　142
能力主义　142
拟上市公司　89
腻一族　138
年度经营计划　140
年度决算报表　140
年度会计报表　140
年薪　140
年营业额　140
年折旧率　48
纽约证券交易所　138
农村信用服务体系　141
农村信用社　141
农业产业化　141
诺豪　141

O

欧共体　197
欧盟　198
欧佩克　11
欧洲联盟　198
欧洲央行　10
欧元　180
欧洲共同体　197
欧洲日元债券　180
欧洲市场　180
欧洲银行票据交换所　180

P

派生商品　126
盘点　115
盘活存量　177
泡沫经济　148
配股　24
配件　157
配套出售　40
培训　50
培训中心　42

批发市场　12
批发业　12
批量生产　113,188
贫富差距　153
品牌　158
品牌效应　158
品牌战略　158
评级机构　17
瓶颈　166
瓶颈式通货膨胀　166
平均成本法　160
破产　145
普惠　132
普通股　4

Q

QC小组　201
汽车召回制度　78
企划部门　30
期货　68
期货汇率　68
期货交易　68
期货交易所　68
期货贸易　68
期货市场　68
期票　176
期权　11
七通一平（道路通，上水道通，电气通，下水道通，通讯通，煤气通，蒸气通，平地要平）　146
期望值理论　35
启钥匙成套设备出口方式　159
企业法人　32
企业发展基金　32
企业集团　31
企业绩效　32
企业家精神　31
企业伦理　33
企业目标单一化论　33
企业目标多元化论　33
企业内部网络　191
企业内国际分工　31
企业社会责任　32
企业文化　32
企业资信调查　32
企业资源计划　31

洽谈　139
前半期　105
欠发达地区　171
前沿产业　106
切斯特·巴纳德组织理论　148
侵犯版权　123
清洁生产　40
清凉公务　41
清算　98
倾销　116
倾销出口　117
倾销价格　117
穷忙族　193
囚徒困境　84
区位优势　118
取样检验　72
区域事业部制　117
区域性经济　117
权变理论　88
全国银行间同业拆借市场　105
全面开工　159
全球变暖　118
全球化战略　41
全球企业　41
拳头产品　173
拳头产品　37
权威式领导　105
全资子公司　104
确定型决策　125
群体　84
群体决策　85,109

R

认付汇票　79
人际关系论　139
人均可支配收入　152
人力资源　95
人力资源管理　94
人事档案　95
人事调动　94
人事考核　95
日元贬值　10
日元和美元的调期　10
日元升值　10
日元政府贷款　103
融资租赁　153

软件　109
软件企业　109
软着陆　109

S

三边贸易　120
散户　57
三角债　71,190
三来一补　183
三资企业（中外合资企业，中外合作企业，外商独资企业）　72
善意收购　178
上半年　24
商标权　89
上海证交所　82
上年利润　106
商品周转率　90
商社　89
上市公司　89
上证综合指数　82
少量生产　91
社会保险　81
社会责任投资　81
社会主义市场经济　81
社区　61
社区服务　61
社区信息服务平台　117
审计委员会　27
审计　14,66
生产部门　183
生产成本　100
生产工艺　100
生产技术　100
生产力　99
生产线　99
升迁机会　89
剩余财产分配请求权　73
剩余劳动力　182
市场　168
市场壁垒　76
市场承载就业体系　76
市场调查　169
市场调研　169
市场份额　169
市场份额　76
市场风险规避　77

中国語索引

市场机制　77,169
市场价　169
市场经济　76
市场潜力　77
市场调控　169
市场需求　76
市场营销　169
市场占有率　76,169
市场准入　76
试车　73
实价　154
时价　169
时价会计　73
世界贸易组织　202
世界银行　103
实盘　154
实收资本　148
实物捐赠　51
实物投资　51
失业保险　78
事业部制组织　73
事业战略　96
市盈率　20
实用新设计权　78
试运转　73
售后服务　1
收款凭证　138
收买　143
收盘价　12
授权　50
受托代销商品　86
首席财务官　196
首席信息官　196
首席运营官　197
首席执行官　196
熟练工　85
衰退阶段　96
双边贸易　108,137
双因素理论　138
双赢　6
税后利润　101
水平型分工　97
水平型国际分工　97
税前盈利　101
税收优惠　177
随机抽样　184
损耗率　192
损益表　110

所持股份　22
缩减预算　182
所有权　93
所有与管理分离　93
SWOT矩阵　201

T

泰勒的科学管理法　125
摊派　193
摊提成本　88
套汇　25
特许加盟契约　157
特许经营　157
替代进口　180
提名委员会　79
提取基金　33
条形码管理　145
贴水　125
贴水佣金　159
贴现债券　193
统包合同　116
通货供给量　170
通货紧缩　126
通货膨胀　5
统计　128
停损抛物线SAR　148
统计学　128
通用会计准则　4
投标行情　138
投标价格　138
投资回报率　129
投资周转率　129
投资组合　166
土地承包经营权　131
土地承包制度　131
团队精神　41
推动策略　156
退休养老基金　111
退休养老金　181
托管银行　86
托拉斯　133
托售单位　3
托收汇票　195

W

外包　1
外包服务　1
外币负债　13

外部董事　81
外出打工　126
外方股利　15
外观设计专利　2
外汇　13
外汇储蓄　13
外汇行情　25
外汇行市　25
外汇交易　25
外籍职工　15
外商投资企业　15
外资政策　15
往来存款　181
往来银行　134
网络型组织　139
王牌商品　173
网上银行　139
违反合同　46
未分配利润　171
微观经济学　171
委托代理理论　9
委托代销商品　3
委托加工材料　3
委托加工　3
维修　173
维修中心　173
稳定股东　2
无过错责任　172
无记名股票　172
物价上涨率　156
物流　156
物流成本　156
无限责任　172
无形贸易　172
无形资产转让　172
无形资产　172
物业管理　156
无纸化交易　161
无纸通关　127

X

西部大开发　103
惜贷　17
洗钱　170
吸收合并　36
夕阳产业　82
系长　17
下半年　79

下岗 4,189	需求 87,137	营业收入 8
下海 26	需要层次理论 182	营业损益 8
狭义货币M1 36	选择和集中 105	营业外费用 8
先进国家 105		营业外收益 8
现金日记账 49		营业外支出 8
显名股东 151	**Y**	
县域经济 52	亚太经济合作组织 1	盈余 90,182,185
闲置设备 177	亚洲共同市场 194	盈余表 91
闲置资本 177	亚洲开发银行 194	盈余对资本净值比率
闲置资产 176	亚洲四小龙（指新加坡,韩国,台湾,香港） 137	91
相互持股制度 22		盈余率 184
乡镇企业 54	研发(研究与开发) 201	用户 178
销货折让 7	衍生诉讼 146	佣金 187
小时工 73	杨基债券 176	有偿让出 178
销售成本 7,150	养老金 140	有机式组织 176
销售代理商 150	样品 72	有价证券 176
销售额利润率 7	要素禀赋论 181	优先股 178
销售额 7	一次摊销 4	有限责任 177
销售费用 150	议付银行 16	有限责任公司 177
销售回扣 7	一股一权 152	有形固定资产 177
销售价格 149	易货贸易 146	有形净资产 74
销售渠道 149	溢价 159	有形贸易 177
销售中心 150	溢价发行 160	幼稚产业 181
协作系统 37	依赖进口 179	预付账款 168
薪酬委员会 163	医疗保险 5	浴盆曲线 145
信贷风险预警 18	银行存款日记账 38	逾期贷款 30
信贷业务 19	银行存款 38	预收货款 168
芯片行业 168	银行贷款 38	预收账款 168
新设合并 95	银行行长 38	原材料 50
信息不对称 90	引进成套设备 158	远程办公 65
信息产业 90	引进外资 15	员工 83
信息公开 90	银团贷款 95	原料 50
信息技术 198	应付股利 171	远期汇票 122
信息披露 125	应付票据 80	远期结售汇 25
信息披露 90	应付账款 13	原始资金 91
信用担保 96	硬件 147	约束机制 35
信用公示制度 96	盈亏 110	运费在内价格 196
信用社 96	盈亏分界点 110	运用资本 8
信用证 199	盈亏平衡点 110	运转 20
性价比 59	盈亏平衡分析 110	
行为科学 54	盈利 41,184	**Z**
形象大使 5	盈利性 83	再投资 66
熊市 160	应收票据 6	在职培训 200
休克疗法 93	应收账款 7	责权一致原则 49
休闲产业 189	应收账款周转率 7	责任成本制度 104
虚价 158	营销策略 169	增长 100
虚拟经济 146	营业额 7	增值税 154
虚盘 158	营业费用 8	债权 64
	营业利润 8	债券利息 64

中国語索引

债权人 64
债券收益率 64
债券信用评级 64
债务 66
债务不履行 67
债务人 66
债转股 67
战略 106
战略委员会 107
战略性决策 107
战略性投资 107
展品 128
展销会 128
账面 123
账面成本 123
账面单价 123
账面价格 122
账面价值 164
账面余额 72
账目余额 123
帐外收益 164
账外资产 164
招股说明书 174
招聘录用 95
朝阳产业 100
折旧 48
折旧费用 49
政策利率 99
正常贷款 99
政府开发援助 103
政企分开 37
证券公司 88
证券交易所 88
正式组织 154
整修 173
制成品 101
职称 92
指定投标 79
职工 83
职工（员工）持股制度 83
职工持股会 83
职工建议制度 83
职工奖励福利基金 83
职工奖励 83
直接投资 123
质量管理 153
滞纳金 112

智囊库 94
职能战略 91
职能制组织 154
知识产权 119
知识经济 137
知识密集型产业 118
指数基金 77
职务发明 92
职务犯罪 92
直线职能制组织 91, 183
直线制组织 184
执行董事 78
执行机构 78
执行委员会 78
职员 97
制造成本 100
制造技术 100
职场暴力 92
中标 184
中层管理人员 119
中长期计划 121
钟点工 73
中国工商银行 120
中国建设银行 120
中国农业银行 121
中国企业联合会 120
中国银行业监督管理委员会 120
中国银行 120
中国证券监督管理委员会 121
中国质量认证中心 121
中间价 62
中期财务会计报告 119
中期计划 119
终身雇佣 84
中位数 119
中央银行贴现率 54
周转资金 7
主办银行制度 173
注册会计师 54
注册资本 130
珠江三角洲（珠三角） 85
驻外津贴 13
主要银行 173
注资 81

"专家组合"理论 126
转口贸易 120
专利 131,147,183
专利费 132
专利权使用费 190
专利权 131
专利使用费 183
专门经营者 106
转让-运营-转让 201
专务 106
转移价格 5
专有技术 141,106
转账凭证 159
庄家 20
资本充足率 74,80
资本公积金 81
资本金 80
资本密集型产业 80
资本溢价 81
资本周转率 80
资产重估 74
资产重组托管公司 74
资产重组 75
资产负债表 111
资产负债率 75
资产回报率 108
资产密集型产业 74
资产评估 75
自负盈亏 110,131
子公司 56
子公司制 29
自己资本 74
自我约束 74
咨询公司 62
自由放任 87
自主经营 75
自主性责任 139
自主知识产权 75
总产值 108
总代理商 104,108
总公司 167,198
综合商社 107
总经理 82,104
总经销 104
租赁 185
租赁合同 186
租赁贸易 186
组织 108

组织的三个基本要素　109
组织机构　108
组织结构　108
组织文化　109
组织系统图　109
最高管理人员　132
最终用户　10
作业规格书　69
作业人员　69
作业站生产方式　104
ISO9000国际质量体系　199

著者略歴

董 光哲（とう・こうてつ，Dong Guang Zhe）

江戸川大学社会学部経営社会学科　准教授

2004年3月　桜美林大学大学院国際学研究科博士後期課程修了。明治学院大学経済学部専任講師を経て現職。学術博士（Ph.D)。
担当科目：比較企業経営論，国際ビジネス論。
主要著書・論文：『経営資源の国際移転―日本型経営資源の中国への移転の研究―』（単著）（文眞堂，2007）
「企業と国際化―企業の持続可能な国際化を目指して―」『ステークホルダーの経営学』（大平浩二編著，中央経済社，2009）
「中国地場系携帯電話端末企業の成長要因と課題」（単著）『経営哲学』（経営哲学機関誌第4巻1号，2007）
「経営資源の海外移転に関する変化についての考察」（単著）『経済研究』（明治学院大学経済学会第137号，2006）他

編集協力
韓 永哲（中国浙江師範大学外国語学部専任教員）
徐 雄彬（中国東北師範大学外国語学部専任教員）

日中対照　基本経営用語辞典

2010年4月10日　第一版第一刷発行

著　者　董　　光　哲
発行者　田　中　千津子

発行所　株式会社　学　文　社

〒153-0064 東京都目黒区下目黒 3-6-1
電話03(3715)1501代・振替00130-9-98842

（落丁・乱丁の場合は本社でお取替します）・検印省略
（定価は売上カード，カバーに表示してあります）
印刷／新灯印刷
ISBN 978-4-7620-2054-4